区块链世界

井底望天　武源文　史伯平　赵国栋
主编

BLOCKCHAIN WORLD

中信出版集团 · CHINACITICPRESS · 北京

图书在版编目（CIP）数据

区块链世界 / 井底望天等主编 . -- 北京：中信出版社，2016.11 （2019.10 重印）
ISBN 978-7-5086-6903-8

Ⅰ . ①区… Ⅱ . ①井… Ⅲ . ①电子商务－支付方式－研究 Ⅳ . ① F713.361.3

中国版本图书馆 CIP 数据核字（2016）第 247014 号

区块链世界

主　　编：井底望天　武源文　史伯平　赵国栋
策划推广：中信出版社（China CITIC Press）
出版发行：中信出版集团股份有限公司
（北京市朝阳区惠新东街甲 4 号富盛大厦 2 座　邮编　100029）
（CITIC Publishing Group）
承 印 者：中国电影出版社印刷厂

开　　本：787mm×1092mm　1/16　　印　　张：23　　字　　数：245 千字
版　　次：2016 年 11 月第 1 版　　印　　次：2019年 10 月第 8 次印刷
广告经营许可证：京朝工商广字第 8087 号
书　　号：ISBN 978-7-5086-6903-8
定　　价：59.00 元

《区块链世界》编委会

目 录

序

井底望天

一、战略

在中国从 1978 年开始的翻天覆地的改革开放发展历程中，“一带一路”发展战略无可争议地会是其中一个浓墨重彩的里程碑。

1978~2008 年，可以主要看作是一个沿海经济区域参与国际经济大循环，以西方发达国家市场作为主要目标，进而介入国际分工的过程。在这个过程中，从简单的“三来一补”——依靠西方先进的技术、管理、市场营销，以及中国提供的政策、土地和廉价劳动力资源，带动中国的初级/中级制造业的升级换代。

沿海地区通过土地升值和城市发展，以及获得很多较高工资的智力岗位，老百姓的生活水平得到了大规模的提升，老百姓大多进入了中产阶级行列。

中部地区通过壮大农民工队伍，使之变成产业链的中上游的方式，获得了部分百姓的生活水平的提高。

西部地区则是依靠西部大开发的战略，提供能源和原材料等初级产品，参与了发展。

但是从2008年开始，美国金融危机、欧洲高福利和主权债务危机叠加、日本20年的衰退期的恢复依然长路漫漫，这些都导致西方市场日益萎缩；与此同时，中国长期高速发展导致的环境、产能、行业布局、产业结构等负荷过重和内外部压力，都宣告了传统的发展模式将无以为继。

在这种背景下，2013年9月和10月，中国国家主席习近平在出访中亚和东南亚国家期间，先后提出共建“丝绸之路经济带”和“21世纪海上丝绸之路”的重大倡议，得到国际社会高度关注。2014年10月24日，包括中国、印度、新加坡等在内的21个首批意向创始成员国召开会议，共同决定成立亚洲基础设施投资银行。2015年12月25日，亚洲基础设施投资银行正式成立。它不仅是首个由中国倡议设立的多边金融机构，它的成立预示着“一带一路”国家战略的扬帆起航。

在这个战略中，需要三个层次的互相配合，才可以保证成功。

第一个层次是国家在政府层面上，通过政治、外交和军事合作，达成的战略共识。这一点目前看来已经基本到位，尤其是中国重点的“中巴经济走廊”和中南半岛的中线。唯一需要加强的是，军事合作和对中国海外经济利益的保护。

第二个层次是参与的中国企业在项目实际操作的过程中，如何通过国家层面的协调，达成经济溢出效应。

第三个层次是这个战略中的一个重要部分，就是伴随着人民币国际化的中国资本海外投资和跨境资本流动，会倒逼中国建立一个自己主导的、适用于“一带一路”的金融基础设施，来解决人民币的跨境支付和清算问题。目前央行主导的CIPS系统①，还是建立在传统的报文系统上面，据不

① 人民币跨境支付系统（Cross-border Interbank Payment System，CIPS），2015年10月正式上线。其目的是进一步整合现有人民币跨境支付结算渠道和资源，提高跨境清算效率，满足各主要时区的人民币业务发展需要，提高交易的安全性，构建公平的市场竞争环境。

完全统计，清算失败率比美元 CHIPS 系统[①]要高 2.5 倍。

兵马未动，粮草先行。从 2010 年开始，我就一直思考在人民币国际化道路上，如何建立、通过何种方式建立中国主导的跨境支付和清算系统的问题。基于这个出发点，我与身在硅谷的一批青年才俊，试验性地建立了一家叫“井通”的科技公司，用于探讨在最先进的开创性技术区块链（Blockchain）上，实现人民币跨境通道的安全性、便利性、公信力和低成本。

区块链技术是最近在互联网技术前沿比较火的一个课题，它的出现解决了在点对点通信中一直存在的一个基本问题，即著名的拜占庭将军问题。通俗地讲就是在一个去中心化的网络中如何对一个信息传递（比如一笔支付）达成全网共识。国内目前的银行系统都是中心化的系统，银行间的结算最终都由中国人民银行的中心服务器作为所有支付行为最后的仲裁（即结算），从而解决各银行在结算中的信息不对称问题——因为所有的银行都会，也必须信任中国人民银行的结算系统。

不过在跨境人民币支付中，很多情况下由于不存在一个中心结算系统，无法快速有效地解决针对多币种跨境支付的结汇需求。目前的 SWIFT[②]、

---

① 纽约清算所银行同业支付系统（Clearing House Interbank Payment System，CHIPS），成立于 1970 年，由纽约清算所协会（NYCHA）经营。它是全球最大的私营支付清算系统之一，主要进行跨国美元交易的清算。

② 环球同业银行金融电讯协会（Society for Worldwide Interbank Financial Telecommunications，SWIFT），成立于 1973 年，是一个国际银行间非营利性的国际合作组织，总部设在比利时的布鲁塞尔，同时在荷兰阿姆斯特丹和美国纽约分别设立交换中心（Swifting Center），并为各参加国开设集线中心（National Concentration），为国际金融业务提供快捷、准确、优良的服务。SWIFT 运营着世界级的金融电文网络，银行和其他金融机构通过它与同业交换电文（Message）来完成金融交易。除此之外，SWIFT 还向金融机构销售软件和服务，其中大部分的用户都在使用 SWIFT 网络。

2016 年 4 月 25 日，SWIFT 通过路透社向客户发布警告称，“SWIFT 意识到，在最近的几起网络事件中，恶意攻击者通过金融管理后台的本地端口连接至 SWIFT 网络，入侵 SWIFT 客户端获得提交 SWIFT 报文的权限”。

TARGET[①] 等跨境支付结算组织都是通过建立结算中心和银行联盟，以便加入该联盟的金融机构都信任其结算中心来完成跨境支付。而在人民币跨境支付的推进过程中，要建立这种结算中心并推广使全世界的金融机构来信任是比较耗时费力的，尤其是在考虑到推行过程中某些国家的阻力时。

假如利用区块链技术，就无须建立这样一个结算中心，因为区块链技术提供了一种建立共识网络的方法而无须信任单个节点。这就使推行人民币跨境支付而无须建立像 SWIFT 这样的国际结算中心成为可能。

当然，如果认为区块链技术只专注于跨境结算，那说明我们的认知还不够全面和深入。

二、价值网

互联网在 50 年间实现了对世界无孔不入地渗透，回顾它的发展历程，有助于让我们理解未来。

1968 年，美国国防部高级研究计划局组建了一个计算机网，名为阿帕网（Advanced Research Projects Agency Network，ARPANET）。时逢美苏“冷战”，美国国防部认为，如果仅有一个集中的军事指挥中心，万一被苏联摧毁，那么全国的军事指挥将处于瘫痪状态，所以需要设计一个分散的指挥系统。它由一个个分散的指挥点组成，当部分指挥点被摧毁后，其他点仍能正常工作，而这些分散的点又能通过某种形式的通信网取得联系。1969 年阿帕网第一期投入使用，共有 4 个节点，分别是加利福尼亚大学洛杉矶分校、加利福尼亚大学圣巴巴拉分校、斯坦福大学和位于盐湖城的犹

① 泛欧实时全额自动清算系统（The Trans-European Automated Real-time Gross settlement Express Transfer，TARGET），始建于 1995 年，1999 年 1 月 1 日正式启用，为欧盟国家提供实时全额清算服务。TARGET 由 16 个国家的实时全额支付系统（RTGS）、欧洲中央银行的支付机构（EPM）和相互间连接系统（Interlinking System）构成。

他州州立大学。位于各个节点的大型计算机采用分组交换技术，通过专门的通信交换机（IMP）和专门的通信线路相互连接。一年后阿帕网扩大到15个节点。1973年，阿帕网跨越大西洋利用卫星技术与英国、挪威实现连接，扩展到了世界范围。

发展到1975年，全球已有大量新的网络出现。由于最初的通信协议下对于节点以及用户机数量的限制，建立一种能保证计算机之间进行通信的标准规范（即“通信协议”）显得尤为重要。1983年1月1日，所有连入ARPANET的主机均实现了从NCP向TCP/IP（传输控制协议/网际协议）的转换。为了将这些网络连接起来，美国人温顿·瑟夫（Vinton Cerf）提出一个想法：在每个网络内部各自使用自己的通信协议，在和其他网络通信时使用TCP/IP协议——这个设想最终促使了Internet（因特网）的诞生，并确立了TCP/IP协议在网络互联方面不可动摇的地位，基于TCP/IP协议的公网的发展推动了互联网的发展。

互联网在发展的过程中，具有几个比较重要的特征。

1. 开放性

开放性，是指新的节点只要接受标准协议，就可以连接入网。虽然互联网起源于军事用途（阿帕网），用于连接有限的军事节点避免被同时摧毁，但是在设计之初，阿帕网就具备接入其他新节点的功能。在发展过程中，现代意义上的互联网逐渐吸收其他网络、技术、协议，在融合过程中变得越来越开放。

2. 去中心

互联网产生的初衷就是防止单点中心被摧毁而采用的多中心系统，随着后期更多的局域网和新组网技术的加入，互联网去中心的属性越来越明显。但是互联网并不是完全的去中心，在基础设施建设上，无论是根服务器还是光纤通道，都使得互联网呈现出一定的中心化色彩。另外，虽然互联网底层是去中心的，但是建基于互联网之上的应用大多数是中心化的，以符合国家监管的需要。

3. 局域网（多样性）+ 互联网（一致性：TCP/IP）

互联网展现出一定的多样性，能够包容各类的技术、协议和网络。同时，互联网又具有一致性，网络之间主要的通信都可以通过标准的 TCP/IP 协议解决。

4. 协议分层

互联网兼具多样性和一致性的源头，就是协议分层的实现。无论是五层网络模型还是七层网络模型，核心思想都是在保持底层一致的前提下根据具体的应用扩展出市场需要的多样性。

5. 从量变到质变

在互联网的发展过程中，有一个从量变到质变的过程。当接入的节点数量相对少的时候，网络上的应用数量和社会对网络的关注相对少。整体处在技术积累的阶段。当接入的节点达到一定数量后，就出现了应用的暴发，也就是所谓的互联网革命。无数智慧和资本一起涌入互联网领域淘金、发掘创新红利，使互联网在很短的时间内得到了爆炸性的发展。

回顾了互联网发展的历史，让我们聚焦在区块链。眼下关于区块链的各类信息已目不暇接，我将其粗略地分成两类。

一类是将区块链技术作为一门比较有特点的技术，从技术的角度去改造现有的商业模式，创造新的商业模式。

另一类是把区块链技术放到通过交换创造价值这个大概念中，去发现价值网形成过程中的机会。

前者是主流的媒体和 PR（Public Relation，公共关系活动）爱好者所热衷的，而后者被很多人于无声处付诸实践。

人类社会在发展过程中，一直在追求更方便快捷的价值交换。按照交易方式，可以大致地把人类社会分成三个阶段：物物交换、一般等价物（货币）、信用经济。我们知道，互联网对世界上的信息流通产生了根本性的变革：在传统的模型中，每传递一次物流和资金流，约有3倍的信息流产生和传递。互联网接入后，可以在同样的时间传递100倍以上的信息流。信息的充分沟通，使物流和资金流得到优化。但是由于互联网本身解决不了信任的问题，即使可以高效地实现信息和有价凭证的传输，也依然要引入第三方背书解决互信的问题。这个难题随着区块链的产生，第一次用技术的手段解决交易中的信任问题，实现为交易背书。

通过互联网与区块链的结合，可以产生类似互联网和共识协议的效果。首先，互联网提供了一个无所不在的联通网络；其次，资产和价值两端提供方（如银行）的IT（信息技术）系统和公司的ERP（企业资源计划）系统，可以看成一种基于价值交换的局域网；最后，当区块链技术演变成建基于类似TCP/IP协议之上的一种共识协议后，我们可以借助网络，连接各个局域网，构建出能够在全世界范围内进行资产交换和价值交易的价值互享网。

同时，更让我们感到欣慰的是，这种结合不同于50年前从无到有地新建一个网络世界，而是基于已有架构、现有软硬件布局的低成本耦合。通过盘活存量，可以塑造出一种全新的社会组织形态和商业模式。

让我们大胆地设想一下，未来的某一天，基于区块链技术的价值互享网将作为生产关系的一部分，对社会生产力产生重大的影响。因此从宏观意义上讲，区块链技术是一种可能会对人类社会产生重大变革的技术。

回顾历史，每次对社会带来重大影响的技术变革，都顺应了时代发展的内在需要。如微软操作系统的普及，顺应了基于办公自动化的社会化大生产要求；苹果文化的兴起，则体现了追求个性和解放思想的情感寄托，以及忠实果粉的文化归属感。

所以，任何技术解决方案，究其本源是要解决哲学观和方法论的问题。那么区块链技术又隐含着什么哲学观与方法论呢？

三、方法论

众所周知，区块链技术的第一个应用是比特币，比特币起源于硅谷的无政府主义者（主要是 IT 从业者）对华尔街作恶引发了 2008 年金融危机的不满。因此区块链技术从一开始就奉行极端的去中心化的思想（所有“矿工”都是验证节点）。早期的 Ripple（瑞波币）、以太坊和比特币在极端的去中心化方面是一脉相承的。基于这个哲学理念，衍生出区块链技术的三个发展阶段。

1. 第一代区块链技术

第一代区块链技术发展出的去中心化、不依赖第三方认证的防止多重支付的技术解决方案，大幅度降低了中间交易和支付费用。另外就是依赖于密码技术，解决了参与方的信任问题。

但是这一代技术，在于哲学思维上对全民选举①形成共识机制的过于理想化的坚持，导致了效率的低下。比如比特币的任何交易和支付需要至少 10 分钟才能初步完成（通过改进的其他系统，可以缩短到 2~3 分钟），要 60 分钟才可以最终确认，无法满足现代网络商务要求的即时问题。

2. 第二代区块链技术

第二代区块链技术的一个方向就是像美国的 Ripple 公司（详见本书第四章第三节）那样，开始考虑用人民代表大会的代议制度②来达成系统共

① 全民选举：指类似一人一票的投票机制。

② 人民代表大会的代议制度：指通过选举人大代表，由人大代表来代理行使权利的方式。类似国外的议会制度。

识——就是对各种交易和支付的认定，不是传统中心化的单一中心认定，也不是第一代区块链技术的全民参与认定，而是依靠大家信任的人民代表大会制度来代议。

这个思路的变化首先是带来效率的提高，就是交易支付的时间缩短到3~5秒钟。但是这个技术的发明人，仍然受奥地利经济学派的影响太大，过于相信自由银行制度①，认为可以通过淘汰劣质个体，来达到系统最优化。殊不知，法国人勒庞在19世纪的《乌合之众》一书中就提到羊群效应的盲动性，以及带来的破坏的严重性。

以美国在美联储建立之前的1907年自由银行体系下的金融危机为例，当时美国金融体系靠的是人治，因为劣质银行的倒闭带来系统崩溃危机时，依靠的是老摩根②的个人领袖魅力，在全系统里面达成了共识（中心化决策机构），从而避免了灾难性的打击。美联储机制形成以后，是用制度建设代替了人治，让情况有了改善。不过很遗憾，制度也要靠人来执行，当执行的人乱来一气时也会出现系统风险。所以我们看到了格林斯潘和2008年的金融危机。

客观地说，虽然2008年的金融危机是由于西方金融系统里面的央行不负责任、商业银行和投资银行自私自利，导致社会大众对金融体系产生了信任危机，但是，人类社会的结构本身就发源于人类成员之间的相互信任。所以，正确的做法是从技术上解决系统性风险“地雷”，同时在法律和制度上加强监管，而不是彻底放弃中心化，完全丢弃人与人之间的互信这个社会基石。

任何技术的发展，都要以服务于社会需要为原则。所以区块链技术真

---

① 自由银行制度：指的是一种完美竞争的金融体系，在这种体系中，私人银行可以在没有重大法律限制的情况下，竞争性发行通货，而不是由国家设置的中央银行来垄断发行。

② 约翰·皮尔庞特·摩根（John Pierpont Morgan Sr.，1837~1913年），美国银行家。

正的社会目的，是撼动目前的金融体系，迫使银行系统进行改革增强自我约束，重新建立社会的信任，而不是彻底丢弃人类的信任，来开发出一个完全无信任感的交易支付系统。

不同于推崇个人主义的西方文明，东方文明更加重视人与人的互信和中庸，东方人的科技创新和优化，也正是这种文明熏陶的必然选择。

3. 第三代区块链技术

第三代区块链技术版本的核心用一句话概括，就是变“绝对去中心化”为“有效去中心化”。据我所了解，我是最早提出这个概念的人，而井通公司则是第一家将其付诸实践的商业化公司。因为下文会提到“有限去中心化”的概念，为了更好地理解“有效去中心化”和“有限去中心化”，有必要在这里先对两者的区别做个介绍。

有效去中心化：在哲学理念上我们认为中心化和去中心化，是阴阳互补而非对立。因此着重点是通过保存中心化优点的同时，有效地利用去中心化的技术，来实现更加优化的效用平衡。有限去中心化：是在事后（而非像我们是事先）因为彻底去中心化的失败而做出的一种改良反应。认为也许只有自动放弃完全去中心化的立场，才可以在现实中走得通——算是承认了完全去中心化存在技术短板。

在第二代区块链技术版本上发展的第三代区块链技术，首先是对底层的区块链进行了改革。其次是在这个层次上面建立了实名认证的用户体系。这个体系和区块链信息的关联，是属于非公开的保密信息，用来保护企业和个人的隐私。当然国家监管部门出于对金融安全、反洗钱和反恐金融的原因，可以随时查阅，并可以提供限制、封锁账号和监控的功能。最后就是在用户体系上建立类似于社交网络的关联逻辑，从而提供低成本的信用体系评估。

在井通发展初期，市场还是厚此薄彼的：对这个技术非常有看法的先驱人士，包括硅谷的安德森[①]等，还是用小写的比特币（bitcoin）来描述比特币系统，而用大写的比特币（Bitcoin）来描述比特币系统底层的区块链技术。而且在如何使用区块链技术来解决实际问题的实施策略上，也存在两种不同的路径。

第一种路径，就是利用比特币系统已经存在的现有架构，对比特币协议里面的部分内容进行重新定义，从而开发出新的应用。走这条路子的，包括 Metacoin、Colorcoin 等[②]。这种做法的优点是显而易见的，因为可以依赖比特币系统底层而无须自己开发。但是其缺点也显而易见，因为如果应用需要通过底层功能改进而实现的话，很可能难以说服比特币技术委员会来落实相关改动。而且更重要的一点是，目前比特币社区关于保持或扩张区块规模的争论[③]，不仅是关于定义比特币系统作为一个现金支付系统（中本聪的原意），还是成为一个交易清算系统（目前的发展趋势）的区别，更牵涉比特币系统是应该坚持彻底去中心化道路，还是向现实妥协转为有限的去中心化的哲学观之争。

基于与上述哲学观的不同，我们从一开始就选择了第二种路径，即建设自己的底层系统，同路人包括我们熟悉的 Ripple、以太坊。当然，这些系统的方向，是不应该和拷贝比特币系统的山寨币（莱特币、狗币、元宝币、暗黑币等）相提并论，毕竟自建系统的目的是更好地服务于各类产品的应用。

在研发初期，我们曾深入研究过 Ripple 的技术模式，但因为发现其存在很大的缺陷和漏洞，所以硅谷团队从 2011 年就开始重新进行底层架构

① 马克·安德森：出生在爱荷华州一个小镇的普通家庭，9 岁开始接触计算机，1993 年他同吉姆·克拉克一起苦干 6 个星期，开发出 UNIX 版的 Mosaic 浏览器。后来公司的名字被改为“网景”（Netscape），浏览器的名字也被改为 Navigator。马克·安德森被誉为“因特网的点火人”。

② 以比特币系统建基的支付应用、开发智能合约等应用领域不在此列，如 Circle、Coinbase 等。对于这类应用而言，比特币底层已能完全实现其需求。

③ 一种观点是继续保持区块 1MB 的规模（每秒钟只可以处理 7 笔交易），另一种观点是依靠硬分叉扩张到 2MB 的规模。

设计，经过了多次推倒重来，最后终于搭建了一个具有完全知识产权的区块链底层平台，并从2014年开始通过商业应用开发进行验证。在自建系统的实践过程中，我们逐步形成并总结提炼出符合我们老祖宗的哲学观和方法论。与西方思想更容易接受非黑即白的判断题相比，东方思想更像是有多种选项的选择题。

（1）当作为中心化的云计算、大数据方兴未艾的时候，作为其对立面的去中心化的区块链也风起云涌，正好是中国人阴阳平衡思想的体现。因此，与我们海外同行追求“替代中心化的极端去中心化路线”的观点不同，我们认为区块链不是云计算、大数据等中心化的替代，而是有益补充和平衡。正如古人所言，“阴在阳之内，不在阳之对”。中心化和去中心化，就是一对阴阳，你中有我，我中有你，相辅相成，缺一不可。

（2）基于此，我们认为，相对于彻底或者极端的去中心化的想法，我们追求的是一种中心化与去中心化的平衡，我称之为“有效去中心化”。经历了“The DAO”事件（详见本书第四章第二节）后，行业人士也逐步达成了“有效去中心化或者成为区块链主流”的认识。对此我们可以很自豪地说，有效去中心化一直是我们这三四年的基本方针。

（3）有效去中心化的基本思路就是，如何在保持中心化带来高效率的同时，避免其带来的可靠性的不足。对此，我们的解决思路是选择一个有效的优化区间，而非一个优化点。从绝对的中心化到彻底的去中心化，中间有很大的一个区间，我们完全没有必要画地为牢，自我限定只能选择两个极端，而要因势利导、对症下药：可以根据不同应用的场景，结合不同行业的实践，来找到最符合使用者需求、成本最经济、使用最便捷的那个平衡点，即选择一个有效去中心化的节点。在这个节点，既能够享受去中心化的安全和成本优势，又不至于过度地去中心化而降低效率。

（4）当然，有效去中心化也需要符合区块链技术的核心要求，如节点分布、全民共识。井通的共识机制采用了 PBFT（更准确的说法是，在 PBFT 基础上优化的 V-Consensus[①]，PBFT 详见本书第二章第一节）的新方法，可以叫代议制下的全国人民代表大会制度。它既没有采取比特币的全民直选方式，也反对中心化的寡头决策方式，同时扬弃了传统的 POW（工作量证明）、POS（权益证明）和 DPOS（股权授权证明机制）的一些弊端。

（5）在具体执行策略方面，我们也坚持大胆假设、稳步实施、谨慎论证、循序渐进的原则。区块链是一个划时代的革命性的新技术，但是任何新技术都有其不完善性和漏洞，任何软件也都有很多事后才可以发现的 bugs（故障）。因此在进行实验，尤其是涉及金融等资产凭证的转移或交易，油门一定要小一点，刹车一定要齐备，如果是以太坊"The DAO"合约这种关乎 2 亿美元的实验，还需要配备应急制动机制。例如，井通的智能交易撮合系统，以及智能合约系统，都设计了分层和分级的控制机制，不会出现"The DAO"在安装了火箭发动机却没有刹车装置的局面。所以，从中国哲学角度看，"The DAO"在出生的那一刻就预示着必然的宿命。目前以太坊社区已经因该事件发生了分裂，未来如何，我们预祝其好运。

我们的很多哲学思维无法在一篇短文里面全部体现。欢迎各位有志的同行，能够在未来和井通一起分享这几年积累的点点滴滴的实践经验和心得体会，共同参与到区块链的实践和推广中来。

最后要特别感谢贵阳市领导在百忙之中给予的指导，特别是王玉祥副市长以其在银监会多年的经历，对本书的框架和内容提出了极具价值的修改意见。还要感谢中信出版社的各位领导和同事，他们克服了时间紧、初稿错漏多等困难，在极短的时间内付梓。靡不有初，鲜克有终。你们给予的关怀和爱护，是我们前进的动力！

---

① V-Consensus：指 Voting-Consensus，基于投票的共识。

上篇

第一章

缘 起

技术人的挑战

2011 年 9 月 17 日，在美国纽约曼哈顿，上千名示威者聚集起来试图占领华尔街。有些人甚至带了帐篷，扬言要长期坚持下去。这些人通过互联网组织起来，意图把华尔街变成埃及的开罗解放广场。示威组织者称，他们的意图是反对美国政治的权钱交易、两党政争以及社会不公正。在年轻人中间盛行的这股力量，后来成了在 2016 年美国总统初选中支持民主党议员桑德斯的主要力量。

2011 年 10 月 8 日，“占领华尔街”抗议活动呈现升级趋势，千余名示威者在首都华盛顿游行，逐渐发展成为席卷全美的群众性社会运动。11 月 15 日凌晨，纽约警方发起行动，对“占领华尔街”抗议者在祖科蒂公园搭建的营地实施强制清场。奥克兰警方于 10 月 25 日向示威人群使用警棍清场，事件演变为流血冲突。

“占领华尔街”运动只是人们向以华尔街为代表的金融系统多年来所作所为发泄愤怒的一个写照。进入 21 世纪以后，华尔街金融衍生品泛滥以及美国房地产的泡沫，引发了美国次贷危机，从而导致了 2008 年金融危机的暴发。美联储于是紧急向金融系统注入流动性以稳住市场信心。华尔街将垃圾级别的贷款打包、斩件再出售，不仅赚取了可观的收益，在危机

图 1.1　占领华尔街

资料来源：http://finance.sina.com.cn/zl/stock/20141110/075620774136.shtml?qq-pf-to=pcqq.c2c

发生后各大商业银行更由于“大而不能倒”，还获得了美国政府的巨额财政救助。在危机时，金融系统从业人员照样拿着高薪以及高额的奖金，其贪婪与作恶已经引起了整个美国的愤怒。同时，华尔街金融人士和美国普罗大众之间的贫富差距也越来越大。人们也在深深地反思，金融系统的复杂性、封闭性和垄断性正是造成这种现象的一个重要原因。金融系统迫切需要改革，以恢复金融服务实体经济的本质。

当 2008 年华尔街金融精英们导致的全球金融危机席卷民众生活的时候，一些全球技术精英，尤其是美国硅谷的高科技精英，常常有种以天下为己任的自傲心态。当他们和整个社会的实体经济（Main-Street）被华尔街金融精英的虚拟经济（Wall-Street①）所激怒的时候，想出了一个技术上

① 华尔街的英文就是 Wall Street。

的解决方法，来实现人类社会不需要金融机构的参与，彻底解决华尔街腐败绑架全社会的终极方案。

2009 年 1 月 3 日，《泰晤士报》（*The Times*）头条以“*Chancellor on brink of second bailout for banks*”作为标题，说英国财政大臣正处于实施第二轮银行救助的边缘，英国央行将对国内的银行进行财政救助，也就是政府要印钞票来借钱给银行。

此时一个自称中本聪（Satoshi Nakamoto）的人，构建了数字密码货币——比特币系统的第一个创世区块，并把这则新闻写了进去（如图 1.2 圆圈内所示）。

“*Chancellor on brink of second bailout for banks*”——这句话是一个讽刺，也是一个证据，证明了此区块的生成时间在“2009 年 1 月 3 日”这个报纸的标题出现之后。有观点认为，中本聪发明比特币就是要抗议政府滥发钞票所造成的通胀。

```
00000000   01 00 00 00 00 00 00 00  00 00 00 00 00 00 00 00   ................
00000010   00 00 00 00 00 00 00 00  00 00 00 00 00 00 00 00   ................
00000020   00 00 00 00 3B A3 ED FD  7A 7B 12 B2 7A C7 2C 3E   ....;£íýz{.²zÇ,>
00000030   67 76 8F 61 7F C8 1B C3  88 8A 51 32 3A 9F B8 AA   gv.a.È.Ã^ŠQ2:Ÿ¸ª
00000040   4B 1E 5E 4A 29 AB 5F 49  FF FF 00 1D 1D AC 2B 7C   K.^J)«_Iÿÿ...¬+|
00000050   01 01 00 00 00 01 00 00  00 00 00 00 00 00 00 00   ................
00000060   00 00 00 00 00 00 00 00  00 00 00 00 00 00 00 00   ................
00000070   00 00 00 00 00 00 FF FF  FF FF 4D 04 FF FF 00 1D   ......ÿÿÿÿM.ÿÿ..
00000080   01 04 45 54 68 65 20 54  69 6D 65 73 20 30 33 2F   ..EThe Times 03/
00000090   4A 61 6E 2F 32 30 30 39  20 43 68 61 6E 63 65 6C   Jan/2009 Chancel
000000A0   6C 6F 72 20 6F 6E 20 62  72 69 6E 6B 20 6F 66 20   lor on brink of 
000000B0   73 65 63 6F 6E 64 20 62  61 69 6C 6F 75 74 20 66   second bailout f
000000C0   6F 72 20 62 61 6E 6B 73  FF FF FF FF 01 00 F2 05   or banksÿÿÿÿ..ò.
000000D0   2A 01 00 00 00 43 41 04  67 8A FD B0 FE 55 48 27   *....CA.gŠý°þUH'
000000E0   19 67 F1 A6 71 30 B7 10  5C D6 A8 28 E0 39 09 A6   .gñ¦q0·.\Ö¨(à9.¦
000000F0   79 62 E0 EA 1F 61 DE B6  49 F6 BC 3F 4C EF 38 C4   ybàê.aÞ¶Iö¼?Lï8Ä
00000100   F3 55 04 E5 1E C1 12 DE  5C 38 4D F7 BA 0B 8D 57   óU.å.Á.Þ\8M÷º..W
00000110   8A 4C 70 2B 6B F1 1D 5F  AC 00 00 00 00            ŠLp+kñ._¬....
```

图 1.2　比特币创世区块

资料来源：https://en.bitcoin.it/wiki/Genesis_block

中本聪曾经说过，“传统货币的根本问题，正是来源于维持它运转所需要的东西——信任。人们必须要相信中央银行不会有意劣化货币，可是法币的历史却充满了对这种信任的背叛。我们被动地相信银行，银行持有并电子化地转移了我们的钱，可是银行却在部分保证金制度之下，通过一浪接一浪的信用泡沫将货币抛撒出去。我们被动地、无隐私地信任银行，相信它们不会让窃贼盗用我们的账户。同时银行庞大的支出使小额交易难以通过银行完成”。这段话已经非常清晰地表达了中本聪对银行体系和信用货币的失望，随后比特币的问世也就顺理成章了。

中本聪于纽约时间2008年10月31日在一个隐秘的密码学讨论组上贴出了比特币系统的白皮书（一种点对点的电子现金系统）[①]，中本聪在白皮书里完整地阐述了比特币的原理以及他对虚拟货币的看法。

概括来讲，比特币是一套准货币发行系统，也是一套货币流通、结算网络，不但可以解决现有信用货币的超发问题，也实现了低成本、准实时的货币结算。

比特币总量固定，发行有规律，不会产生超发，不会引起通货膨胀，还会有适度的通货紧缩。比特币的发行完全是公开、透明以及可验证的，同时能解决数字货币的“双花”问题（Double Spending Problem）[②]。比特币的运行需要矿工进行类黄金挖矿（特殊的工作量证明机制），矿工们参与比特币系统的发行以及手续费的收取，在每一个发行的比特币中都凝聚了矿工的算力。虽然挖矿被认为是不环保、浪费能源的，但是挖矿模式是迄今为止维持时间最长、运行状态良好的验证方式。

---

① 2008年10月31日纽约时间下午2点10分，在一个普通的密码学邮件列表中，几百个成员均收到了自称是中本聪的电子邮件，“我一直在研究一个新的电子现金系统，这完全是点对点的，无须任何可信的第三方”，然后他将他们引向一个9页的白皮书（A Peer to Peer Polymorphic Digital Asset Exchange），描述了一个新的货币体系。

② “双花”问题：也就是双重支付问题。比特币的解决方案是，使用点对点的网络来解决双花。简单地说，比特币网络就像是一个分布式的时间戳服务器，为币的转移打上时间戳——这正好符合信息易于传播且难以消灭的本性。

比特币流通网络上没有过多的中间商，只有矿工的手续费，摒除了依附在现有货币流通网络上面的多个中间环节，而且比特币的货币流通、结算系统是准实时的，比现有货币结算系统通常的 T+1① 快了很多，解决了货币结算的复杂性问题。

比特币系统从 2009 年的第一个创世区块开始已经走过了七年的时间，截至 2016 年 9 月已经挖了四十几万个区块。2013 年后比特币被剧烈炒作，价格大幅波动，引起了投机炒作资金的关注，同时也引起了各个国家监管部门的高度重视。

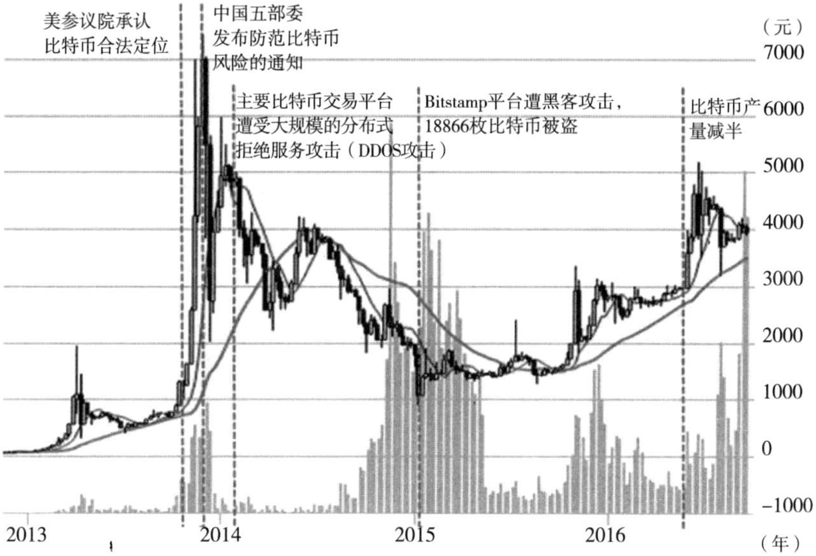

图 1.3 近年比特币币值暴起暴跌的走势图

资料来源：取自比特币中国交易软件，https://spot.btcc.com

① 与我们通常感受的实时到账不同，目前银行系统一般为 T+1 的清算周期。主要区别在于，现有系统是将结算和清算分开。以银行卡收款为例，持卡人实时收到转账成功资金入账信息，从客户角度看银行卡余额已增加，但从银行系统角度而言，这笔资金属于银行预付（同理，转出则为银行预收）。同时，每天晚上银行都会进行一次日切（每日交易的批处理），完成后银行间的资金往来才会以轧差的方式完成交割。此时，这笔交易才可以认为是真正意义上的完成。而区块链交易模式则是将结算和清算同步完成，因此可以打破必须要隔日完成的要求。

正是比特币系统对央行的法币持有哈耶克①式的浪漫情怀，也导致了各国的金融监管部门和中央银行对比特币系统的暧昧态度。一方面，政府机构不能接受比特币系统对法币系统的权威提出挑战；另一方面，比特币这种新生事物的技术内涵又引起了政府的关注。

比特币的出现是希望解决金融系统的问题。在 IRC（Internet Relay Chat，互联网中继聊天）中，中本聪留下这样的话："Yes,（we will not find a solution to political problems in cryptography）but we can win a major battle in the arms race and gain a new territory of freedom for several years. Governments are good at cutting off the heads of a centrally controlled networks like Napster, but pure P2P networks like Gnutella and Tor seem to be holding their own."

"（Bitcoin is）very attractive to the libertarian viewpoint if we can explain it properly. I'm better with code than with words though."

译文是：

"是的，我们无法找到通过密码学解决政治问题的途径，但是我们可以在军备竞赛中获取重大战役的胜利，同时夺取自由的新疆域。政府擅长打败 Napster 那样的中央控制的网络，但是对 Gnutella 和 Tor 这样纯粹的 P2P（点对点）网络可能束手无策。"

"如果我们能恰当地表示比特币系统的概念，对自由主义者来说是非常有吸引力的。不过我更擅长的是编程而不是言辞。"

但是要对金融系统进行改革，显然通过一个数字密码币是解决不了问题的。但是，比特币的去中心化、公开、透明以及安全等特征正是当前金

① 哈耶克是奥地利裔英国经济学家，新自由主义代表人物，1974 年获诺贝尔经济学奖，代表作有《通往奴役之路》和《个人主义与经济秩序》等。他在学术上属于奥地利学派，对市场经济理论、市场机制的运行过程研究得十分深入彻底，但又是极端的自由主义。

融系统所缺少的，这些特性的支撑技术就是区块链。于是，区块链便开始正式进入人们的关注视线。

由于中本聪始终处于匿名状态，所以，猜测他的想法也是非常有趣的。比如，他在 P2P Foundation.ning.com 注册时提供的出生日期是 1975 年 4 月 5 日，对研究货币的人来说，4 月 5 日在历史上也是具有重要意义的一天。在 1933 年 4 月 5 日，美国总统富兰克林 · 罗斯福签署了 6102 条国家紧急安全法（Executive Order 6102），法令规定所有美国公民持有黄金是非法的。罗斯福没收充公美国人的黄金，并以美元交换，然后让美元贬值了 40%，强制将黄金价格从 20 美元推高到 35 美元。他这样做的目的是让美国的债务贬值，从而对抗大萧条。然而一些人说他盗窃了美国人 40% 的钱，有许多人认为这是美国政府所作所为中最违反宪法的行为之一。直到 1975 年，美国人才可以再次合法地拥有黄金。所以有人认为，把 4 月 5 日和 1975 年结合在一起，中本聪成功地挖苦了美国政府的这种行为。

早期密码货币

说起数字密码货币，比特币其实并不是第一个吃螃蟹的。

比特币的许多核心概念都是在一个叫密码朋克（Cypherpunks）的网络社区里发展起来的，这是一帮密码天才的松散联盟。密码朋克本身就是数字货币最早的传播者，在其电子邮件组中，常见关于数字货币的讨论，并有一些想法付诸实践。在比特币之前，就有很多数字密码货币的失败尝试。

亚当 · 贝克（Adam Back）是英国的一位密码学家，1997 年，他发明了哈希现金（Hashcash），其中用到了 POW。这个机制的原型是用于解决互联网垃圾信息问题的，后来成为比特币的核心要素之一。

哈伯和斯托尼塔（Haber and Stornetta）在1997年提出了一个用时间戳的方法保证数字文件安全的协议，这个协议成为比特币区块链协议的原型。

戴伟（Wei Dai）是一位兴趣广泛的密码学专家，他在1998年发明了B-money，B-money强调点对点的交易和不可更改的交易记录。不过在B-money中，每台计算机各自单独书写交易记录，这很容易造成系统账本的不一致。戴伟为此设计了复杂的奖惩机制以防止作弊，但未从根本上解决问题。中本聪发明比特币的时候，借鉴了戴伟的很多设计，并和戴伟有很多邮件交流。

哈尔·芬尼（Hal Finney）是一位顶级开发人员，也是密码朋克运动早期的重要成员。2004年，芬尼推出了自己版本的电子货币，在其中采用了可重复使用的工作量证明机制（RPOW）。哈尔·芬尼是第一笔比特币转账的接收者，在比特币发展的早期与中本聪有大量互动与交流。由于身患绝症，哈尔·芬尼已于2014年离世。

中本聪在发给一个安全研究人员的信中，诠释了比特币将如何避免重蹈这些前辈的覆辙："你们知道，我想很多人对20世纪90年代的事情很感兴趣，但是经过10多年基于第三方可信任系统的失败（DigiCash[①]等），他们认为这是一次注定失败的努力。我希望他们可以做出不同的判断，因为这是我第一次知道我们在尝试一个不基于第三方信任的系统。"

区块链的起点

2009年1月，中本聪挖出了比特币的创世区块，获得了50枚比特币，

① DigiCash：是20世纪90年代的一种电子支付技术，它利用盲签技术保证用户可以安全地完成支付，然而这些交易是不可追踪的。DigiCash需要依赖银行的支持。

同时也宣告了比特币的正式诞生——这件在今天看来举足轻重的事情，在当时却并没有被世人重视。在诞生之后相当长一段时间内，比特币仅仅是数字密码货币圈内人的“玩具”。

但是酒香不怕巷子深，渐渐地，比特币的名气越来越大，数字货币的“前辈”们也纷纷为它点赞。戴伟称比特币“具有划时代的意义”；尼克·萨博（Nick Szabo）——BitGold 发明者，称赞比特币是“对世界的伟大贡献”；哈尔·芬尼认为比特币“拥有改变世界的潜力”。

2010 年 5 月 22 日发生了数字密码货币史上极具历史意义的一个故事，但在当时是那么地平常。美国佛罗里达州的程序员拉斯勒·豪涅茨（Laszlo Hanyecz）在论坛上发帖称，想出售 10000 比特币，要价 50 美元——但是没有人买。还好有人表示，愿意用价值 25 美元的比萨饼优惠券换这 10000 比特币，拉斯勒答应了。这是比特币的第一笔交易，这一天也被比特币界确定为比萨日。

不过看看当时比特币多便宜啊，1 美分能买 4 个比特币。2011 年比特币的币值开始快速上升，当年买比萨的 10000 比特币已经升值到 27 万美元，拉斯勒自己调侃道：“I don’t feel bad about it. The pizza was really good.”（意思是：我没觉得有什么不爽，那个比萨确实很好吃。）当然这 10000 比特币的价值后来一度超过了 1000 万美元。其实，如果没有这开天辟地的第一桩买卖，后面比特币能不能真的用起来还不知道呢。如果用不起来的话，自然也没人炒作，比特币也许就没有之后的高价了。如果说 1000 万美元买个青史留名，还送一个比萨，那他心里应该平衡多了。

自此，比特币开始逐渐被人们所接受，越来越多的人愿意接受比特币的支付，也有越来越多的人开始加入比特币的“挖矿”事业，比特币的生态开始形成。为了方便人们支付，从事电子钱包的公司开始诞生；为了方便比特币流通，虚拟币交易所开始诞生；为了方便人们购物，接受比特币支付的购物网站也开始诞生。一切都是那么生机勃勃，比特币相对传统货币的各种优势，使人们开始憧憬比特币未来的美好前景。随着应用范围的逐步扩大，以及人们预期的爆棚，比特币的币值开始水涨船高。

比特币的技术突破

比特币解决了一个长期存在于加密数字货币行业的问题——“双花”问题。在区块链加密技术出现之前，加密数字货币和其他数字资产一样，具有无限可复制性（就像我们始终有能力将一个邮件附件保存无数次）。如果没有一个中心化的管理机构，我们则没有办法确认一笔数字货币是否已经被花掉。所以很明显，在交易中一个可以信赖的第三方是必要的（不管是银行，还是像支付宝这样的大企业），这些第三方将会保留交易总账，从而保证每一笔数字现金都只会被花掉一次。

比特币通过点对点文件分享技术和非对称加密技术相结合，创造出了一种新式的数字货币，从而解决了“双花”问题。货币的拥有权是由公共总账来记录，并由加密协议和挖矿社区来确认的。区块链是“无须信任”的，因为用户并不需要信任交易中的另一方或任何中心化的媒介机构，但是需要信任这个系统，即区块链协议下的软件系统。区块链中的各个“区块”就是一组一组的交易，它们被陆续发布到总账上——也就是说，这些区块被加到“链”上去了。区块链的总账可以通过区块链浏览器被公开查看，在那里你可以输入一个区块链地址查看一串交易流。

而困扰去中心化密码货币的拜占庭将军问题，随着比特币和随后一系列密码货币的努力，也逐步得到了解决。“双花”问题和拜占庭将军问题的解决，奠定了区块链发展的基础，而比特币也成为区块链发展中的第一个里程碑。

比特币的产生与交易

比特币的点对点交易是在比特币客户端软件上完成的，每次交易从一个节点与另一个节点的身份确认开始，然后在整个网络上进行广播。累积一定时间的广播消息记录会在进行“挖矿”的节点上与一个随机数合并，进行“散列计算”，这个随机数叫nonce。网络自动根据全网的算力来调整可接受散列值的要求（前置0的个数，也即散列值的大小），使得运算出结果的期望时间在10分钟左右，这个要求叫“难度”。散列值的长度是固定的，如果要找到足够小的散列，就要尝试更多次的nonce，每当找到一个符合难度要求的nonce，网络就奖励该节点一定数量的新比特币（最初是50个，现在是25个，每4年减半）。

在早期，使用普通电脑的CPU①就能非常容易地制造新的区块从而挖到比特币，当越来越多的人开始挖矿时，计算难度②不断加大，很快用CPU挖矿已经无利可图。之后矿工们开始使用高端显卡参与挖矿。

CPU主要被设计用于处理和判断，擅长进行逻辑运算。而GPU③主要用于图形处理，具有高吞吐量和高并行处理功能，这两点对比特币挖矿都非常有利。比特币挖矿存在大量的并行处理，因为矿工需要同时用不同的临时随机数计算多个哈希值。加上显卡很容易购买，并集成多个GPU到同一主板上，因此第二代矿工开始用显卡挖矿。

不过，GPU挖矿也有缺点，GPU内包含的图形处理硬件对比特币挖矿没有任何用处，同时GPU的发热和耗电问题严重。

---

① CPU：中央处理单元（Central Process Unit）的英文首字母缩写。CPU是计算机的核心。

② 计算难度即挖矿难度：每两周综合全网算力，重新调整难度，维持在每10分钟左右发现新区块。

③ GPU：图形处理器（Graphics Processing Unit）的英文首字母缩写，又称显示核心、视觉处理器、显示芯片，是一种专门在个人电脑、工作站、游戏机和一些移动设备（如平板电脑、智能手机等）上图像运算工作的微处理器。

2011 年前后，运算能力比高性能显卡高得多的 FPGA（Field-Programmable Gate Array）矿机开始出现，即现场可编程门阵列，一种半定制电路芯片的矿机。其工作原理是在追求定制硬件最佳性能的同时，可以调试或者修改硬件参数。但 FPGA 只是昙花一现，因为算力功耗方面的原因很快又被 ASIC（Application Specific Integrated Circuit，专用集成电路）矿机超越。

ASIC 比特币矿机专为比特币挖矿算法设计，只能用于挖矿，其他什么都干不了，ASIC 的运算能力比 FPGA 矿机高很多，ASIC 的出现使得显卡挖矿最终成为历史。

随着硅片加工精度的提升，专用集成电路可以得到性能更好、功耗更低、产量更大的芯片，但与此同时开发的一次性投入也相应急剧增加。130 纳米、65 纳米、28 纳米、14 纳米，然后就到现有半导体技术的极限了。

而随着挖矿难度的不断加大，将异地或本地的大量定制矿机，用嵌入式的专用计算机通过网络通信集合在一起，加入矿池[①]集体挖矿就成为必然的趋势，单台矿机现在已经很难再挖到比特币了。

① 矿池：一种软件平台，把大的挖矿“难度”化小给矿工以使其得到奖励，在现有“难度”下不用矿池已经几乎不可能挖到比特币了。

第二章

演 进

区块链概念起源于比特币系统。比特币之前的数字密码货币之所以失败，就是因为无法摆脱对第三方信任的依赖。

直到2015年初，区块链这个概念才开始被社会大众所关注，行业教育也从那时才开始进行。随着社会关注越来越多，围绕区块链的技术和商业应用，也在越来越迅猛地发展。

区块链最初的学术定义为由包含交易信息的区块从后向前有序连接起来的数据结构。

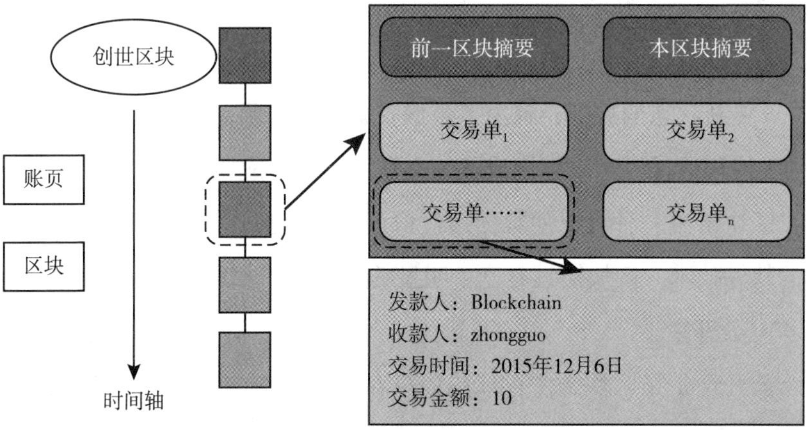

图2.1　比特币区块链示意图

因为区块链是比特币系统的主要支撑技术，在比特币系统中区块链就是记录所有比特币交易的公开账本。每个新增加的区块里面存储了矿工们最近的交易记录，然后按时间顺序依次被添加到区块链上。区块链存储在由多个节点[①]组成的分布式网络系统上。每个完整的节点都存储有整个区块链的副本，而每一个计算机节点之间通过网络进行比特币交易信息的共享。

同时区块链也是一个交易数据库，其中存储的是在系统中由所有节点共享的信息，称为分布式加密总账本。通过这个总账本，区块链实现了其不需要一个中央权力机构或受信任的第三方来协调互动、验证交易或监管行为的特征。一个区块链上的完整副本包含了每一个曾经执行的交易，使得历史上的任何信息都可以被任何一个参加的节点所访问。

简单来讲，区块链包括三个要素：

· 共享状态；

· 通过区块来更新共享状态的规则；

· 一个用于标记时间的信任模型。

这三个要素解决了分布式加密总账本的三个主要问题：

· 共享过去所有交易历史的状态，建立了保存功能；

· 更新状态的规则，解决了数据安全性的问题；

· 使用信任模型来标记成员的交易，可以完成验证功能。

区块链是一种可以使数据通过协议在多个独立计算机组成的网络间共享的软件技术。区块链具有三个明显的特性：公开性、安全性和唯一性。

➢ 公开性

公开性是指区块链中存储的信息对所有的参与者完全公开。这一点是

---

① 每个矿工都是计算机组成的网络里的节点，这些节点构成了一个整体去验证所有的比特币交易。

由区块链的点对点网络存储方式决定的。在区块链网络中，每一个节点都可以存储区块链的副本，而区块链的唯一性保证了这一副本在不同节点之间完全相同。

➢ **安全性**

安全性是指区块链上的信息是通过数字加密技术保存的，只有持有相应解密信息（私钥）的成员才能够解读信息。其他成员虽然可以看到并验证信息的完整性和唯一性，但无法获得私钥本身。

➢ **唯一性**

唯一性是指区块链上存储的信息不可更改。这既包括在空间上的唯一性，即所有节点都只有一个相同的信息；也包括在时间上的唯一性，即历史数据不可更改。

同时，区块链的唯一性还指区块链在运行过程中保持唯一的一个链条的特性。因为如果出现不同的链条，区块链就形成了分叉，分叉的出现会使得区块链在两个不同的空间维度中出现副本，而这正是要通过共识的规则来避免的。

区块链去中心化

“论天下大势，分久必合，合久必分”，这是历史的规律。“合”的意思就是集中管理，也可谓中心化；“分”的意思就是分散管理，也可谓去中心化。

中心化的好处是认证、管理机制明确统一，可以集中力量办大事，效率高；而弊端是管理、仲裁工作庞杂，机制上的任何缺陷都会造成整体的受损，同时缺少权力的制约，从而出现不堪重负或者集中力量办坏事的情况。所以就有了去中心化来弥补中心化的不足。

从社会发展上来讲，在以前由于技术的限制和制度的约束，不管是人人自由还是人人平等，理想都很丰满，但现实有点骨感。而区块链的出现在技术上实现了真正去中心化的可能,而这也必将促进社会的变革和进步。

那么区块链是如何在技术上实现去中心化的呢？核心主要是以下三种技术。

加密技术

加密技术体系有多种分类。基本来讲，可以将加密技术体系分为对称加密体系和非对称加密体系，两个体系各自有不同的使用场景和技术路线。

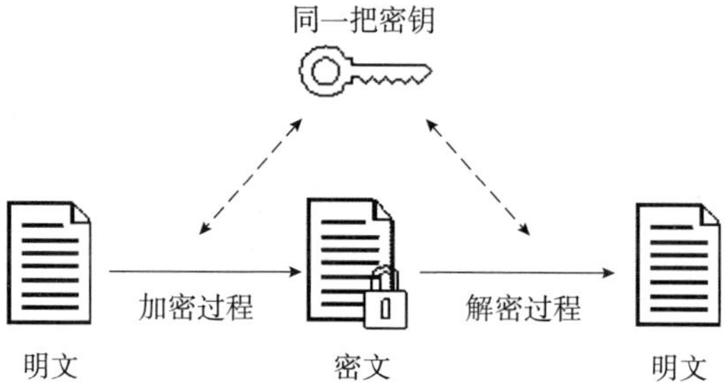

图 2.2　对称加密

对称加密算法在加密和解密时使用的是同一个密钥，这就决定了对称加密算法的两方需要事先进行密钥协商，或者通信的双方需要预先知道双方使用的密钥，保证一方的加密可以被另一方解密。

非对称加密算法需要两个密钥来进行加密和解密，其中一个是公开密钥（public key，公钥），另一个是私有密钥（private key，私钥）。公钥是可以公开的，也需要通过公共的渠道公开给相应的通信方；而私钥是非对称加密算法中的关键，需要安全地保护好。公钥与私钥是一对，如果用公钥对数据进行加密，只有用对应的私钥才能解密；如果使用私钥进行数据的签名，只有公钥可以来验签。

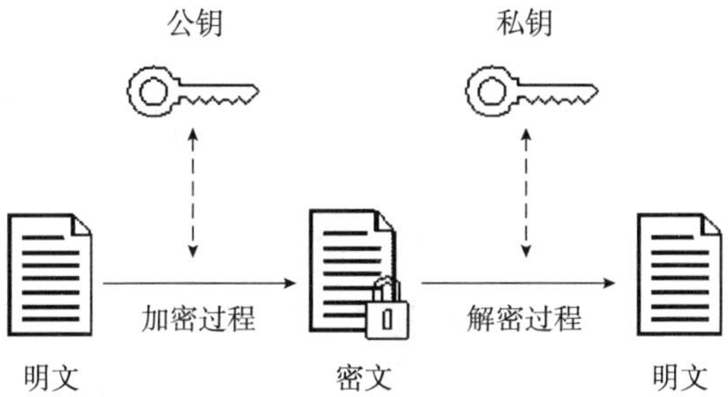

图 2.3 非对称加密

因为加密和解密使用的是两个不同的密钥，所以这种算法称为非对称加密算法。由非对称加密算法形成的非对称加密体系解决了信息公开传送和密钥管理问题，是一种新的密钥交换协议，允许在不安全的媒体上的通信双方交换信息，安全地达成一致的密钥，这就是“公开密钥系统”。

➢ **非对称加密算法**

· 非对称加密与对称加密相比，其安全性更好。

· 非对称加密的缺点是加密和解密花费时间长、速度慢，只适合对少量数据进行加密。

在非对称加密中使用的主要算法有：RSA、Elgamal、背包算法、Rabin、D-H、ECC（椭圆曲线加密算法）等。比特币采用椭圆曲线加密算法来产生公钥和私钥，钱包地址即公钥，私钥由用户保存。

➢ **Hash 算法**

区块链系统中除了使用非对称加密算法之外，另一个重要的密码技术是 Hash 算法或者叫散列技术。

所谓 Hash，就是把任意长度的输入通过散列算法变换成固定长度的输出，该输出就是散列值。这种转换是一种压缩映射，也就是散列值的空间长度通常远小于输入的空间长度，不同的输入可能会散列成相同的输出，所以不可能从散列值来唯一确定输入值。或者简单地说，就是一种将任意长度的数据信息压缩成某一固定长度的数据信息摘要的函数。

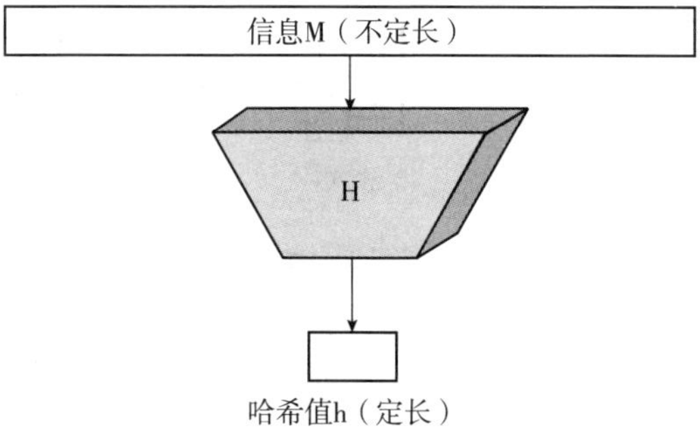

图 2.4　Hash 算法

散列函数有一个基本特性即免碰撞性：一方面，如果两个散列值是不相同的（根据同一函数），那么这两个散列值的原始输入也是不相同的——这个特性使得散列函数具有确定性的结果；另一方面，散列函数的输入和输出不是一一对应的，如果两个散列值相同，则两个输入值很可能是相同的，但并不能肯定二者一定是相等的。输入一些数据计算出散列值，然后部分改变输入值，一个具有强混淆特性的散列函数会产生一个完全不同的散列值。

区块链系统一般采用 Hash 算法来快速验证用户的身份。如果用户宣称对某个钱包具有所有权并且要改变钱包对应的信息（在比特币中，就是使用钱包中的余额），他必须提交一个请求，这个请求包括三个部分：钱包地址、明文请求、明文请求由钱包对应的私钥 Hash 过的签名。这个请求将被发送到区块链网络中。每个节点可以用钱包的公钥来验证这个请求是否对应于这个签名，也就是通过这个办法来验证用户对钱包的所有权（拥有合适的私钥，但是不需要公开这个私钥）。

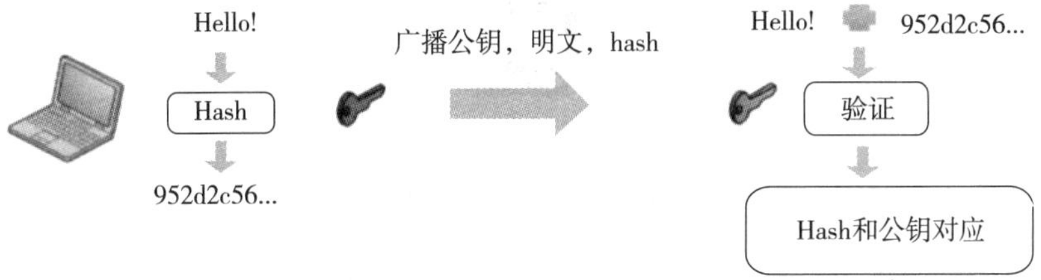

图 2.5 区块链的公钥和私钥

相比非对称加密，Hash 算法一般快几个数量级以上，从而使得验证的过程可以非常快速。常用的 Hash 算法有：MD5、SHA1、SHA256、SHA512、HMAC 等。

点对点通信技术

点对点通信技术，是一种对等连接的互联网技术，依赖网络中参与者共同的计算能力和带宽，而不是把依赖都聚集在较少的几台服务器上。这类网络可以用于多种用途，各种档案分享软件已经得到了广泛的应用。P2P 技术也被应用在类似 VoIP 等实时媒体业务的数据通信中。

纯点对点网络没有客户端或服务器的概念，只有平等的同级节点，同时对网络上的其他节点充当客户端和服务器。这种网络设计模型不同于传统的“客户端—服务器”模型，在“客户端—服务器”模型中通信通常来往于一个中央服务器，而中央服务器就是系统中的单点故障源头。点对点技术形成的网络，由于设计和实施方案的不同，出现了不同的网络模型。

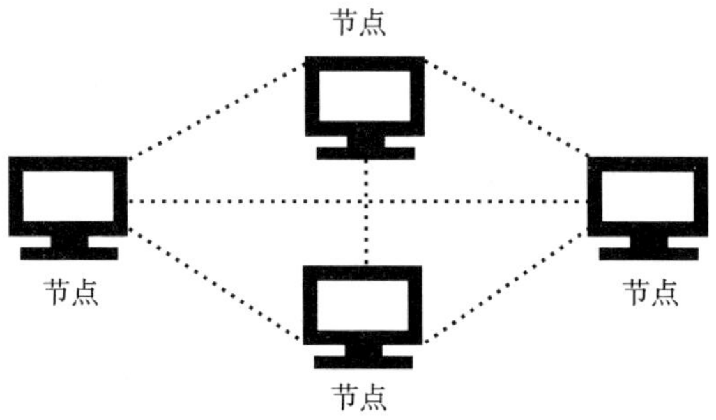

图 2.6　点对点网络

➢ 纯 P2P 网络模型

在此模型中，网络节点同时作为客户端和服务器，没有中心的服务器，没有中心的路由器。这样形成的网络完全根据系统中节点的活跃程度来保持，网络通信也主要是节点之间路由信息的广播，系统中的通信冗余比较大。

➢ 分层式 P2P 网络模型

在此模式中，网络节点的角色更加丰富，网络中有一个中心服务器保存节点的信息并对请求这些信息的要求做出响应。同时节点负责发布这些信息（因为中心服务器并不保存文件），使得中心服务器知道它们想共享什么文件，让需要它的节点下载其可共享的资源。路由终端使用地址，通过被一组索引引用来取得绝对地址。

主要特征为：

其一，所有节点参与提供资源，包括带宽、存储空间和计算能力；

其二，网络的分布式，增加了系统的防故障的健壮性，消除了单点故障。

主要应用为：

文件共享：Napster、Gnutella、BitTorrent、eMule、Maze；

即时通信：Skype、GTalk、QQ；

流媒体：PPLive、PPStream、AnySee；

共享存储：CFS、Total Recall、Ocean Store、Granary；

对等计算：SETI@home、Groove。

分布式共识技术

由于点对点通信，分布式系统或者点对点网络中，每个节点是按自己的规则运行的。为保持整个系统数据的一致性，需要借助分布式共识技术。传统的分布式技术中，由于本身的技术特点并不需要数据的一致性，更多的是需要数据的准确性，包括主从、Sharding 技术等，但是在点对点网络中每个节点之间并没有依赖关系，所以就更需要数据一致性的机制。

分布式系统的一致性算法是从 20 世纪 70 年代就开始研究的经典问题。理解分布式共识算法，需要理解两个名词，分别是“异步”和“共识”。

异步：此处的异步不同于通常技术术语中的“异步调用”的异步，而是指在一个分布式系统中，对消息的处理速度或者消息送达时间不做任何假设。这就是著名的 FLP 不可能性定理[①]。

共识：当多个主机通过异步通信方式组成网络集群时，这个网络默认是不可靠的，那么在这些不可靠主机之间复制状态需要采取一种机制，以保证每个主机的状态最终达成相同一致性状态，即取得共识。

➢ CAP 理论

CAP 理论又称 CAP 定理，指的是在一个分布式系统中，Consistency（一

① FLP 不可能性（FLP Impossibility）定理：是分布式领域中一个非常著名的定理。该定理的论文是由 Fischer、Lynch 和 Patterson 三位作者于 1985 年发表，之后该论文毫无疑问地获得了 Dijkstra 奖。FLP 给出了一个令人吃惊的结论：在异步通信场景，即使只有一个进程失败，也没有任何算法能保证非失败进程达到一致性！

致性)、Availability(可用性)、Partition tolerance(分区容错性),三者不可兼得。

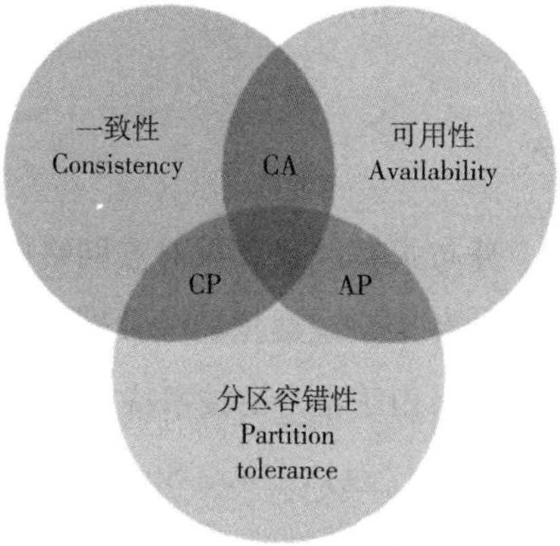

图 2.7 CAP 理论

资料来源:http://baike.baidu.com/link?url=EW1nkdPTyZOpicODQMnGqgZr7i9OgnpG4vU2MtoWY1CIoovQJwG_vVe_9MM3USwKKmN7cH7yFqIti74QTay4-q

这是由分布式系统本身的特性决定的,包括网络的异步性质和通信的不可靠性质等,所以在分布式系统设计中,需要对这三者进行选择,根据系统的设计需求进行考虑。

➢ **节点通信方式**

在分布式系统中,节点通信技术分为共享内存(Shared Memory)和消息传递(Messages Passing)两种方式。

共享内存是指通信的多方在某个区域有公共的数据操作区域,解决了多方的数据交互问题,共享内存方式是多方通信比较直接和有效的方式,但缺点也是比较明显的,就是公共区域需要进行互斥操作,避免由于一方的操作影响另一方,所以在多方协同方面需要专门的设计。

消息传递是指多方在通信方面直接借助消息包进行交互,这种消息包的传递可以是系统内的，也可以是系统外的；可以是文件型的，也可以是网络型的。消息的多方之间互相不影响，但是消息传递增加了分布式系统的设计难度。

➢ Paxos

Paxos 是最初、最简单的分布式共识算法，是 Leslie Lamport（莱斯利·兰伯特，也是 LaTeX 的实现者）于 1990 年提出的一种基于消息传递的一致性算法，是通过节点之间来回两次实现状态复制。

Paxos 算法解决的问题是一个分布式系统如何就某个值（决议）达成一致。一个典型的场景是在一个分布式数据库系统中，如果各节点的初始状态一致，每个节点执行相同的操作序列，那么它们最后能得到一个一致的状态。为保证每个节点执行相同的命令序列，需要在每一条指令上执行一个"一致性算法"以保证每个节点看到的指令一致。

Paxos 算法难以理解，更难以实现。

基于 Paxos 算法也产生了一些改进算法，例如 Egalitarian Paxos、Fast Paxos 与 Multi-Paxos 等。

➢ Raft

Raft 正是基于 Paxos 算法不容易理解和实现而提出的，Raft 通过在系统中引入强势领导者来解决相互系统之间的协调问题，Raft 是 Paxos 的简化版本。Paxos 和 Raft 的区别在于选举的具体过程不同。

在 Raft 中，任何时候一个服务器都可以扮演下面的角色之一：

Leader：处理所有客户端交互、日志复制等，一般一次只有一个 Leader；

Follower：类似选民，完全被动；

Candidate：候选人：类似 Proposer 律师，可以被选为一个新的领导人。

Raft 分为两个阶段：首先是选举过程，然后在选举出来的领导人的带领下进行正常操作，比如日志复制等。

➢ PBFT

PBFT 也称为拜占庭攻击容错算法。这里的拜占庭攻击，学术上也称为主动型攻击，即它不是被动型攻击，不是简单的数据窃取和数据窃听，拜占庭攻击实现的是对消息的窃听，同时对消息进行恶意修改为目的。

PBFT算法由Castro(卡斯特罗）和Liskov(利斯科夫）于1999年最早提出，在 PBFT 算法中最多可以容忍不超过系统全部节点数量的 1/3 拜占庭节点，即如果有超过 2/3 的正常节点，系统就可以正常运转。

PBFT 采取三个阶段协议进行工作，包括 pre-prepare（前期准备）、prepare（准备）和 commit（数据提交）。

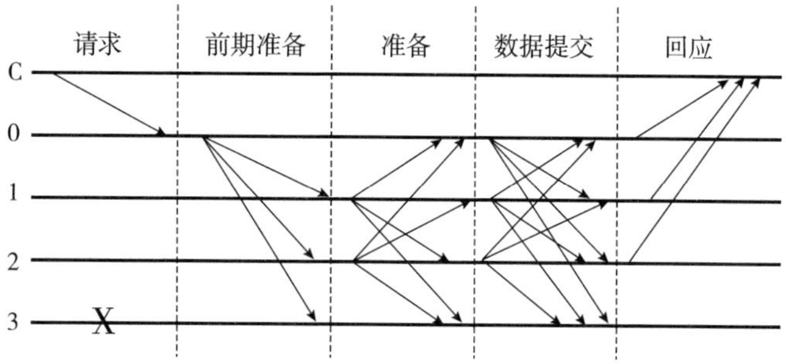

图 2.8　PBFT 三个阶段

资料来源：http://www.jianshu.com/p/fb5edf031afd

➢ POW

POW 证明机制是基于工作量的，通过工作量的证明来实现系统的数据共识。

POW 证明机制在比特币系统出现之前已经有研究人员在使用，主要是用在防垃圾邮件方面。由于传统的邮件发送是没有任何成本的，这也导致了现在垃圾邮件的泛滥，通过 POW 证明机制实现大量垃圾邮件发送成本的提升，也就有效地防止了垃圾邮件的大规模发送。

在比特币系统中，POW 证明机制决定了系统数据共识的来源方，也就是比特币系统中区块链的记账方的争夺，只需向系统证明节点能够快速提供相应的工作量，节点就有向区块链中写入数据的权利。

POW 证明机制基于的是数学上难以快速计算的问题，包括 Hash 碰撞问题、大数分解问题、椭圆曲线问题等。由于这些数学上“难”的问题没有计算的捷径，每个节点只能通过大量的穷举才能找到对应的答案，这是 POW 证明机制的优点，同时也是 POW 证明机制的缺点。由于 POW 是一种赢者通吃的模式，就容易导致系统中弱小的参与方只是陪练的角色，同时也浪费了系统大量的资源，是一种非“绿色”的机制。

POW 现在的主要实现系统是比特币系统和以太坊系统。

➢ POS

POS 由 Quantum Mechanic 于 2011 年在 Bitcointalk 论坛上提出。POS 需要系统中运行一种代币，使用这种代币来表示系统中各个节点的权利，节点拥有更多的代币就拥有更多的发言权、更多的责任，同时也获得更多的收益。POS 证明机制称为股权证明机制，黑客要攻击系统需要获得足够多的系统代币，这和算力无关，POS 机制比 POW 机制环保，这是它的优点，同时也是其缺点。

POS 机制的权利是有代币天然固定在系统中，使得 POS 系统运行产生的区块成本比 POW 低，所以 POS 代币的内在价值没有 POW 凝聚的价值大，人们对 POS 产生的代币多少持不信任态度。

POS 机制一般和 POW 结合来使用，通过 POS 来控制 POW 工作量证明的难度，纯粹的 POS 机制实现比较困难。

POS 目前主要在 Peercoin 和 Nxt 系统中实现，以太坊也计划转移到 POS 证明机制，称为 Casper 机制。另外还有一些 POS 的变形，包括 POS+POW，以及 DPOS 等。

综合来看，以这些技术为基础，区块链实现了它去中心化的本质特征。通过非对称密码技术，实现了区块链的历史可信；通过点对点通信，实现了区块链网络的不可停止；通过共识机制，实现了区块链网络链条的唯一和数据的唯一，保障了系统的正常运行。

区块链创新发明

区块链提供了一个创造数据可信历史的全新方式。由于区块链本身的公开、透明、区块链条的累加不可逆，改变了数据中心化的产生方式。由此产生的是一段可信的、不可逆的、不可篡改的数据历史，创造了一个可信的时间戳。

对于数据可信的问题，传统的做法是通过一个可信的第三方中心的方式来解决。例如通过政府权威、监管部门或者通过大的企业来提供数据的可信证明，但是所有这些可信数据提供方的操作都是靠人，人的存在就必然有数据是否可靠、可信的问题。正是基于此才有了众多的黑客攻击行为，黑客正是利用了操作人员的漏洞来实现他们的目标。

区块链技术带来了两个重要的创新：Hash 散列和时间戳。将 Hash 散列值作为一种资产验证和认证的形式来使用，成为区块链标志性的里程碑。区块链 Hash 散列值有可能成为整个社会运作中一个非常重要的功能，使用区块链能够证明在特定的时间内任何文件或者其他数字资产的确定内容。此外，以 Hash 散列值加时间戳为基础的区块链证明概念，使得区块链成为一种全新的信息技术。

区块链鉴证通常包括文件归档、存储和注册等各类相关公证（验证）服务和知识产权保护服务。根据前面的阐述，这些应用利用区块链技术，使用永久并且公开的方式来记录信息并且组成 Hash 散列，并能使用区块链浏览器和区块链地址作为全球中央注册数据库来检索信息。其核心功能就是通过一个公开的总账本来验证所有数字资产。

区块链演进层次

互联网真正革命性的起点，始于 1973 年发明的 TCP/IP 协议[①]。TCP/IP 协议其实极其简单，用简单的代码协议解决了全人类都不能解决的问题——如何保证传递信息信道的可靠。在过去，传递信息首先会受到“中心控制”制度的限制，其次还有地域、物理上的限制以及成本的限制，而这些限制一下子都被打破了。

我们依靠互联网 TCP/IP 协议解决了信息传输的问题，却不能保证传递的信息都是真实的，也不能解决价值的存储和传输问题。区块链解决了这些问题，登上了历史的舞台。通过对这些问题的解决，以全球的视角、发展的眼光来看区块链，从低到高可以分为三个应用层级。

第一个应用层级——货币互联

比特币已经被广泛接受，类似互联网上的“现金”，相应的数字支付系统也已经应用到实践中，使得利用互联网来传输资金成为可能。数字密码货币和相应的支付成为区块链第一个应用层级，也是之后各国央行发行数字密码货币的主要模式。

其实对所有的现代数字密码货币而言，通常每种币都代表一种货币及

① TCP/IP 协议：是 Transmission Control Protocol/Internet Protocol 的简写，中译名为传输控制协议 / 因特网互联协议，又名网络通信协议，是 Internet 最基本的协议，也是 Internet 国际互联网络的基础，由网络层的 IP 协议和传输层的 TCP 协议组成。TCP/IP 协议定义了电子设备如何接入因特网，以及数据如何在它们之间传输的标准。

一种协议，可能有自己独立的区块链或者在基于比特币的区块链之上运行。例如，莱特币的货币是基于莱特币的协议运行的，而莱特币的协议又是基于莱特币自有的区块链运行的。一个独立的区块链意味着这种币将会有自己的去中心化总账。

现实社会的法定货币还是基于纸币和中心化记账的方式来实现的，前者具有浪费资源的问题，后者具有系统安全性、系统可靠性不足以及系统不可控等问题。通过区块链实现的数字密码货币，真正将货币搬到互联网上，可以解决法币存在的这些问题。

这种基于互联网的货币最直接的好处就是减少全球信用卡商户的支付费用，从当前的大约3%减少至1%以下，特别是在国际汇款市场。区块链技术不仅可以有效地降低交易费用①，而且可以把等待时间从几天降到几分钟。

当前可以使用比特币的系统包括：BitPay（巴比特）、CoinBase、Coinify等。这些系统虽然与目前的信用卡支付系统不兼容，但是已经有公司致力于开发一个兼容系统，比如使用移动支付。

比特币和它的数字密码货币跟随者已经为互联网上的货币、贸易和商业开辟了一个完全重新定义的模式，不过货币和支付只是区块链的第一个应用层级而已。

从比特币衍生出来的altcoins（山寨币）已经证明，资源可以在完全分散的个人之间分配。有了这种能力，区块链所支持的数字密码货币就可以代表不同资源在互联网上以去中心化的形式完成各种交换，而不仅仅是简单的数字密码货币及相关的功能。

---

① 简单而言，现在的跨境汇兑包括但不限于以下成本：货币汇率汇兑、通信费用、系统损耗、人力成本和适度的手续费。但通过区块链的方式，系统、通信成本可忽略不计，也无须人工操作。

第二个应用层级——资产互联

区块链第二个应用层级是去中心化市场更广泛的应用，即数字化资产转移。将区块链平台构建在互联网上，从而让更多的应用接入区块链平台。当前基于中心化技术的网购平台（亚马逊、阿里巴巴等）、社交平台（脸书、微信等）和共享平台（优步、空中食宿、滴滴等）等，都有条件借助区块链以去中心化的方式更好地实现。这里面的关键技术在于区块链上的去中心化的账本可以登记、验证和转移各种电子化形式的财产和合同。在早期比特币通信中，中本聪描述过通过比特币系统转移代管交易、保税合同、第三方仲裁和多方签名交易。

区块链在这方面的典型应用，可以分为智能资产和智能合约两大类。

➢ 智能资产

区块链可以用于任何资产注册、存储和交易，包括金融、经济和货币的各个领域的有形资产（物理资产）和无形资产（投票、概念、信誉、想法、健康数据和信息）。使用区块链技术开辟了不同类型各个层次的行业应用功能，包括货币、市场、财产、金融交易、物资等。通过智能合约使用区块链编码的资产，可以称为智能资产。

智能资产一般是指所有以区块链模型为基础的可交易的各种资产类型。这些资产可能是物理世界中真实存在的资产，如房屋、汽车、自行车或计算机，也可能是类似股票、储蓄或版权（如书籍、音乐、插画以及数字艺术）这样的无形资产。任何资产都可以在区块链上注册，其所有权可以被任何控制私钥的人所拥有。所有者能够通过转移私钥或者资产给另一方来完成出售资产行为。

概括来讲，智能资产就是可以通过区块链控制所有权的资产，其相关的智能合约也需要符合现行法律规定。例如预先建立的智能合约能够在某个人已经偿还全部贷款后，自动将抵押物所有权从财务公司转让到个人名下（通过其他的以区块链为基础的智能合约自动确认）。同样，在未来的某一天，抵押贷款利率可以通过检查另一个以区块链为基础的智能合约以及有合约数据的网站或数据接口而得以自动重置和修正。

智能资产的核心思想是控制所有权，对于在区块链上已经注册的数字资产，能够通过使用它的私钥来随时使用。在某些情况下，现实世界的物理资产可以很容易地通过区块链来控制。比如智能电话可以通过确认某个用户在区块链上的数字身份来自动解锁。还有现实生活中的门禁系统，就像车库和住宅的门禁一样，通过使用“智能物体”的嵌入式技术（例如软件代码、传感器、NFC 标签、无线接入等）来控制，以便实时搜寻用户的软硬件身份识别设备来匹配资产。如果暂缺这些身份识别设备，用户还可以实时递交请求，区块链智能合约能够发送确认信息或者接入信号递送到物理资产或者用户的电子钱包，例如可以使用一次性的二维码来开动租借的汽车或者打开酒店房间。

区块链技术提供重塑身份认证和安全进入的方式，而且更灵活、更面向实时需求，远比当前的现实有更多的可能性，并可以通过优雅地嵌入物理世界硬件技术的方式来方便地使用。

智能资产利用区块链技术交易是一种全新的概念。我们似乎还不习惯把那些通过代码来自动执行的加密程序当成某种产权。这种自动执行的代码是被绑定写入代码底层，并且是无法剥离的，无法阻止编码预先设定的产权交易的发生。基于区块链的智能资产有可能让我们能够广泛构建无须第三方信任的去中心化资产管理系统，以及通过加密的方式来激活系统，这也许能够在物权法律的范围内获得极大的应用——通过在资产本身上进行记录来极大地简化资产所有权的管理。

➢ 智能合约

当智能资产开始被讨论时，其实智能合约就已经开始应用了。在区块链的环境下，合约或者智能合约意味着区块链将不仅进行简单的买卖货币这种交易，还会有更加广泛的指令可以嵌入区块链中。

在更正式的定义中，一个合约就是通过区块链使用密码货币和某人达成某种协议。传统意义上的合约，就是双方或者多方共同协议做或者不做某事来换取某些东西，合同中的每一方必须信任彼此会履行义务。智能合约的特点是，同样是彼此之间同意做或者不同意做某事，但是无须再信任彼此，这是因为智能合约不但是由代码进行定义的，也是由代码（强制）执行的，自动完成且无法干预。

事实上，智能合约之所以能如此操作主要是由三个要素造成的：自治、自足和去中心化。首先，自治表示合约一旦被启动就自动执行，而不需要它的发起者进行任何的干预；其次，智能合约能够自足地来获取资源，也就是说通过提供服务或者发行资产来获取资金，当需要的时候也会使用这些资金；最后，智能合约是去中心化的，也就是说它们并不依赖单个中心化的服务器而分布式存在，并且通过网络节点来自动运行。

用一个形象的说法来比喻智能合约，即可以把它看成由代码编写的并且能够自动运行的自动售卖机。不同于人的行为，一台自动售卖机的行为是可以预期的，相同的指令行为总是会得到相同的结果。当你塞入一些钱并做出选择后，你选择的物品就会掉出。机器绝不可能不按照设定的程序来执行，也不会仅仅执行一部分（只要它没有被损坏）。一个智能合约同样也是如此，一定会按照预先设定的代码来执行。“代码即法律”（详见第七章第一节），无论代码是怎么编写的，都会被严格执行。这可能是好事也可能不是。无论是或不是，都将是一种全新的情况，我们的社会在智能合约普及之前还需要一段较为漫长的适应阶段。

基于加密算法的智能合约及相关体系，如果要激活资产还有许多细节要考虑。也许我们还需要全新的法律和相关规定，来区别那些通过代码来建立的合约与其他通过人来建立的具有司法约束力的合同之间的差别。只有基于人的约定来建立的合同才会有遵守或者违反合同的情况，而基于区块链以及任何代码的合同都不存在这样的问题。

此外，智能合约将不仅会影响合同法，还可能会影响整个社会中的其他社会性契约。我们需要确定和界定何种社会契约会更需要“代码即法律”，即根据代码来自动执行且无法阻止运行。因为基于目前所颁布实施的法律，几乎不可能让智能合约强制执行（例如，一个去中心化的代码样本在事后是难以控制、监管或者要求赔偿损失的），现有法律框架在本质上要把这种行为降到人为合同的水平。智能合约最终的目标不是没有法律或者是无政府状态，而是让法律框架变得根据具体情况而更加精细和个性化。各方可以通过协商来选择某个法律框架建立一个合同然后将它写入代码中。根据大家原先已知的、经过审核的且“罐装”的法律框架，类似于创作共用许可证，用户可以选择某个法律框架作为自己智能合约的框架。因此，未来可能会有许多这种类型的法律框架，就像可能会有许多货币一样。

智能合约并不是意味着能够实现一切以前我们做不到的事情，事实上它能够最大限度地以不依赖第三方信任的方式来解决一些普通事情。最小化信任依赖能够让事情变得更加敏捷，因为可以通过全自动执行来替代人的自主判断。一个基于区块链的智能合约的简单范例将是这样：某个孙辈到了 18 岁或者祖父母死亡的某一天执行继承财产——这个交易事件可以写入区块链中，在未来某个时间会发生或者到未来某个时间点被触发。要设置的第一个条件：孙辈在 18 岁时收到一份继承资产，程序需要设置执行交易的具体日期，还要检查该项交易是否已经被执行。要设置的第二个条件：程序需要扫描一个在线的死亡登记数据库，或预先指定的某个在线报纸的讣告区，也可能是某种“预言”信息来证明祖父辈已经过世。当智能合约确认了死亡信息，它就能够自动发送资金。

关于智能合约的另一种情况就是建立一种自动付款机制来投注（就像金融市场中的限价单）和投资。一个智能合约能够被这样设定，当某个市场达到了某特定价格就能触发付款行为，触发条件也可能是某个现实世界中的事件（如某种新闻事件，或者体育赛事的冠军等）。智能合约能够部署在众筹平台，个人可以将某些承诺写入区块链中，或者某个企业的筹资目标被完成，才会将筹得的比特币资金从投资者的钱包中释放出来，而只有当所有资金都到位之后才会被确认交易。此外，创业者的预算、花费、资金销售规模都可以根据收到资金的区块链地址来进行跟踪。

第三个应用层级——万物互联

区块链第三个应用层级是经济活动以外的范围，比如政府档案登记、司法认证、公证以及知识产权服务、智能管理、互联网优化、物联网和智能硬件。区块链技术可以革新商业社会和政府部门的数据管理和数据记录方式，包括审计系统、医疗信息记录、供应链管理、投票系统、财产契约、法律应用、金融系统等。

开发者能够创造新的应用程序，并把数据保存在区块链上面，通过维护一个永久不可更改的、基于时间戳记录的区块链数据网络，大大减少了进行独立审计、管理真实记录、遵守政府监管条例的成本和难度。通过区块链来做政府事务管理，做各种登记和仲裁审核，通过永久保存在区块链账本中的信息，实现真实、共享和方便地维护。

比如常见的投票，每一张选票都将被真实地记录在区块链上，不可篡改，真实可信又能实时产生选举结果，无须中心化的人力成本。另外，一些社会问题上的分歧往往造成社会冲突，而区块链技术可以作为一个潜在的解决方案。

区块链还可以极大地改善“物”之间的互联互通，结合智能合约、透明公开安全的分布式管理，在物联网推广和实用化过程中，解决中心化系统面临的很多问题。区块链技术非常有潜力作为物联网的基础协议或者基础设施，推动实现真正的“物”联。

区块链的本质是一种更加高效的组织形式，可以在全局范围内自动分配资源，有利于协调人、物交往的方式，促进更高层次的合作。

随着时间的推移，智能合约和类似的区块链技术能够变得更复杂、精准和自治。伴随着区块链技术的发展，去中心化应用 DAPP、去中心化自治组织 DAO、去中心化自治公司 DAC、去中心化自治社会 DAS，以及全自动的市场，在未来将是一个更加丰富多彩的篇章。

上述这些概念伴随着日益复杂和自动化执行的区块链发展，而变成能够自我管理的实体，通过预编程、最终自我编程操作连接到区块链，实现自治的互联网市场。可以这样说，人类社会的所有活动都有可能在区块链上出现，或至少在某种程度上可以受益于区块链的概念。

第三章

流 派

我们可以将区块链看成一种兵器，因为形制不同，使用套路不同，所以可以分成不同的流派。本章将带您数一数区块链到底有哪些流派。

技　术

区块链是由技术驱动产生的一种社会变革，技术在区块链的发展过程中产生了深远的影响。每一种区块链系统都是智慧的结晶，都凝聚了设计者对于区块链核心要素的奇思妙想和持续优化。

➢ 去中心化

去中心化是区块链的本质特性。在实现区块链系统的过程中，由于系统的实际部署等因素，会导致各种因素的去中心化修正，包括部分的中心化、部分的算力集中、部分的结构化网络等情况。

比特币系统是最公开、最开放、去中心化最彻底的系统之一，但是由于 POW 的设计原则，在比特币系统中只要拥有算力，就可以成为比特币系统中的一个中心，而且只要算力足够大，中心在比特币系统中的权利就越大。

另外一些区块链系统的设计，在其设计之初就有部分的中心，例如 Ripple（瑞波币）、超级账本、井通等在系统的设计中就有记账节点这个角色，系统中只有被认可的节点才能作为记账节点，系统实现的是部分去中心化。

➢ **公开透明**

区块链系统的安全性是由密码技术来保障的，同时也是由数据的公开透明保障的。区块链是一个可信的系统,一方面需要信息真实、安全地记录；另一方面需要全员参与的监管，而最简单的监管方式就是将数据公开。

一般区块链都提供区块链浏览器，区块链浏览器提供区块链系统运行状态的查询工具，例如比特币的浏览器有 blockchain.info。

同时，区块链系统要求参与区块链系统中的每个参与方都可以有一份完整的区块链账本，选择全账本还是部分账本是用户的选择问题，但是区块链系统必须保证参与方拥有全账本的能力。通过全账本数据的获取，用户可以实现对数据的全方位监管。

随着区块链渗透到不同领域、不同行业，也产生了对公开透明的个性化要求，有些需求就要求数据只能对特定行业、特定用户进行开放。于是在区块链行业就产生了像 R3 CEV 和 Hyperledger（超级账本）这样的相对透明公开的应用。完全公开透明的代表应用目前有比特币、以太坊、Ripple 等。

➢ **无监管的自由**

在区块链系统中，每个参与方具有一个账号，此账号里包含账号地址和账号私钥，通过私钥可以完全控制账号。对于私钥存储和保密的设计，是考验每个区块链钱包设计能力的一个重要指标。

正是因为私钥在区块链系统中的唯一性，以及完全的掌控能力，所以区块链系统中只要用户自己掌握私钥，区块链系统就是真正安全、不受监管的系统。正是由于这个特性，最初在比特币系统里面，区块链最主要的用途就是进行资金的转移和安全性存储。

无监管自由中的一个特性是匿名，在区块链中每个账号只是密码中公钥的编码，只有和业务系统对接的时候，区块链里的账号才会进行实名认证，没有对接则是匿名的。

区块链早期追随者追求无监管的自由，但是由于业务限制、区块链系统部署能力等条件的限制，无监管自由也只能是有条件的自由，业务系统中的监管还是无处不在的。

目前可匿名无监管的应用有：比特币、以太坊等。

须实名有监管的平台有：Ripple、井通等。

管 理

区块链从技术上来说是可以做到完全去中心化的。但从管理上来说，由于企业的发展理念或目标不同，区块链出现了两种应用方向：一种是完全去中心化的应用，另一种是有效 / 有限去中心化的应用。

完全去中心化：区块链上的验证机可以任意加入，不受限制。每台验证机享有平等的权利，参与全网的工作验证和收益获得的分配。其主要特点是机机平等、人人平等，有点像西方人手一票的全民选举。其优点就是保证公平，其缺点则是无法保证效率。其代表为比特币、以太坊，是公有链的常见技术表现形态。

有效 / 有限去中心化：区块链上的验证机受管理机构的限制，只有经过授权的节点才能加入。授权后的节点享有同样的权益。其主要特点是以相对的平等换取一定的效率，有点像中国的人民代表大会制度。其优点是效率较高、更易商业化，其缺点则是不能保证绝对的公平。其代表为Ripple、R3 CEV、井通，技术表现形态多为私有链、联盟链。

表 3.1　完全去中心化和有效 / 有限去中心化平台的对比

分类 内容	完全去中心化	有效 / 有限去中心化
去中心化程度	验证节点任意加入，完全平等	由授权节点验证
技术表现形态	常见为公有链	多为私有链、联盟链
代表产品	比特币、以太坊等	Ripple、井通等
处理效率	7 tps①	2000 tps~3000 tps②
处理时间	10 分钟③	2~5 秒④
驱动中心化问题⑤	有	没有
安全机制	密钥	密钥 + 账户管理

完全去中心化的目标是绝对的自由、绝对的隐私。但从现实来看，这只是一个理想、一个目标。纯粹的自由不一定好，全民的选择也不一定是最优的。可以参考英国的退欧公投，大家用高昂的热情投出了一个让很多人后悔的结果。

而有效 / 有限去中心化是牺牲一部分绝对自由平等来获取一定的益处。比如不用那么多挖矿机，既可以节约成本，也可以避免挖矿的能源浪费；比如可以从一个行业开始，首先做到行业内互联，其次扩大到各行业互联，最后做到万物互联，其循序渐进的节奏更具有商业可行性；比如还可以用选择性的决策来避免群体性的失误等。

无论是完全去中心化还是有效 / 有限去中心化，这两条路都有它的市场、它的拥趸，它们可以充分竞争，各展所长，取长补短。

① tps（Transaction Per Second，每秒事务处理量）：比特币网络的处理效率。
② Ripple 网络的处理效率。
③ 比特币网络的处理时间。
④ Ripple 网络的处理时间。
⑤ 驱动中心化问题：具体意义请参考本章“性能”一节里“容量和带宽”的内容。

模　式

区块链的产生源于松散的社区组织，来自一些有想法、有技术的极客。而在区块链技术发展的过程中，也逐渐出现了公司化运营的区块链公司。目前区块链上的社区组织有比特币、以太坊等；而区块链的运营公司有 Ripple、R3 CEV、Circle、布比、井通等。

这两种发展理念各有特点，不同时期的优点也不尽相同。

➢ **发展初期**

新技术产生的初期，由于技术还不成熟，社区组织极客们的影响力比较大，他们对新技术的技术迭代、思路的创新、技术的完善起决定性的作用。

而此时对于商业化的公司来说，新技术还看不到清晰的商业前景，其想法也只是概念验证阶段，因此不会投入太多资源。所以在发展初期，社区组织的创造力、影响力都是要大于商业公司的。

➢ **发展中期**

新技术在社区经过一阵磨合、消化升级后，其特点和优势逐渐被人们所接受，而商业公司在看到新技术巨大的商业前景后，也开始投入较大的人力、物力，争取在新一轮的技术浪潮中占有一席之地。此时的社区规模也已经扩大，技术也相对完善，底子较厚，但缺点是进攻力较弱，适应变化能力不足。而对公司来说，可以借鉴社区的经验，在某一个方向上发力，虽然底子薄些，但有的放矢，发展也会比较迅猛。这个阶段属于群雄并起的阶段。

➢ **发展后期**

此时技术已经成熟，商业应用也早已大面积铺开。此时公司用强大的资金实力充实了自己的技术实力。一些社区的技术极客会被这些大公司收入囊中（如张小龙加入腾讯并开发了微信），或者公司直接把社区划入自己门下（如 Java 被 Oracle 收购）。在这个阶段，商业的力量压倒一切，技术极客们则已经收拾好行囊，开始了继续探索未知领域的征途。

从现在的格局来看，区块链目前处于中期阶段。新技术的浪潮会在社区和商业公司的共同作用下向前飞速发展。哪个公司抓住了机会，就会在后期脱颖而出。

产　业

区块链是一个全新的行业，那这个行业的全产业链有哪些？下面我们梳理一下。

➢ **矿机及相关产业**

区块链刚兴起时，这个产业经历过辉煌。第一代产品如比特币、山寨币，它们采用 POW 机制，价格的暴涨使“挖矿”产业经历了疯狂。这其中包括做矿机的人、做矿机芯片的人、做矿场的人，以及用矿机挖矿的人。早期的参与者基本都赚到了钱，但在目前成熟的市场下，不管是矿机、芯片还是挖矿都越来越难，再想从里面淘金只能靠运气了。

➢ **密码币交易所**

交易所是提供区块链密码币交易的场所。交易所有实际的需求，但并不能提供安全的服务，交易所存在因自身缺陷而倒闭跑路的风险。比如历史上曾经红极一时的比特币交易所 Mt.Gox 就倒闭了。在区块链还没有大红大紫的时代，交易所能够维系区块链一定的热度。在目前的状况下，交易所还会不温不火地维持下去。

➢ **区块链资讯**

区块链是个全新的行业，这个方向和潮流需要媒体去引导。因此这些区块链资讯网站就成为该行业的有力推手。虽然在这里不会出现巨无霸的企业，但对于市场教育和行业引导，这些区块链资讯网站的作用还是不可小觑的。

➢ 支付

区块链产生的一大原因就是要制约金融界不受约束的巧取豪夺，因此通过革命性的技术压缩甚至颠覆金融业的盈利模式，就是其发源的目标之一。与此同时，信息的互联网时代早已深入人心，但金融的互联网时代依然可望而不可即。

目前不少区块链的企业就在做这方面的工作，它们想通过自己的努力，把银行间的界限打通，从而打造一个完整的金融互联网。这条路虽然看起来比较难，但在先进的技术面前，落后的生产力终究难以挡住历史的车轮。

➢ 智能资产

区块链的应用领域不仅在支付，还包括智能资产。所有以区块链模型为基础的可交易的资产类型，无论是物理世界中真实存在的资产，还是电子化的货币资产，还有各种艺术资产和数字资产，乃至无形资产，都可以在区块链上注册，其所有权被任何掌握私钥的人所控制。所有者能够通过转移私钥给另一方来完成出售资产的行为。

围绕智能资产产生的所有交易活动、管理活动、商业活动，是区块链产业远未开发完成和产生商业利益的领域，空间极为广阔。

➢ 社会应用

区块链的应用在社会很多领域都可以发挥它的价值。可以这么说，哪里存在信用缺失，哪里就是区块链的用武之地。比如对政府部门来说，包括慈善、彩票、政务公开等；对社会来说，包括防伪、新电商、共享经济等。

未来的区块链世界必然是各个不同细分行业与环节百花齐放的局面，非常值得期待。

形　态

➢ 私有区块链（Private Blockchains）

在过去的一年，私有区块链的概念在区块链技术讨论中成了热门词汇。从本质上而言，相较于完全公开、不受控制，并通过加密来保证网络安全的系统（例如 POW 与 POS），私有区块链可以创造出访问权限控制更为严格、修改甚至是读取权限仅限于少数用户的系统，同时这种系统仍保留着区块链真实性和部分去中心化的特性。

金融机构对这种系统有很大的兴趣，这也导致了部分人的激烈反对，他们认为，这样的发展违背了去中心化的本质，这是那些守旧落伍的中间商孤注一掷的行为（或者说只是简单地提出了一个非比特币的错误应用）。那么，不同的区块链数据库应用类别到底有什么实际差别呢?

➢ 公共区块链（Public Blockchains）

公共区块链是指全世界任何人都可读取的、任何人都能发送交易且交易能获得有效确认的、任何人都能参与其中的共识验证过程的区块链——共识过程决定哪个区块可以被添加到区块链中并明确当前状态。

作为中心化或者准中心化信任的替代物，公共区块链的安全由“加密数字经济”维护——“加密数字经济”采取 POW 或 POS 等方式，将经济奖励和加密数字验证结合了起来，并遵循一般原则：每个人从中可获得的经济奖励,与对共识过程做出的贡献成正比。这些区块链通常被认为是“完全去中心化”的。

➢ 联盟区块链（Consortium Blockchains）

联盟区块链是指其共识过程受到预选节点控制的区块链。

不妨想象一个由 15 个金融机构组成的联盟，每个机构都运行一个节点，而且为了使每个区块生效需要获得其中 10 个机构的确认。区块链或许允许每个人都可读取，或者只受限于参与者，或走混合型路线，例如区块的根Hash及其API（应用程序接口）对外公开，API可允许外界做有限次数的查询和获取区块链状态的信息。这些区块链可视为“部分去中心化”。

➢ **完全私有区块链（Fully Private Blockchains）**

完全私有区块链是指其写入权限仅在一个组织的区块链。读取权限或者对外开放，或者被进行了任意程度的限制。

相关的应用囊括数据库管理、审计，甚至一个公司，尽管在有些情况下希望它能有公共的可审计性，但在很多的情形下，公共的可读性并非是必需的。

几种形态的比较

联盟区块链和完全私有区块链之间的区别还是很明显的：前者结合公共区块链的“低信任”和私有区块链的“单一高度信任”，提供了一种混合的模式；而后者可以更精确地描述为带有一定程度数字加密的可审计的传统中心化系统。

上述每种类型都各有特色、各有侧重，认为只存在最优类型，或者只有一种能活下来的想法是未得到市场的验证和认同的。下面以“私有VS公共”两种类型的区块链进行讨论。

➢ **私有区块链的优点**

第一，规则易修改。

如果需要的话，运行私有区块链的单位或公司可以很容易地修改该区块链的规则、还原交易、修改余额等。在一些情况下，例如全国土地登记，这个功能是必要的。但绝对不会存在这样的系统，可以让江洋大盗在一块清晰可见的土地上拥有合法所有权而无可奈何，所以试图建立一个不受政府控制的土地登记机构，在实践中是不会被政府接受的，也不可能有人自愿地参与并以其记录为准。

区块链的最大优点就是记录不可篡改，因此如果拥有方随意更改规则，只能是自毁长城。失去信誉的区块链一文不值。相比而言，私有区块链的效率更高。

第二，控制力更强。

因为架设的链是完全私有化的，因此各节点都在所有方的直接控制和管理下，所以并不存在发生在公共链中的一些矿工通过共谋进行的 51% 攻击风险（详见第七章第五节）。

第三，交易成本更低。

交易只需被几个受信的高算力节点验证就可以了，而无须数万普通节点的确认，因此交易成本会更低。当下公共区块链的每个交易的成本超过 0.01 美元，这是个非常值得重视的问题。但也要注意，从长远来看，随着比特币区块链的技术进步，交易成本也会有所改变，这些技术进步有望将公共区块链的费用降低一到两个数量级，与高效的私有区块链系统差不多。

第四，高连接性。

节点之间可以很好地连接，故障可以通过人工干预来迅速修复，并允许使用共识算法减少区块时间，从而更快地完成交易。公共区块链技术的进步虽然也会提高交易的速度，但私有区块链会更快。

第五，隐私保护。

如果读取权限受到限制，私有区块链还可提供更好的隐私保护。

考虑到上述因素，私有区块链似乎看起来更适合为机构所用。然而对于机构而言，公共区块链仍存在很多价值，也就是公共区块链一直提倡的自由、中立和开放。

➢ **公共区块链的优点**

公共区块链的优点可以归结为两大类：

第一，用户受保护。

在公共区块链中，程序开发者无权干涉用户，所以区块链可以保护使用开发的程序的用户。程序开发者所面临的主要压力或者风险来自政府，所以说“审查阻力”是公共区块链最大的优势。

第二，网络效应。

公共区块链是开放的，因此有可能被许多外界用户使用和产生一定的网络效应。就拿域名托管来举例，如果 A 想卖给 B 一个域名，就有个需要解决的风险问题：如果 A 首先出售了域名，但 B 可能还没给钱；或者如果 B 给钱了，但 A 还没出售域名。为了解决这个问题，我们要设立中心化的托管中介，但须支付 3~6 个百分点的手续费。然而如果我们在区块链上拥有一个域名系统，并使用这个区块链的货币，那么我们可建立交易费低至 0 的智能合约：A 向该系统出售域名，系统马上将域名出售给首先支付资金的人，完全通过建立在公共区块链上的系统自动完成，所以值得信任。

但需要注意的是，为了使交易过程更高效，要将来自完全不同行业的完全不同的资产寄放在同一个公共数据库上，这在私有区块链上是不可能轻易做到的。只有通过能被公共区块链验证的私有区块链，才有可能通过跨链完成交易。

➢ **按需结合使用**

如果能创建基于公共区块链之上的私有智能合约，或者能实现在公共和私有区块链之间的跨链交易，我们就可将两者的特性很好地结合使用，至于具体选择哪套方案就要视客户的偏好了，一切依你所需，如你所想。

性 能

➢ 吞吐量

比特币网络在信息吞吐量上有一个潜在的问题，那就是目前理论上的最大值也只有 7 tps。核心开发者坚持说必要时这个限制的交易速度可以提升。让比特币能够处理更高的吞吐量的方法是让每个区块变得更大，然而这会带来一些别的问题，比如容量及区块链臃肿的问题。

一些其他交易处理网络中可以用于参考的数据有：VISA（通常 2000 tps；峰值 10000 tps），推特（通常 5000 tps；峰值 15000 tps）和广告网络（大于 100000 tps）。

其他区块链系统都对此进行了优化，但是这些都依赖于所处的硬件环境和硬件条件。相对于比特币网络，Ripple 网络的表现要好一些，它目前的极值吞吐量在 2000 tps 到 3000 tps，可以满足基本的商业需求，但距离中心化处理速度上万系统吞吐量的能力还是有很大差距。井通平台目前的极限吞吐量与 Ripple 相当。

实际上在这方面，区块链去中心化的技术特性决定了在吞吐量上很难超越中心化的应用。但区块链所能实现的功能又是中心化的应用所不能实现的，也算是“尺有所短，寸有所长”。

➢ 延迟时间

目前，每个比特币交易区块需要 10 分钟来处理，这意味着至少需要 10 分钟来确认你的这笔交易。为了足够的安全性，你甚至需要更长的时间——大概一个小时（6 次确认）—— 一些大额交易甚至需要更长的时间，因为这是用来抵御“双花”问题攻击的代价。作为参考，VISA 最多只需要 1 秒。

对于 Ripple 和井通网络来说，每次交易的处理速度是 2~5 秒，已经可以基本满足实时的交易需求，也与 VISA 的处理速度相差不多。当然 VISA 的速度快是对同行转账、同国转账来说的；如果涉及跨国转账，那么中心化银行几天的转账效率就值得诟病了。而区块链不一样，不管是同行、跨行、跨国，速度都一样，这个优势还是不小的。

➢ **容量和带宽**

比特币区块链目前的大小已经超过了 25 GB（千兆），仅 2015 年一年就增加了 14 GB。所以现在已经需要很长的时间去下载了（比如一天）。如果吞吐量增加到 VISA 标准 2000 tps 那样的数量级，增长就将变成 1.42 PB[①]/ 年或者 3.9 GB/ 天。如果达到了 150000 tps，则比特币每年将会增长 214 PB。

比特币社区称容量问题为“膨胀”，但这个命题假定我们需要的是一个小规模的区块链；然而要达到能够让主流使用的规模，区块链需要变得很大，目的是更加容易获取访问。这也可能会驱动中心化，因为这需要资源区运行全节点，而全世界只有 7000 个服务器在真正地运行比特币客户端 Bitcoin 的全节点，它们是比特币的保护神。是否给予这些运行全节点的个体额外补偿的方案，正在讨论中。

尽管对于现代大数据时代中的很多领域和以 TB（太字节）量级作为标准的数据密集技术来说，25 GB 的数据并不算很多。但是，前者的大部分数据是可以被压缩的，而区块链数据出于安全性和易访问性的考虑是不能用一般方法压缩的。然而这可能是一个机会，去鼓励大家创造一种新的压缩算法，来让区块链既可以容易存储，又能保持其完整性和易访问性。

对于有限中心化的 Ripple 网络来说，虽然它的节点不一定需要很多，但它每个节点要求的存储容量还是会很大，目前 Ripple 网络节点的数据量

① PB，拍字节，是计算机中较高级的存储单位。——编者注

也早已超过 500 GB，随着以后业务量的逐渐增长，它的存储量还会呈数量级地向上增长。所以将来的区块链节点不是普通的计算机所能胜任的，而是大存储量、高性通、高带宽才能胜任。要享受去中心化的便利，必会受到某方面的约束，鱼和熊掌不可兼得。

➢ **能耗**

挖矿带来了巨大的能源消耗。一些早期的估计是每天浪费 1500 万美元，而其他的估计甚至更高。一方面，正是这种浪费使比特币是可信的：一些理性的机构在这种毫无意义的工作量证明中相互竞争以取得可能的奖励；另一方面，这些消耗的能源除了挖矿外没有任何实际的益处。

当然这些能源的浪费并不是做无用功，正是它保证了区块链世界里的去中心化。区块链的实质是用牺牲资源的方式换取了信用——也算是有所得、有所失。考虑到它创新了一个行业，从面向未来的角度看，所得大于所失。

➢ **商业模式**

另一个重要的挑战，既是功能性又是技术性的，就是商业模式上的挑战。

第一，一些传统的商业模式并不适用区块链，因为对于点对点的去中心化模型来说，并没有一个收取交易费的中间商（这在传统的商业模式中是存在的）。

第二，在区块链新经济中，仍然有一些有价值的、可以产生收益的产品和服务。比如可以提升现有行业或产品效率的、可以实现资产或资金跨界流动的、有助于市场导入和培训的、用户体验良好的工具或者产品，将会更早地具备实现商用化的能力。当区块链的原理被大众所理解并接受的时候，像 Ripple 这样的商业模式就将变得如臂使指。

第三，会出现针对区块链服务商提供服务的新商机，如培养消费者使用区块链的习惯、辅助设置使用标准及规则、客户定制服务、智能合约审计等增值服务岗位。此外，红帽模式（采用收费模式搭建开源软件）、软件即服务模式（Software as a Service，SaaS）等现有的模式，也依然有其存在的价值和必要。

➢ **个人隐私**

理想状态是以区块链的方式，仅通过持有一个指针和一个可能的通道，就让大家将自己的个人记录以去中心化的方式存储。但是，目前来看，要达到这个目标仍有大量的问题需要解决。如果你将所有数据都放在区块链上，而你的私钥被盗或公开，那么你将无处遁形、无可挽回——在目前的加密货币架构中的确可能发生，就像现在大量的个人和企业密码被盗或数据库被黑。

当然，区块链企业也可以采取有效去中心化的方式来满足政府合规性监管，以及紧急制动和人工干预的要求。比如 Ripple 就有账户冻结功能，通过管理手段解决区块链的匿名问题，以更好地满足商业级应用的要求。

总 结

熊彼特式的创新，是涅槃重生的过程。从中心化的世界到去中心化的世界，速度与激情共舞，风险与机遇并存，区块链已经扬帆起航，去找寻自己的新大陆。

第四章

江 湖

区块链本是一项技术，然而技术是被人开发出来的，也是被人使用的。有人的地方就有江湖，有了区块链便也有了江湖。有了江湖，也就有了派别，而每个派别也都有其优势，每个派别也都在奋力发展。

既然是派别，那么其必有自己的发展平台。本章将带您看一看区块链江湖里，除了比特币之外，还有哪些自成体系的平台。

比特币衍生

侧　链

由于受到以太坊众筹1.4亿美元的刺激，比特币团队成立了BlockStream公司来进行商业化的开发。一方面，为了应对以太坊、比特股等开发平台的创新威胁；另一方面，比特币核心开发团队并不欢迎合约币①、彩色币②等附生链，所以就必须采用新的方式来附带数据，于是侧链

① 合约币（Counterparty）：建立在比特币协议上的传输层，用来建立和使用去中心化的财务工具协议。可以将XCP理解为很多“小的BTC”，即XCP=“小的BTC”，但是这些“小的BTC”不仅具有货币的交易功能，还具有资产发行（例如发行股票）、股息分配以及下注功能。

② 彩色币（BitcoinX）：特定比特币，具有一些特殊的属性，比如支持代理或聚集点，从而具有与比特币面值无关的价值。彩色币可以用作替代货币、商品证书、智能财产以及其他金融工具，如股票和债券等。

这个解决方案应运而生了。

简单地说，就是建立比特币账本的一个副本，就像以前许多法定货币由黄金担保一样，在需要的时候资产可以在两个区块链之间相互转换。在继续基于公共区块链的比特币信用证明的同时，侧链也能支持完成一些更为复杂的应用操作。

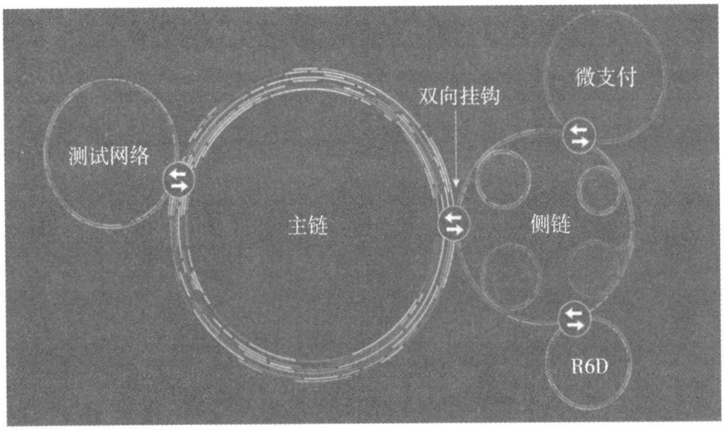

图 4.1　比特币侧链示意图

资料来源：http://www.8btc.com/sidechain-theme

侧链的原理如图 4.1 所示，比特币与比特币侧链都使用比特币作为系统货币。其实质是通过“双向锚定”机制实现主链货币价值向侧链体系的转移，从而在侧链上使用这部分从主链转移过来的主链货币的价值，至于以这部分主链货币价值背书而产生、发行的侧链货币的名称，则可以按需自由命名。

由此可见,“双向锚定”是侧链的基础与核心机制。以比特币侧链为例，基本原理如下：

➢ **主链→侧链**

在比特币网络中，向“特定脚本地址”发送一笔比特币，该地址上的比特币将被系统冻结。该交易成功确认后，侧链网络将会识别这一信息，并在侧链网络中的特定地址产生与这笔比特币数量相对应的侧链货币。

➢ **侧链→主链**

在侧链网络中，通过特定方式“销毁”一定数量的侧链货币，例如将其发送至永远无法使用的特定地址。比特币网络识别该信息后，从之前被“冻结”的比特币中“解冻”与侧链币“销毁”数量相对应的比特币，并将其发送至比特币网络中的特定地址。

通过以上方式，可以实现比特币网络中的货币价值在主链与侧链间的转移。例如，某比特币侧链发行的全网货币基于主链冻结了 1 万比特币，则这 1 万比特币此时在主链上是无法使用的，相当于移出了比特币主链网络。

侧链元素实现的主要应用功能包括：

第一，机密交易。

这是侧链最有用的一个新特性，使得侧链成为提高比特币隐私性和安全性的更为有效的密码学工具。机密交易对交易的信息进行保密，仅允许交易的参与者（或者他们指定的人）知道具体交易金额。

目前所有比特币的交易是完全公开的，虽然交易人是匿名的，但是其他交易信息的公开仍然使很多用户不放心。由于比特币区块链的安全性由统一验证来保证，会自动化验证每个交易的合法性，无须信任第三方。但这也带来了不利影响，交易数据必须公开才能进行公开验证，这一点并不能被传统金融机构接受。如果财务隐私保密不够充分，对商家和个人来说，都会存在严重的安全隐患。没有充分的隐私保护，不法分子就会特别关注高价值目标；商业竞争者也会知道商业的细节，谈判筹码也会贬值。

交易数据的隐私保护问题已经有了一些很好的解决方案。例如，比特币使用“匿名地址”来解决部分隐私问题，如果人们不知道哪个用户拥有哪些地址，隐私就能得到保证。不过，只要你和其他人发生交易，还是会有地址被公开出来。从这个地址开始，还是可以追溯到其他的相关地址，并评估交易金额和留存余额。

侧链提供的隐私受保护的交易，使得交易金额更隐秘，同时能让比特币网络来验证留存的区块链交易，做到这些无须加强比特币的加密技术，而且系统成本是可控的。

第二，隔离目击者（Segregated Witnesses）。

当前比特币签名算法比较复杂，而且存在缺陷，导致了交易延迟的问题。隔离目击者功能引入新的区块链，采用新的算法，可以改善延迟问题，提高比特币应用执行的效率。

区块链交易延展性的问题，指的是同一个交易可以产生多个签名（交易的 ID），如果仅仅通过验证这个 ID 来确认交易执行的话，就会有问题。Mt.Gox 据称就是因为验证 ID 而被偷了很多比特币。由于这个问题的存在，使得编写一个好的钱包软件就很困难。Segregated Witnesses 解决了这个问题。

另外 Segregated Witnesses 压缩了签名的大小，最多可以使当前的区块存储容量相当于原来的 4 倍。

第三，新的操作代码。

每一笔比特币交易实际上就是用脚本编写的一个程序。这些新的操作代码，扩展了比特币脚本语言所提供的功能，使得整个交易的新形式成为可能。

第四，基础资产发行。

允许侧链用户可以发行自己的全新资产，就像比特币本身，并能在可靠安全的区块链上进行，例如代金券、优惠券、股票、债券、金融衍生品、真实和虚拟世界里的货币，还能增加像智能合约、安全处理机制和真实世界财产注册等。

侧链的目标是区块链技术的通用化，区块链技术应用不仅局限于货币，还可以扩展到金融服务和智能合约。它实现的方式是横向增加新的功能，侧链还可以进行小微支付。

2015 年 10 月，BlockStream 公司推出了第一个商用化应用侧链——Liquid。Liquid 是为比特币交易所、支付处理以及交易者而设计的私有化的区块链项目，它可以减少这些机构移动比特币资金所需的时间，使用 Liquid 侧链的交易所，其资金移动所用的时间将从 60 分钟缩短至几秒。Liquid 的交易是运行在主区块链的并行区块链上的，可以在协议层实现所有的业务逻辑，所以交易所是可以控制这些资金的。Liquid 还会整合机密交易，这意味着交易所可以处理同样的交易数据，而且不会有信息暴露的风险（比如交易量）。

闪电网络

比特币区块链上的交易，每条的平均大小约在 250 字节（Byte），1 个比特币区块大小为 1 MB，那么 1 个区块可以容纳的交易数量约为 4000 条。按照现在每 10 分钟产生一个区块的速度计算，平均到每秒最多也就只能处理 6.67 笔交易——这是在去第三方信任和效率之间的折中选择。

1 MB 的区块大小成为制约比特币区块链向前发展的“瓶颈”，于是比特币社区推出了区块扩容的各种方案，有扩到 2 MB 的，有 8 MB 的，还有 20 MB 的。容量最终是要扩的，但最终选择哪种方案，还没有定论。

为了提高比特币的交易效率，解决比特币的交易规模、实时支付、小额支付等关键应用问题，比特币区块链的很多技术创新都在沿着这个方向努力，闪电网络（Lightning Network）就是其中最著名的一个解决方案，它也是侧链的发明者 BlockStream 公司提出来的。

2015 年 2 月，Joseph Poon（约瑟夫·潘）和 Thaddeus Dryja（撒迪尼斯·达加）发布了“闪电网络”的草稿。尽管这是一份不完整的建议，并且没有代码，但是引起了比特币技术社区的极大关注，因为它构想了一个近乎实时的、多方之间的比特币交易。其基本思想就是交易建立在一个新的支付路径，支付路径中的所有交易只有最后一笔需要真实进入比特币区块链。其原理就是，在森林里一棵树倒了，发出很大的声响，但是外部世界并不感兴趣。所以很多高频小额交易，对比特币区块链并无意义，无须全部记录。

比特币的交易是很灵活的，两个人可以决定把一些比特币整合到一笔单独的交易，只有他们同时进行加密签名，这笔交易才能对外发送——这就是所谓的多重签名，它是“闪电网络”建立的依据。两个人的交易在加密签名后直接发送，不向全网广播。这意味着在一个完整的比特币交易过程中，分叉出一个临时性的“交易场所”，比特币区块链只关心分叉输出和返回的结算，过程中的零散交易可以不向整个比特币区块链网络广播。实际上就是把大批小额交易带离了比特币区块链，在风险可控的情况下取消了比特币区块链上对它们的验证过程，既提高了交易效率，又在某种程度上保证了这个比特币区块链的可验证性和安全性。

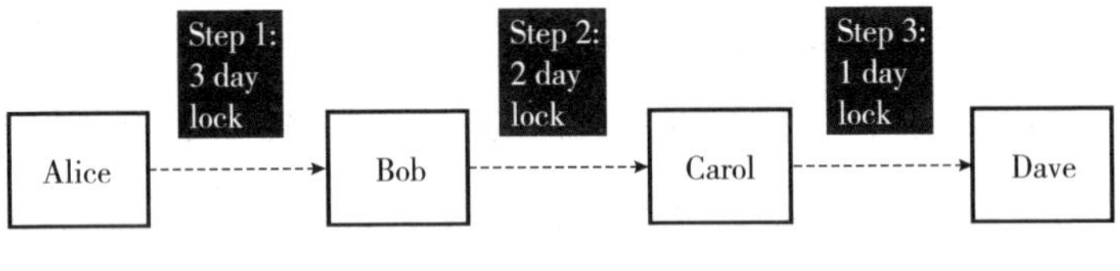

图 4.2　闪电网络的支付路径

资料来源：http://bitkan.com/news/topic/19941

如图 4.2 所示，Alice 想给 Dave 发送 0.05 BTC，但 Alice 和 Dave 之间并没有微支付通道。但这没关系，Alice 找到了一条经过 Bob、Carol 到达

Dave 的支付路径，该路径由 Alice/Bob、Bob/Carol 和 Carol/Dave 这样三个微支付通道串联而成。

Dave 生成一个秘密 R 并将 Hash（R）发送给 Alice，Alice 不需要知道 R。R 和 Hash（R）的作用就像是古代调兵用的一对虎符。

Alice 和 Bob 商定一个 HTLC[①] 合约：只要 Bob 能在 3 天内向 Alice 出示哈希正确的 R，Alice 会支付 Bob 0.052 BTC；如果 Bob 做不到这点，这笔钱 3 天后自动退还给 Alice。

同样地，Bob 和 Carol 也商定一个 HTLC 合约：只要 Carol 能在 2 天内向 Bob 出示哈希正确的 R，Bob 会支付 Carol 0.051 BTC；如果 Carol 做不到这点，这笔钱到期后自动退还给 Bob。

最后，Carol 和 Dave 商定一个 HTLC 合约：只要 Dave 能在 1 天内向 Carol 出示哈希正确的 R，Carol 会支付 Dave 0.05 BTC；如果 Dave 做不到这点，这笔钱到期后自动退还给 Carol。

一切就绪后，Dave 及时向 Carol 披露 R 并拿到 0.05 BTC；现在 Carol 知道了 R，她可以向 Bob 出示密码 R 并拿到 0.051 BTC（差额部分的 0.001 BTC 成了 Carol 的佣金）；Bob 知道 R 后当然会向 Alice 出示并拿到他的那份 0.052 BTC，差额部分的 0.001 BTC 成了 Bob 的佣金。

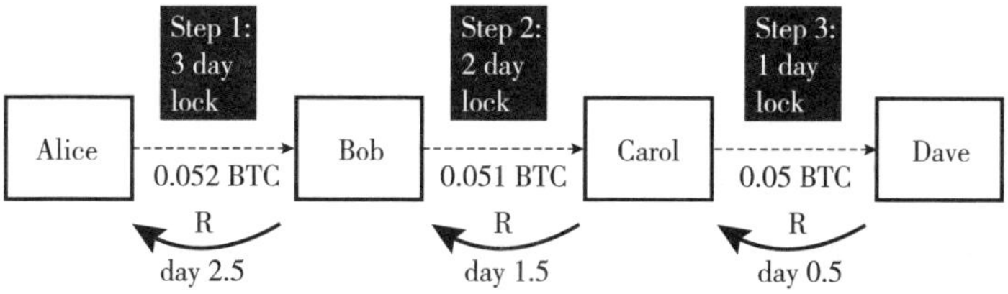

图 4.3　闪电网络逐级提款

资料来源：http://bitkan.com/news/topic/19941

---

① HTLC：哈希时间锁定合约（Hashed Timelock Contract）。HTLC 解决了币跨节点传递的问题。

整个过程很容易理解。最终结果是 Alice 支付了 0.052 BTC，Dave 安全地拿到 0.05 BTC，整个闪电支付网络为此收取的佣金成本是 0.002 BTC。上述过程中的全部动作都发生在比特币区块链之外。

“闪电网络”本身可以基于任何合适的传统技术构建，尽管“闪电网络”的支付通道可能逐渐向少数大型中介集中，变成若干大型中介彼此互联、普通用户直连大型中介的形式；此外，还存在需要发送者和接受者同时在线，以及点对点支付路径等问题。但这种方案仍然具有传统中心化方案不可比拟的优势，因为用户现在并不需要信任中介，不需要在中介处存钱才能转移支付，资金安全受到比特币区块链的充分保护。

以太坊

天才少年的杰作

Ethereum（以太坊）是一种新的去中心化账本协议。2013 年 11 月，当时 18 岁的俄罗斯裔加拿大少年维塔里克·比特林（Vitalik Buterin）创建了初始的以太坊概念和基本代码，他的目标就是将区块链技术所具有的去中心化、开放和安全这三大特点，引入几乎所有能被计算的领域。同年 12 月，他发布了以太坊原始概念白皮书。

随着区块链技术的发展和应用，已有密码学在区块链货币项目中功能凸显不足，而且区块链可做的也远远不止货币，于是以太坊出现了。

在以太坊出现之前，已经有很多基于区块链的技术，试图实现上述区块链应用的项目。然而这些项目都有一定的局限性，只能同时支持一种或几种特定应用。而以太坊之所以能突破以往这些项目的局限性，是因为其核心理念很简单，就是一条内置图灵完备编程语言的区块链，允许在上面创建任何应用。以太坊要实现的是一个内置了编程语言的区块链协议——由于支持了编程语言，那么理论上任何区块链应用都可以用这门语言进行定义，进而作为一种应用运行于以太坊的区块链协议之上，而不是像以往的那些项目各自为政，分别定义自己的区块链协议，而各个协议又只支持一种或几种特定区块链应用且互不兼容。

而且，基于以太坊的支持编程的区块链协议，不仅能实现前文所述的已经提出的各种区块链应用，并且在未来，也能实现现在的人们还没有想到的全新的区块链应用。也就是说，以太坊定义好的区块链协议，使区块链应用开发者高效快速地开发顶层应用变为可能。

本质上，以太坊促成去中心化的商业逻辑——也被称为智能合约，它是一个包含价值、当特定条件被满足时就会被自动打开的“箱子”。商业逻辑在区块链云上执行，在多方之间自动执行给定协议的条款，它们是DAPP（去中心化应用）的基本构件。从前端角度而言，以太坊拥有一个强大的专用浏览器，用户可以方便地安装和使用DAPP。

这一新技术将促成全新的基础设施，并建立在三层部件之上：作为客户端的浏览器、共享资源的区块链账本，以及以去中心化方式运行商业逻辑程序的计算机网络。

以太坊建立了一种新的密码学技术框架，在其上开发应用更加容易。

对于开发者来说，开发新的应用的时候将极大地节约成本和更为高效。对于非技术人员来说，通过分拆中心的功能，并将它分散到去中心化结构中，会提供一个重新想象现有商业或者创新机会的可能。以太坊能帮助任何希望完全借助区块链开发去中心化应用、编写复杂的商业逻辑、发布资质代理和管理关系的人。

以太坊是一种特殊的云计算，同时它还拥有一套完整的创建应用的工具。以太坊系统可以执行多种服务，包括投票系统、域名注册、金融交易所、众筹平台、公司管理、智能合约、公证防伪、智能资产和分布式自治组织等。

以太坊的特点

以太坊的出现和比特币的应用有很大的相关性。比特币最擅长的事情就是把余额从一个账号转移到另一个账号。但是区块链表现出来的特有的优点使得越来越多的人试着在比特币上实验更多的应用，这些应用通常是将一些宏信息附加到底层的比特币上面，使得比特币能用来表示抽象化的数字资产。另外一些应用则希望能利用比特币自带的脚本来实现一些复杂的功能，比如多重签名、条件发送等。这些应用的出现和积累提出了一个更加雄伟、应用更加广泛的目标——相对于解决特殊应用的区块链技术，为什么不设计一个通用性的、可以执行任意功能的区块链？——实现这个目标的结果就是以太坊的出现。

从作用上讲，以太坊并不是以创造或者炒作某种加密货币为目的，而是致力于成为一个通用的、提供超强图灵完备脚本语言的优秀底层协议。就像互联网的 TCP/IP 协议一样，用户不再需要关心顶层的实现细节，而是专注于应用层（类似 http）的应用实现。基于以太坊的智能合约使用户可以很方便地构建复杂的电子资产、消费模式、应用，而这一切都是去中心化的应用。

为了快速建立一个包括开发者、矿工和其他利益相关方的大型网络，以太坊宣布了一个以太币（以太坊货币单位）预售计划。通过预售筹募基金的法律和金融复杂性促使了几个法律实体的诞生，包括 2014 年 6 月在瑞士楚格建立的以太坊基金（Stiftung Ethereum）。

从 2014 年 6 月开始，以太坊借助 42 天公开的以太币预售活动对第一批以太币进行了分配，筹得 31591 比特币，当时价值 18439086 美元，交换出大约 60102216 以太币。销售所得首先用于偿还日益增加的法律债务，回报开发者们数月以来的努力，以及资助以太坊的持续开发。

以太币预售成功之后，以太坊的开发在非营利组织 ETH DEV 的管理下走向正式化，它依据 Ethereum Suisse 的合约管理以太坊开发，Vitalik Buterin、Gavin Wood 和 Jeffrey Wilcke 作为组织的 3 个主管。2014 年开发者对以太坊的兴趣持续稳定增长，ETH DEV 团队发布了一系列概念验证（POC）供开发者社群进行评估。ETH DEV 团队在以太坊博客频繁地发帖也保持了以太坊对公众注意力的持续吸引和强劲的发展势头。以太坊论坛和以太坊 reddit 分支上渐增的访问量和用户基础证明平台正在引起一个快速增长和热衷于此事业的开发者社群的兴趣，这一趋势一直延续至今。

以太币的挖矿算法希望能够充分抵御中心化 ASIC 的影响。以太坊将使用混合型的安全协议，前期使用工作量证明机制用于分发以太币，然后会切换到权益证明机制。

第一，以太币。

为了鼓励计算节点正确记账，以太坊会按照一定规则在节点中派发以太币（Ether）。以太币和比特币一样都是加密的数字货币。除了普通的交易功能外，以太币还作为智能合约的交易介质，就是作为支付合约运行的代币。

第二，图灵完备的虚拟机。

这里先介绍一下图灵完备。在可计算理论里，一个数据操作规则的系统（如指令集、编程语言、元胞自动机）被称为图灵完备或者通用计算的，当且仅当它可以被用来模拟单带图灵机。这个定义比较拗口，简单一点的说法是，一个可以计算所有图灵机可计算函数的计算系统被称为图灵完备的。换句话说就是一个可以模拟通用图灵机的系统。但这里还是有问题：什么是图灵机，它和我们普通的计算机有什么区别?

通用图灵机只是一个虚拟的机器。通俗一点讲，它有一个无限长的内存，若干执行代码、状态记录，可以执行代码并更新状态和内存。所以我们普通的电脑并不是图灵机，因为没有无限的内存。但是在很大程度上可以作为图灵机的近似。

再回过来讲图灵完备，图灵完备是指一个能计算出每个图灵可计算函数的计算系统。或者说，图灵完备使我们的脚本系统有能力解决所有的可计算问题。图灵完备在实际中通常指具有无限存储能力的通用物理机器或编程语言。和我们日常接触到的计算机系统对应，图灵完备的语言，有循环执行语句、判断分支语句等。这样的语言，在理论上能解决任何算法。

图灵完备的另外一个特点是，它也使对程序的静态分析变为不可能：我们永远也无法知道脚本何时会停止，除非我们真正去执行它。

比特币的脚本系统是基于堆栈的，是图灵不完备的；以太坊的智能合约系统是图灵完备的。两者各有优点，图灵不完备会更安全些，图灵完备会更智能些。

对于以太坊来讲，每个验证节点都有一个虚拟机（EVM[①]）。和 Java 虚拟机类似，智能合同的代码可以编译成 bytecode，发布到整个网络的所有节点的 EVM 去执行。这个阶段是去中心化的，就是任何人都能提交代码到虚拟机上执行，从这点上看，以太坊实际是个巨大的分布式云计算平台。

这里有一个非常困难的挑战：每个虚拟机节点必须对每个程序和输入数据进行同样的处理，必须达到分布式的共识。与普通的编程语言相比，以太坊已经对此大大简化，去掉了对硬件的操作、UI（用户界面）等的支持，

① EVM：Kernel-based Virtual Machine 的简称，是一个开源的系统虚拟化模块，自 Linux 2.6.20 之后集成在 Linux 的各个主要发行版本中。它使用 Linux 自身的调度器进行管理，所以其核心源码很少。

但是实现起来仍然很复杂。

安全性也是一个重要问题，在以太坊中有两种类型的潜在安全问题。首先是虚拟机的安全问题：经常被关注的安全性问题是针对某种缓冲区的溢出攻击是否可能。以太坊最近又在讨论硬分叉（详细介绍见本节后文所述），因为 2016 年 9 月底以来一直受到 DDOS① 攻击。主要是合约某个指令标记的 Gas② 比较便宜，而这个指令是用来读取硬盘上保存的状态变量，这样攻击的结果使指令本身占用的时间比较多，让系统处理区块的时候大大超时。当前系统的 Gas 总额限制，已经可以让攻击者大量使用这个指令。暂时的解决方案是降低系统的 Gas 总额限制到 1/3，这使系统在 20 秒内可以处理完区块。但是这样的方案使能处理的交易数也降成了 1/3，所以现在系统中还有不少待处理的交易。长期解决方案是分配合适的 Gas 值给这个指令，但是这需要硬分叉来实现。事实上，共识机制的脆弱性本身就是一个上面提到的非常有效的早期预警系统。如果有一种方法可以在 EVM 中从“外面的世界”获取数据，那么只要这种方法被利用，无论是故意还是随机的尝试，不同的用户将以不同的方式处理代码，因为它们具有不同的外部状态，将导致可被检测到的即时共识失败。

其次是恶意地误导用户的智能合同或分布式应用。为了解决此问题，一个结合权限系统、合同认证和信誉系统的多层次方法以及正式的证据将会被使用。合同认证不是必要的，针对某种特殊类型的分布式应用，会增加一层监督和保证以确认。当然，任何开发人员都可以自由地创建自己的

① DDOS: 分布式拒绝服务（DDOS:Distributed Denial of Service）攻击指借助于客户 / 服务器技术，将多个计算机联合起来作为攻击平台，对一个或多个目标发动 DDOS 攻击，从而成倍地提高拒绝服务攻击的威力。

② Gas：以太坊上的每笔交易都会被收取一定数量的 Gas，Gas 的目的是限制执行交易所需的工作量，同时为执行支付费用。当 EVM 执行智能合约时，Gas 将按照特定规则被逐渐消耗。Gas 不是以太币，和以太币之间是有汇率的。

认证系统。

与比特币不同，以太坊的目标是实现大规模的去中心化应用，这就要求以太坊成为一个确定的、可审计的和可以预测的平台。为实现这个目标，以太坊在比特币的基础之上有以下几点不同。

首先，以太坊的密码学货币——以太币的目的就与比特币截然不同。它并不是用于商品或者服务支付，也不是“数字黄金”，它更像一种“加密燃料”（crypto-fuel）形式的激励，支付运行各种智能商业逻辑程序所需的交易费用。它类似于云计算费用，当你在云中运行一个应用时，基于消费的资源，向云计算公司支付相应的费用。

其次，以太坊区块链被设计为完全可编程，相对比特币，在经济效率方面它更具优势。从技术上讲，以太坊的区块大小没有上限，它可以动态地调整。以太坊还致力于提高可扩展性，这将更有助于其降低整体的交易成本。

再次，尽管以太坊现在和比特币一样采用工作量证明机制，但是它打算进化到更加节省能源的共识机制——权益证明。

最后，以太坊的挖矿可以由常规计算机完成，不需要比特币那样的专门挖矿设备，因此它可以让更多的人参与。这意味着以太坊不需要依靠积累挖矿算力来运行。

“The DAO”黑客事件

DAO是去中心化自治组织，其目的是为组织规则以及决策机构编写代码，从而消除书面文件的需要，以及减少管理人员，进而创建出一个去中心化管理架构。

以下是其运作方式：

· 一组人来编写运行组织的智能合约（程序）。

· 有初始融资阶段，在这一阶段人们添加资金来购买代币，来代表其所有权——这个过程叫众销，或者首次代币发行（ICO）——为其提供所需资源。

· 当融资阶段结束后，DAO 就开始运行。

· 之后人们就开始向 DAO 建言献策该如何使用这笔钱，购买 DAO 的成员就有资格对这些提案进行投票。

有一点我们需要知道，很多人在关注“不将这些代币变成股票形式”这一问题——这种形式更像是人们为获得投票权而做出的贡献，而非所有权。在大多数案例中，DAO 不是由某人所有的，它只是一个在以太坊网络运行的软件。最初的 DAO 就是比特币，它由核心团队及矿工网络的共识进行控制；其他 DAO 都发布在以太坊平台。

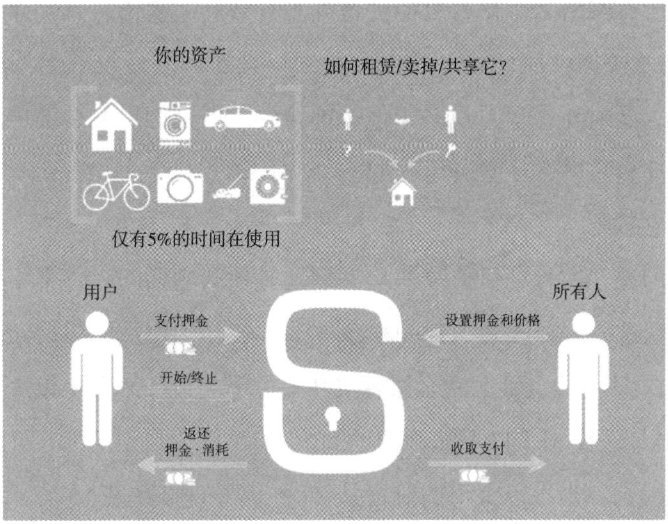

图 4.4　DAO 示意图

资料来源：http://www.linkedin.com/pulse/where-two-oceans-collide-make-sure-your-sails-strong-tim-r-lea

“The DAO”是一个特定 DAO 组织的名字，由德国初创公司 Slock.it 背后的团队构想创建而成——Slock.it 是一家专注“智能锁”的公司，能够让人们在去中心化版本的空中食宿中交换事物（如契约、船只和公寓等）。

“The DAO”项目于 2016 年 4 月 30 日开始，融资窗口开放了 28 天。截至 5 月 15 日这个项目筹得了超过 1 亿美元，而到整个融资期结束，共有超过 11000 位热情的成员参与进来，筹得 1.5 亿美元，成为历史上最大的众筹项目。“The DAO”所筹集的资金远远超过其创建者的预期。

在众筹期间，就有人担心“The DAO”项目的代码会受到攻击。众筹阶段结束后，在开始资助提案项目前，大多数讨论都是围绕解决系统缺陷进行的。尤其是 DAO 项目创始人之一 Stephan Tual（史蒂芬·图阿尔）于 6 月 12 日宣布，他们发现了软件中存在的“递归调用漏洞”问题，不过对 DAO 资金来说则不会产生影响。

其实所有网络系统都有可能会遭到各种各样的攻击。而支撑价值超过 10 亿美元（根据市值计算）的以太币的以太坊网络还没有遇到过黑客攻击，而且它同时还在运行很多其他智能合约。但是如果某系统可以转移大量现金，那么它就有可能遭到攻击。

➢ **黑客攻击**

不幸的是，在程序员修复这一漏洞及其他问题期间，一个不知名的黑客开始利用这一途径收集“The DAO”项目在销售中所得的以太币。

6 月 18 日也就是星期六，黑客成功盗取了超过 360 万个以太币，并投入一个 DAO 子组织（以下简称“子 DAO”）中，这个组织和“The DAO”有同样的结构。当日以太币的价格从 20 多美元直接跌破 13 美元。很多人都在尝试从“The DAO”项目中脱离出来，以防止以太币被盗，但是他们无法在短期内就获得所需票数。因为设计人员从来没想过被盗金额会这么大，所有以太币都存放在一个单一地址中，这一点太糟糕了。实际上，这种或者其他相似的攻击，随时都有可能继续。

因为“子 DAO”和其母体有同样的结构、限制以及缺陷，所以这个新生组织中的以太币在 28 天内是取不出来的，因为 28 天是其初始融资期。

每个人都可以看到“子 DAO”中的以太币——任何试图将其提现的行为都会引发警报及调查。也就是说，黑客也将永远无法取现或使用任何一个以太币。但是攻击者在发动攻击时，很可能拥有大量以太坊空头，在以太币数量减半后用来套现了。也就是说，黑客已经从“The DAO”项目之外赚到了钱，所以也就无所谓“The DAO”里的以太币了。

➢ **软分叉提议**

“The DAO”项目持有近 15% 的以太币，因此“The DAO”项目的问题对以太坊网络及其加密币都产生了负面影响。

需要注意的是，有数十家初创公司在研究 DAO 及其管理产品，而许多智能合约都有相似的缺陷，而利用智能合约来构建复杂的软件还处于初步阶段。对于接下来会发生的事情，每个人都会遇到风险。

现在所有人都在关注“The DAO”项目和以太坊基金会，希望找到一个解决方案，能够让这个生态系统步入之前的发展道路上。

为了了解上面提到的问题，需要先了解区块链的基础知识：节点网络将交易输入区块上，然后各区块连接成一个单一的链，来代表所发生事件的“真相”。如果有两笔竞争中的交易同时开始，那么网络就会选择一笔，拒绝另一笔，从而化解冲突，因此所有节点都有整个分布式账本的相同副本。

唯一“重写历史”的方法就是让超过 51% 的节点同意这个决定，但是比特币或以太坊都还没有这种先例。去中心化网络的目标就是没有人有权做这件事情，不然网络本身就会变得不可信。

6 月 17 日，以太坊基金会的 Vitalik Buterin 更新了一项重要报告，他表示，“The DAO”项目正在遭受攻击，不过他已经研究出了解决方案：软件分叉解决方案，通过这种软件分叉，任何调用代码或委托调用的交易，也就是借助代码（“The DAO”和“子 DAO”）来减少账户余额的交易都会被视为无效。

以太坊代码会创建一份黑名单，来防止不法分子借此获利。在这种“冻结资产”的场景中，Buterin 呼吁一起探讨，如何帮助“The DAO”代币持有者恢复他们最初的投资。这个看似无害，且颇有“解围”意义的提议也需要以太坊网络节点大部分人都接受才能奏效，但是它已经引起了巨大的非议。

黑客也对这个计划（软分叉）做出了回应，他在给“The DAO”项目和以太坊社区的一封公开信中声称他的“奖励”是合法的，并且如果有任何人想要无视他的工作的话，他都会采取法律手段来维护。他表达得很明确，而且从某个角度来看，也引起了共鸣：智能合约的前提是，他们是自己的仲裁人，任何其他外部节点都不能“改变这一交易的规则”。

之后，黑客通过一个中介表示，他会暂停这个有组织地对他财产的“盗窃”，他会奖励不支持这项软分叉提议的矿工（节点），他说：“很快我们就会有一个智能合约来奖励矿工，奖励那些反对软分叉并进行挖矿的人。共计 100 万个以太币，以及 100 个比特币会分享给矿工。”这样，想通过投票的办法来达成一致变得十分困难。

➢ **硬分叉提议**

还有一项提议也引起了争论，即要求矿工彻底解除盗窃并且归还“The DAO”项目所有的以太币，这样就能自动归还给代币持有人，从而结束“The DAO”项目。

正如 Stephan Tual 在他的博客中写的：当地时间下午 4 点，达成的共识是，如果 27 天都使用软分叉，那么攻击者就不能索回他塞到“子 DAO”中的资金了。

而之后硬分叉甚至可以追回所有以太币，包括“The DAO”的“额外余额”以及被盗资金，都将归还到智能合约上。这个智能合约将包含一个简单函数：withdraw（ ）。

这样每个人都有可能参与“The DAO”项目，以提取他们的资金：“多亏有矿工的支持，因为目前还没有花掉一个币，也不会出现任何损失。”

➢ **结局**

最终，以太坊团队还是采用硬分叉技术来解决问题。他们通过修改以太坊软件的代码，在第 1920000 区块强行把“The DAO”项目及其“子DAO”的所有资金（包括黑客控制的部分）全部转到一个特定的退款合约地址。这个合约唯一的功能就是把众筹人手上的 DAO 币按照 100∶1 换回原来的以太币。“The DAO”项目将会死去，而 DAO 代币持有者将会得到他们所投入的部分以太币。

Vitalik 可以提出一个基于以太坊的解决方案，但节点必须自己做决定。现在还不清楚这些节点会选择什么做法。很多人称“什么都不做或许是最坏的选项”。这取决于你的立场如何。无论怎么做，可能都会有后遗症。

这还有另一个麻烦事：以太坊基金会正在设计 POS 的新型共识机制，在那个场景中，任何拥有 14% 的以太币的人将会对区块链的发展有重大的控制权。

虽然“准备、发射、瞄准”的敏捷方法通常适用于新软件的开发，但当涉及 1.5 亿美元时，这样的做法可能就很危险了。

新旧链之争

尽管以太坊通过硬分叉解决了“The DAO”项目资金被盗问题，副作用却是以太坊分裂成 ETH（新版以太坊）和 ETC（经典以太坊）两个平行世界，引发了一币双卖、重放攻击等问题。

以太坊社区通过硬分叉技术，“夺回”了黑客控制的“The DAO”项目的资金，“The DAO”项目退款之后也就曲终人散了。事情本该就此归于沉寂，却不曾料到，在金盆洗手之后盆却破了个洞，对黑客的最后一击却匪夷所思地将以太坊硬生生裂变成两个平行世界！

对技术宅而言，平行世界其实不是一个陌生的物理学概念：它是指从某个世界中分离出来，与原世界平行存在的既相似又不同的另一世界，相同的事物在两个世界里有完全不同的结果。

在区块链的硬分叉中，由于更改了系统规则，按照新规则产生的区块只被新节点认可，旧节点则不认为新区块合法。因此，旧节点一直用旧规则来组织自己的链，所以，无论新旧节点数目的比例如何，一定会产生两条链。若大多数节点都升级到新版本，旧链能否存活要看有多少算力的支持。

之前在比特币等区块链上也出现过硬分叉的情况，当时绝大多数矿工都切换到新链上，旧链也就自动消亡了。可这次以太坊硬分叉却不同，由于社区存在分歧，部分矿工还继续维持着旧链，因此旧链并未即刻消失，还在顽强地活着。从经济效益上看，矿工在旧链上挖出的“旧版”以太币几乎没有任何价值，不仅在交易所里无法交易，而且因为旧链生死未卜，没有人愿意担风险买入旧版币。矿工没有了经济来源，旧链消失也只是时间问题。

就在旧链风雨飘摇之际，大救星出现了。全球最大的以太坊交易平台Poloniex（P网）率先宣布开始交易旧版以太币。为和新版以太币ETH区别，旧币代号为ETC。ETC由此具有了流通价值，因为价格极低，有愿意冒险的投资（机）人买入，矿工们的生计得以为继。旧链上的算力比新链要小很多，挖矿难度和成本也要比新链低，部分摇摆的矿工（池）见有利可图，纷纷加入旧链中挖矿，整网算力迅速增强，和新链的算力比从 1∶20 猛增到 1∶4。除了 P 网外，其他原本反对 ETC 的交易平台、在线钱包等看到需求旺盛，也改变初衷，开始支持 ETC，甚至 GitHub 上在分叉前几天也出现了 ETC 的项目。

➢ **重放攻击 (Replay Attack)**

以太坊同时存在新旧两条链（ETH 和 ETC），代码相同（除了涉及"The DAO"项目的部分），历史账本一样（分叉前），地址的私钥也一样，交易广播到两个网上都是合法的，许多不可思议的事情发生了。例如，分叉前持有以太币（ETH）的用户，在分叉后同时拥有了等量的 ETH 币和 ETC 币。也就是说原来你如果有 1 个 ETH 币，分叉后忽然凭空多出了 1 个 ETC 币，并且可以在旧链上卖掉换钱花，就像天上掉下钱一样。

除了钱变多的"美妙"之外，也带来了重放攻击的烦恼。譬如在新链上发送货币的交易，同样会广播到旧链上，并且交易还能成功（后面会讲到例外），可被用作攻击手段。

假设分叉前地址 A 有 100 个 ETH，地址 B 拥有 500 个 ETH。分叉后，在 ETH 链上从地址 A 转 100 个 ETH 到地址 B 上，再把 100 个 ETH 从 B 转回 A，地址 A 最终还是拥有 100 个 ETH（扣除少量 Gas 损耗），地址 B 的余额不变。上述交易在 ETC 链上也广播一次（重放），同样也会执行从 A 转 100 个 ETC 到 B，再从 B 转 100 个 ETC 到 A，一切都还正常。但是，如果攻击者设法使得 A 在 ETH 链上的余额为 100 个 ETH，在 ETC 链上余额为 0，上述交易在 ETC 链上重放时，从 A 转 B 因余额不足失败；而因 B 的余额足够，从 B 转 A 成功，结果就是 A 从 B 取走了 100 个 ETC。

这种重放攻击最典型的目标就是以太币交易所，攻击者从自己的地址 A 向交易所地址 B 存币然后发起提币请求，交易所在 ETH 链上确认交易并把币转到 A，殊不知这个交易在 ETC 链上同样执行，交易所的 ETC 就被人提走了。为什么目标是交易所呢？因为交易所的地址 B 一般存放多个客户的 ETC 币，余额较大，这样攻击容易得手。部分交易所都因防备不足而中招，有的还不得不赔付给客户 ETC。

重放攻击还有一个前提，就是需要有个地址 A 在两条链中的余额不同，这是怎么做到的呢？最容易想到的就是“The DAO”项目的众筹人，他们在硬分叉后在 ETH 链上可取回自己投资“The DAO”项目的 ETH 币，可是这些 ETH 在对应的 ETC 链中是依然存放在“The DAO”项目的合约中，因为分叉时，ETC 和 ETH 的差别就是在“The DAO”合约的余额上。“The DAO”项目众筹人取回自己的 ETH 后，就拥有了这样一个地址：在新旧链中余额不同。后面还会介绍另一种错开地址在新旧链余额的方法。

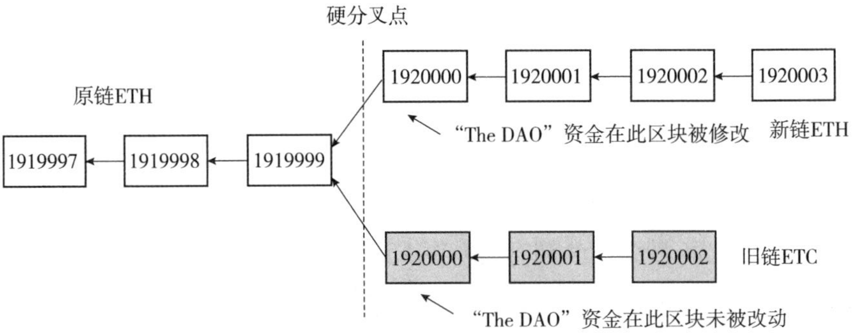

图 4.5　以太坊硬分叉瞬间新旧链区块的差别

资料来源：http://www.8btc.com/new-chain-and-old-chain

➢ 新旧链上以太币的区分

ETH 和 ETC 同源的两条区块链并存，交易互相交错，一时之间带来使用上的混乱，在任何一条链上做交易，都要考虑在另一条链上是否有重放影响。最好的办法还是把 ETH 和 ETC 存放在不同的地址上，从而互不影响。以太坊官方推荐了第三方的智能合约，可以把原来同地址的 ETH 和 ETC 发向不同的新地址，即本来在双链上都存放在地址 X 的以太币，分别转到 ETH 的地址 Y 和 ETC 的地址 Z。接下来是安全分拆合约代码，在 split（）方法中判断合约运行在哪条链上，然后把 ETH/ETC 转到不同的目标地址上。这个代码有点像操作系统进程 fork 调用之后，判断代码到底在子进程还是父进程运行。代码中用到了另一个称为 oracle（预言家）的合约 AmIOnTheFork，地址是 0x2bd2326c993dfaef84f696526064ff22eba5b362。这个合约在硬分叉前发布到区块链上，并且在硬分叉后，根据“The DAO”黑客合约的余额，立刻记录下合约到底是处于新链还是旧链，从而给其他合约提供判断依据。

```
contract ReplaySafeSplit {
    // Fork oracle to use
    AmIOnTheFork amIOnTheFork =
            AmIOnTheFork(0x2bd2326c993dfaef84f696526064ff22eba5b362);

    // Splits the funds into 2 addresses
    function split(address targetFork, address targetNoFork) returns(bool) {
        if (amIOnTheFork.forked() && targetFork.send(msg.value)) {
            return true;
        } else if (!amIOnTheFork.forked() && targetNoFork.send(msg.value)) {
            return true;
        }
        throw; // don't accept value transfer, otherwise it would be trapped.
    }

    // Reject value transfers.
    function() {
        throw;
    }
}
```

图 4.6　分拆合约的源代码

资料来源：http://www.8btc.com/new-chain-and-old-chain

> 新旧链之争

尽管长期趋势不明朗，但至少 ETC 短期已经存活下来。ETC 的币值也从 2 元涨到最高 18 元，并伴随着巨大的换手量，甚至有人还估计 ETC 将来价格会比 ETH 更高。那么谁是 ETC 的幕后推手呢？一种猜测是比特币的圈里人。比特币在加密货币里是当之无愧的老大，当然不希望有个小弟变得越来越强大，以致最终成为自己的对手。现在以太坊这个小弟的快速成长，已经有超越比特币的苗头，比特币怎能坐视不理？比特币社区对以太坊的硬分叉基本都是谴责的，现在又出现了 ETC 这个难得的机会，比特币的大佬们忍不住狂吃廉价 ETC 筹码（大量的 ETC 被用 BTC 买走），用很少的成本就能够控制一条和 ETH 对抗的链，这是绝佳的上车机会。

另外，比特币社区里一直就有大区块和小区块两派之争，大区块可解决比特币网络吞吐量低的问题，但是要靠硬分叉来实现，这点遭到小区块派的强烈反对。此次以太坊硬分叉的成败，对比特币以至整个区块链社区都有极重要的参考意义，小区块派当然希望 ETC 能够活下来，从而证明硬分叉具有很大风险，小区块派应该是 ETC 最忠实的支持者。各大交易所基本都是从事比特币起家，深受各种比特币势力的影响，支持 ETC 的交易也不足为奇了。

Ripple

新的网络协议

Ripple 的目标是一个网络协议（internet protocol），是在互联网领域大家遵守的基本规则。比如 HTTP（超文本传输协议，HyperText Transfer Protocol），就是互联网上应用最广泛的一种网络协议，所有的 WWW 文件都必须遵守这个标准，用于对网站的访问。另一个例子比如 SMTP，规范了电子邮件的收发。

Ripple 早期做出来一个协议叫 RTXP，用于交换价值。Ripple 可以提供什么优势呢？第一是便宜，第二是快，第三是便捷的外汇兑换，第四是只要有网络哪里都可以使用，第五是可以连接金融系统。下面用电子邮件作为例子来说明。

1989 年之前的电子邮件系统是图 4.7 这样的，也就是你只可以在自己封闭的网里面发电邮。

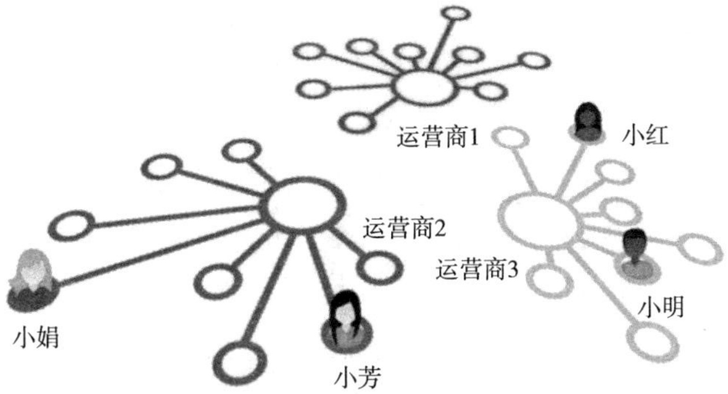

图 4.7　1989 年之前的邮件系统

资料来源：www.ripple.com

SMTP 协议出现之后，整个小网就连成一个大网了如图 4.8 所示。

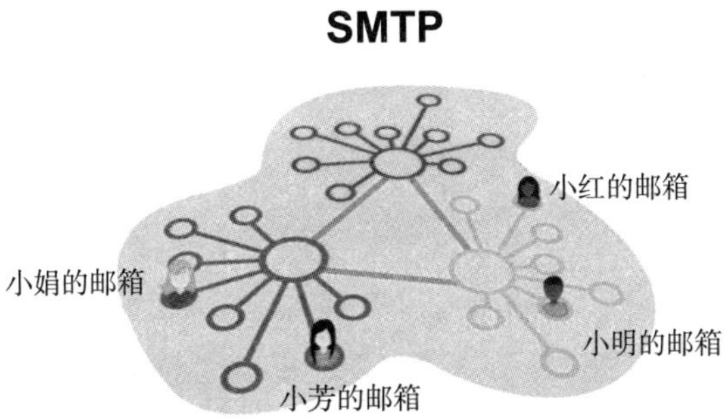

图 4.8　SMTP 协议出现之后的邮件系统

资料来源：www.ripple.com

其实今天的银行系统就是这样的，也就是说，在自己银行内部转账会比较容易，但要跨行的话就会比较难，可能要用 SWIFT。不但要花时间，可能费用还贵。

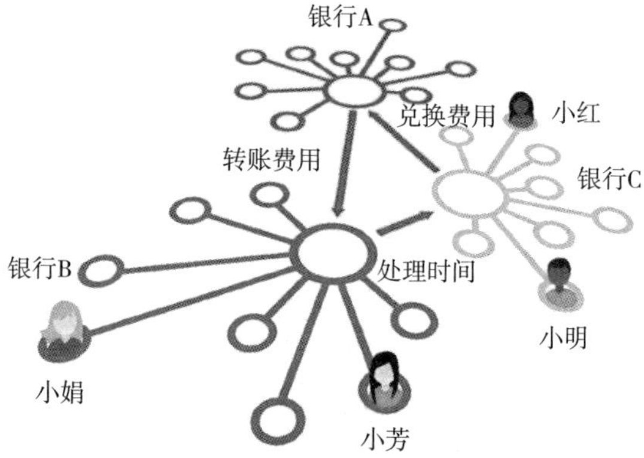

图 4.9　今天的银行系统

资料来源：www.ripple.com

图 4.10 汇总了不同类型连接结构的差别。

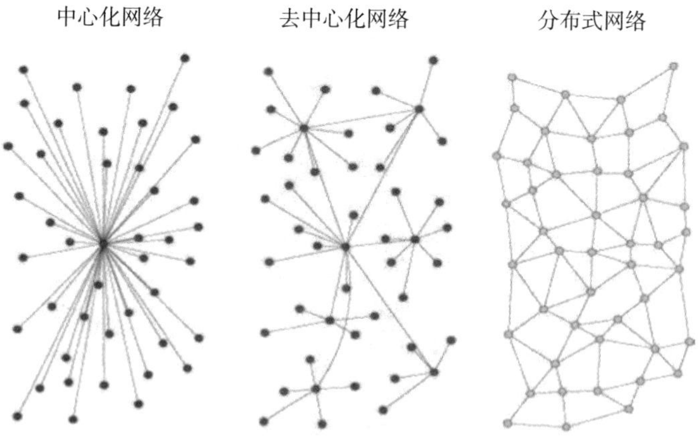

图 4.10　完全中心化、局部中心化与完全去中心化

资料来源：www.ripple.com

图 4.10 中，最左边的图，就是中央控制的，是完全中心化的；中间的图，就是分散的，但还是由局部中心控制；最右边的图，就是完全分布式的——这就是 P2P 的主要特点。

其实一个系统的稳定性在于，单一点的失效是否会造成系统整体崩溃。最右边的分布系统，其实是最稳定的。

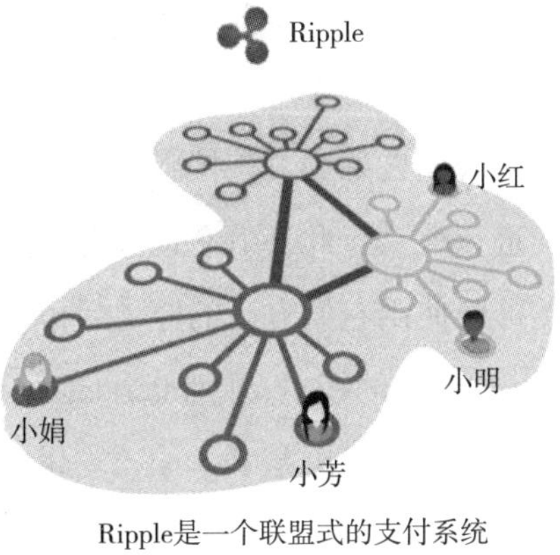

图 4.11　Ripple 的支付系统

资料来源：www.ripple.com

Ripple 想做的，就是图 4.12 这样一个系统。Ripple 底层的处理方法与比特币有所不同，采用自己独特的共识机制和授权验证机的方式，来保证

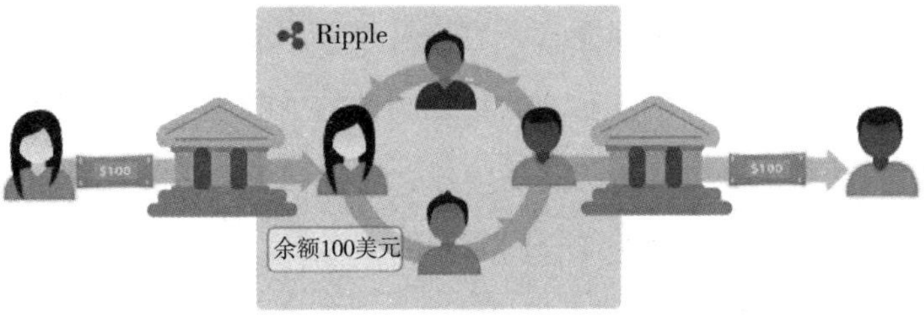

图 4.12　Ripple 的运作模式

资料来源：www.ripple.com

更易商业化运行。从功能上它和 bitpay 的方法一样，就是你发送和接收的，不只是比特币（或者 Ripple 自己的币），也可以是人民币、美元之类的法币。当然，这么做会有一个问题，就是需要一个和银行连接的接口。目前 Ripple 的重点放到了 ILP 协议的推广上。

2015 年 10 月，Ripple 提出了一项 Interledger 协议（ILP），其目标是作为所有类型账本的仲裁器，无论是分布式的，还是那些传统的中心化替代账本。ILP 本身并不是一个账本，它并不寻求任何的共识。相反它提供了一个顶层加密托管系统，在称为“连接者”的中介机构的帮助下，可以让资金在各账本之间进行流动。此外 ILP 也没有原生代币，因此操作该协议的个体账本，仍然可以使用它们自己的原生代币。这种互操作性解决了特定支付网络的问题。只要你的账本支持 Interledger,那你就可以参与支付，某人也就可以提供流动性。它可以是 PayPal、支付宝、比特币、银行账本或者 Skype 等任何持有余额的账本。ILP 还可以为 Ripple 的企业客户提供一个保护客户隐私的解决方案，使用户可以通过使用一个连接器，将聚集的交易数据带离公共区块链，在私有版本的 Ripple 网络中移动资金。

考虑到这一点，ILP 产生了两种模式，分别是原子模式（Atomic）和环球模式（Universal）。前者使用了选定的一组“公证人”来批准资金的转移，而后者则是一种激励机制，可以让无须授信的机构来扮演这个角色。ILP 对于它的任何合作伙伴而言，也是易于采用的。如果你是 PayPal，你需要做的就是将一个新的支付方式添加到你的 API 当中。不同于传统的系统，ILP 移除了交易参与者所需的信任，连接器不会丢失或窃取资金，这意味着这种交易无须得到法律合同的保护。

ILP 在白皮书中称：“账本提供的第三方，会向发送者保证，只有当账本收到证明且收件人已经收到支付时，它们才会将资金转移给连接者。第三方也会向连接者保证，一旦他们完成了协议的最后部分，他们就会收到发件人的资金。”

区块链的应用前景在目前来看的确充满挑战，因为它难以规模化，几乎所有人都知道这一点，这也恰恰是大公司忽视它的原因。因为在当前，片面地追求效率和规模化能力是没有意义的。反过来说，这也可能是区块链最开始在金融领域得到应用的原因，大型金融公司早已习惯了如何与复杂的系统相处。从本质上来说，将 Interledger 比作比特币是不准确的，本质上它并不是货币，而是一种类似于 http 协议的东西，从这个层面上讲它也会比比特币更高效，因为更轻资产。

ILP 的模型更像是一个网络，在顶层架构的算法可以实现不同账簿之间的连接从而创造账簿之间的协作，无论它原来是去中心化的或是中心化的。

ILP 创造的初衷是为用户减少风险。在 ILP 协议下，每笔交易都是由第三方进行验证，用户的所有风险只来自其所处的账簿，而不会承担任何系统风险。我们只是采用了一个类似国际支付宝的东西（escrow）完成网络内的所有支付。

ILP 的运作机制：举个例子来说，如果你正在通过 escrow 使用比特币，那么对方一旦接收，你就能得到一份凭证，随后你可以自行选择将凭证发布到任意一个连接器。连接器指的就是对不同账簿进行连接的机制。连接器在整个系统中是绝对公允的，在系统层面，每笔流入同时意味着流出，连接器即在中间进行协调；而对于所有账簿而言，唯一要做的就是遵从连接器的指令。

目前已经有多家国际性的银行加入了 Ripple 网络，包括美国银行、桑坦德银行、加拿大皇家银行、联合信贷银行、渣打银行和西太平洋银行。以后将有更多的银行加入 Ripple 网络。

Ripple 也向互联网标准组织 W3C 移交了它的 Interledger 协议的管理权，

公司希望能做一些类似的事情来取代目前的ISO20022信息支付标准。

支付清算网络

在Ripple网络发展的早期，其用户一直不多，仅流行于若干个孤立的小圈子，原因是Ripple协议的最初设计思路是基于熟人关系网和信任链的。一个人要使用Ripple网络进行汇款和借贷，前提是网络中的收款人和付款人必须是朋友（相互建立了信任关系），或者有共同的朋友（经过朋友的传递形成信任链），否则无法在该用户与其他用户之间建立信任链，转账也无法进行。2013年Ripple成立并开始搭建代表“未来支付”的平台。在这个平台上，Ripple网络引入两个机制来解决孤立小圈子的问题。

其一是推出了Ripple币，它作为Ripple网络的基础货币，就像比特币一样可以在整个网络里自由流通，而不必局限于熟人圈子。Ripple币是一个网络内的工具，它有两个作用：一是防止垃圾请求攻击（由于Ripple协议的开源性，恶意攻击者可以制造大量的“垃圾账目”，导致网络瘫痪。为了避免这种情况，Ripple要求每个账户至少有20个Ripple币，每进行一次交易，就会销毁十万分之一个Ripple币。这一费用对于正常交易者来说成本几乎可以忽略不计，但对于恶意攻击、制造海量的虚假账户和交易信息者，所销毁的Ripple币会成几何级数增长，成本将是巨大的）。二是作为桥梁货币，成为各种货币兑换的中间物。

其二是引入了网关（Gateway）系统，网关是Ripple网络中资金进出的大门，它类似货币存取和兑换机构，允许人们把法定货币、虚拟货币注入或者抽离Ripple网络，并可充当支付双方的桥梁，即作为陌生人之间的“共同朋友”，相当于SWIFT协议中的银行，这使得Ripple币之外的转账可以在陌生人之间进行。

Ripple 币是在 2013 年引入 Ripple 系统的，Ripple 币的存在相当于 Ripple 系统的润滑剂和桥梁，为 Ripple 系统的流动性提供了巨大的便利，从而带动了 Ripple 系统的发展。但是，Ripple 系统中最重要的不是 Ripple 币，而是 Ripple 协议。

与比特币相比，Ripple 币交易速度更快。比特币的交易一般需要至少 10 分钟才能确认，而 Ripple 币确认只需要 5 秒。未来还有可能支持所有虚拟货币，且由 Ripple 网络自动进行汇率换算。

Ripple 支持任何货币，而且它还能让用户随意选择货币：用户可以选择持有一种货币，但是用另一种货币支付。在 Ripple 之中用户可以持有美元，同时以日元、欧元、比特币、黄金以及其他任何货币向商家进行支付。Ripple 网络通过在大量争相赚取差价的做市商之间传递兑换单的方法来进行货币"兑换"。

Ripple 的分布式外汇交易可以让用户无须中间人，也无须其他兑换所就能完成交易。任何人都可以在全球的订单池中输入买单或卖单，而 Ripple 网络会找到最优的路径来撮合交易。无须网络费用，也没有最低数额的限制。网关作为 Ripple 支付系统之中的节点，在支付和转账过程中起到了举足轻重的作用。

2014 年 Ripple 迎来第一位银行用户：德国互联网银行 Fidor。Ripple 的 CEO（首席执行官）Chris Larsen 表示，"公司开发出了新的点对点透明交易流程，银行不再需要支付代理费"。四个月后，又获得两家美国银行对 Ripple 协议的支持，并在当年 12 月与全球支付服务公司 Earthport 开始合作。Earthport 的用户包括美国银行和汇丰银行，服务遍布 65 个国家。至此，Ripple 才逐渐受到认可。

Ripple 现在已经完成了 30 个试验项目，并与全球 Top 50 银行中的 15 家有合作，其中包括瑞银与渣打，而有 10 家都处于商业化合作阶段。

2016 年 9 月，Ripple 完成 5500 万美元的 B 轮融资，领投方包括渣打银行、埃森哲风险投资公司、渣打银行数字创投、暹罗商业银行，以及 SBI 控股的风险投资部门，其他投资方包括桑坦德银行、InnoVentures、CME Venture、希捷科技以及 Venture 51 公司。新融资主要用于全球扩张，而且随着物联网设备增多，微小支付变得更频繁，Ripple 在其中会有更多机会。新一轮融资也让 Ripple 可以着手收购一些有技术实力的公司，从 2015 年下半年开始的资本寒冬也给了它一个机会。

超级账本

"超级账本（Hyperledger）"是由非营利组织 Linux 基金会发起成立的、致力于企业级区块链开发及应用的开源项目，该项目的愿景是借助项目成员和开源社区的合力，制定一个开放、跨行业、跨国界的区块链技术开源标准，打造可以跨行业的区块链解决方案。在此之前全球大多数区块链项目都要从底层开始摸索，在没有执行标准的情况下，缺乏行业间的通力协作。超级账本项目的目标是建立一个跨行业的开放式标准以及开源代码开发库，允许企业创建自定义的分布式账本解决方案，以促进区块链技术在各行各业的应用。

超级账本项目在 2015 年 12 月成立，原先名为"开放式账本项目（Open Ledger Project）"，成立之初吸引了一些国际上的知名企业加入，其中包括 IBM、英特尔、思科、伦敦证券交易集团、摩根大通、富国银行、道富银行等。该项目的创始成员还包括区块链初创企业"数字资产控股公司 DAH"（由 CDS 女皇 Blythe Masters 创办）。后来经过讨论，决定将该项目命名为超级账本，这个名字来源于 DAH 在 2014 年收购的 Hyper 公司，而 Hyper 公司是 2014 年初在香港成立，在技术上是 Ripple 的追随者。

Hyperledger 团队认为，支付系统在高度集权和完全的去中心化之间应该有个平衡——权力既不是集中在某一个机构，也不是完全的分布式，而是合理地分割成若干部分。分权这个最早由英国哲学家约翰·洛克提出的政治概念，被 Hyperledger 用在支付系统的权力分布上。

不同于比特币区块链的工作量证明机制让账本需要 6 次确认，每次 10 分钟，确认时间总计需要将近 1 个小时，Hyperledger 则是采用类似 Ripple 的“共识”机制，交易确认过程可在几秒钟之内完成，达成共识则是通过拜占庭容错算法机制。

在理念上，Ripple 是集中在根据实体的信誉形成信任链，找到最简洁的途径实现交易，这种交易可以是跨币种的。而 Hyperledger 的目的是，让私人实体能够便捷地发行货币，并且对于发行量有精确的控制；Ripple 和 Hyperledger 有同样的“共识”机制，附着相同的协议，但会员和隐私的规则不太一样；Hyperledger 并没有在系统中自己发行一种货币。

Hyperledger 的共识池总共分为四部分：testpool、mainpool、custompool 与 premiumpool。testpool 对所有人都免费开放，在里面可以发布个人的分类账（货币）或者测试第三方应用程序，甚至可以尝试攻击支付系统，做你想做的；mainpool 是基础池，池中的每个节点要求一个独特的域名和 SSL 证明，现在加入邮件列表，将在 Hyperledger 发布后第一时间通知；custompool 则允许用户自定义池子，可以把池子限定在一个国家、一所大学等；premiumpool 是一个商业化的池子，运营一个“共识”节点，有更严格的限制和要求，每次分类账的请求都要被审计，并且加入需要缴纳会员订阅费，具体的规则需要和 Hyperledger 团队沟通联系。

Hyper 公司被收购后，在技术上沿着原先的路线研发。直到 2015 年 11 月，DAH 公开在博客上宣布结束原先的项目版本，开启一个新的开源项目，主要的变化在于开发语言将会由 Erlang 和 Elixir 变更为 Java 和 Scala。

在同一时期，IBM 也在研究一个叫 OpenChain 的项目，后来该项目因为商标问题更名（现在公司内部称为 Open Blockchain）。IBM 对分布式账本的首次公开尝试是同三星一起进行的有关以太坊 ADEPT 项目（2015 年 1 月首次对外公开宣布）。在之后的几个月里，IBM 一直在继续设计自家的区块链。

随着 DAH 和 IBM 共同加入超级账本项目（Hyperledger Project），这两家公司也成为该项目在底层技术上的主要推动者。

2016 年 2 月，Linux 基金会宣布成立超级账本项目，包括 Blockstream、DAH、IBM 和 Ripple 等行业内顶尖公司在内的 30 多个成员，组成了全球超豪华团队，目标直指成为未来金融技术标准。2016 年 3 月，超级账本项目将正式把 Blockstream、DAH、IBM 这三个项目成员贡献的代码合并为一个新的代码库——fabric，形成一个新的企业级区块链的基础。随后，以太坊也积极同超级账本项目接触，讨论如何将以太坊的源码融入超级账本项目中。

这个项目迅速扩张，截至 2016 年 9 月，已有近百家公司组织加入了这个联盟，这其中既有从事金融和 IT 技术的公司，也有航空、工业制造等对区块链技术后知后觉的传统行业公司。大家都开始探讨如何将区块链应用到自己的行业中，解决自己所面临的问题。

井 通

国内首家底层技术公司

井通科技是国内第一家从事区块链底层技术研发的公司，也是目前国内最成熟和性能指标最前沿的区块链底层技术平台之一。井通区块链是集合了 Ripple、以太坊、Colored Coins、Mastercoins 等众多区块链技术和应用的优势，并结合中国国情自主研发的一套底层平台，拥有完整的知识产权。该平台作为一个纯中资背景的公司，有实力成为与比特币、Ripple、以太坊等并列的主要技术平台之一。

井通科技的创始人团队很早就认识到了区块链技术的重大战略意义，于 2011 年在硅谷结成了区块链兴趣小组，开始研究当时出现的各种区块链技术。考虑到区块链技术很可能是新一代 IT 技术革命的基础技术，于是在 2013 年正式在硅谷创立井通科技（硅谷），开始研发具有独立知识产权的区块链底层技术，并从 2014 年开始通过商业应用开发进行验证。

井通公司的独特优势在于独立研发了第三代区块链技术，并以此为核心建立了井通云平台，将依赖于人的支付系统转变成依赖于加密算法的支付系统，用底层加密算法技术保证了安全性，加密运算过程的散点化保证了便利性，运算协调过程中互联产生的账本可以提供给利益相关方查看，保证了公信力，全过程的电子化降低了时间和费用成本，体现了互联网技术带来的长尾效应和低成本优势。适用于小额、分散、密集的融资和跨境

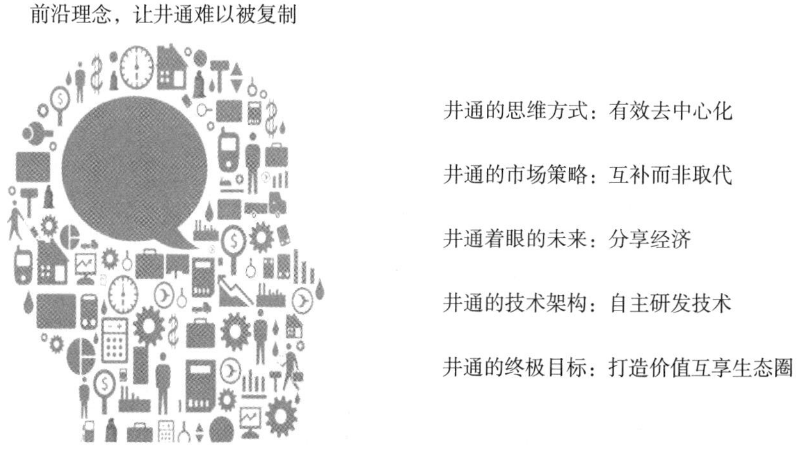

图 4.13 井通的理念

支付清算需求，可以为境内的中小企业、小微企业、农村融资租赁以及大学生创业提供融资，也可以帮助推动人民币的跨境支付。

2016 年公司战略进行重大调整，明确了打造一个开放的应用生态系统的工作目标，并完成体系资源整合，初步打造成“一个核心，三大板块”的集团架构：一个核心——以底层平台为核心；三大板块——小微创新孵化及股权投资、产品研发及市场应用、金融创新及服务。

井通已成为一个拥有完整的区块链底层技术知识产权和迭代开发能力，已实现基于区块链技术的产品研发及落地的综合性区块链集团。

技术特点及优势

与比特币、以太坊和 Ripple 等以建设单一功能链（专业链）为主不同，井通致力于构建区块链底层技术的标准协议，努力打造可以承载多层功能的信用栈。

井通系统将区块链分为三层，如图 4.14 所示：

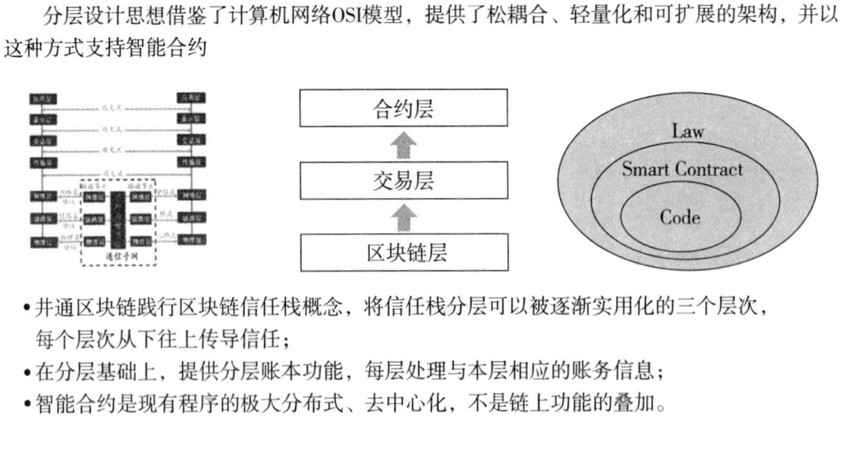

图 4.14　井通系统分层

第一层是区块链层。其实现了区块链的基本功能，包括数据的可信、数据共识以及点对点通信等功能。这一层次是所有区块链的必备功能，井通系统将其功能独立，一方面是为了便于模块化，另一方面是可以满足一些基础性应用的需求。可以将其简单类比为普通的数据库技术，但此数据库也有其特点，包括分布式存储、多方灾备、成本低廉、防篡改、去中心化等。与传统的关系型数据库和 NoSQL① 相比，它更适合于构建基于大批量用户数据一致性的应用，包括征信、溯源、防伪、数字版权等。

第二层是交易层。其实现了区块链的原子交易，包括支付、挂单、关系等功能。井通系统将基本的交易功能原语通过第二层的交易层来实现，满足这些基本功能的需求，同时也为合约层的功能提供原子交易基础。本层功能包含了金融领域应用所需的基本功能。而且由于其交易的不可篡改性、去中心化等特点，可以很方便地实现跨境支付、资产电子化、资产兑换、金融交易等功能。这些应用在传统的技术条件下，实现起来难度比较大，而采用了上述交易系统和免费的 API 接口，则可以在很短的时间内快速开发和推向市场。通过第二层即可满足大部分应用的需求。

第三层是合约层。其实现了井通系统的合约功能，合约功能依赖于第二层的交易功能，通过交易功能的组合实现合约功能数据可信的向下传递。合约层通过交易层的驱动，对合约的执行进行分布式的验证，并把有交易的输出通过交易的形式记录在区块链当中。合约层实现了井通系统上应用的极大分布式和有效去中心化，对交易层的功能做了极大的扩展。第三层的功能可以实现井通的 DAO、DAS 等应用。

① NoSQL（NoSQL = Not Only SQL），意即“不仅仅是 SQL”。在技术领域它通常指的是非关系型的数据库，是对不同于传统的关系型数据库的数据库管理系统的统称。
NoSQL 用于超大规模数据的存储。（例如，谷歌或脸书每天为它们的用户收集万亿比特的数据。）这些类型的数据存储不需要固定的模式，无须多余操作就可以横向扩展。

这三个层次互相作用，下一层次为上一层次服务，上一层次则依赖下一层次，信用关系从下一层次往上一层次传递，保障了区块链可信任的特点在整个架构里各层次的覆盖。同时，每一个层次都可以为一定的应用服务，满足一定的应用需求。

银关提供链上链下资产映射，并对接入节点进行信用和资格审查

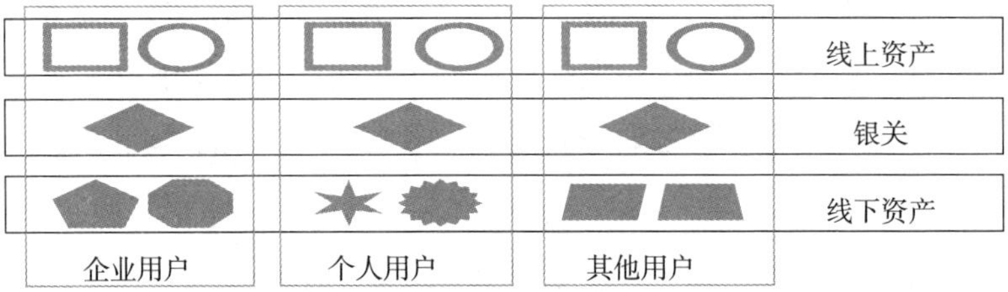

- 银关是井通特有的概念，也是井通落地的切入点，井通系统通过银关对接各大商户和企业；
- 银关为商户和企业便捷使用区块链服务，提供了方便的入口，同时银关也代表商户和企业使用区块链上面的服务。

图 4.15　井通银关

商用案例

井通已经在多个领域实现项目商用，包括积分、支付、征信、溯源、防伪、供应链融资等。

➢ **供应链融资应用**

基于井通的“企业级钱包”，可以为企业供应商提供新的服务——供应链融资。以往供货商经常面临周转难、融资难、利息高的困境，现在有了基于井通区块链底层所提供的加密技术、去中心化数据存储架构以后，企业得以为供应商提供更加贴心的服务，在监管允许的范围内，为供应商向金融机构发起的供应链融资提供支持，推动供应商获得融资，实现多赢，同时也证明区块链技术在信用验证方面的优越性。

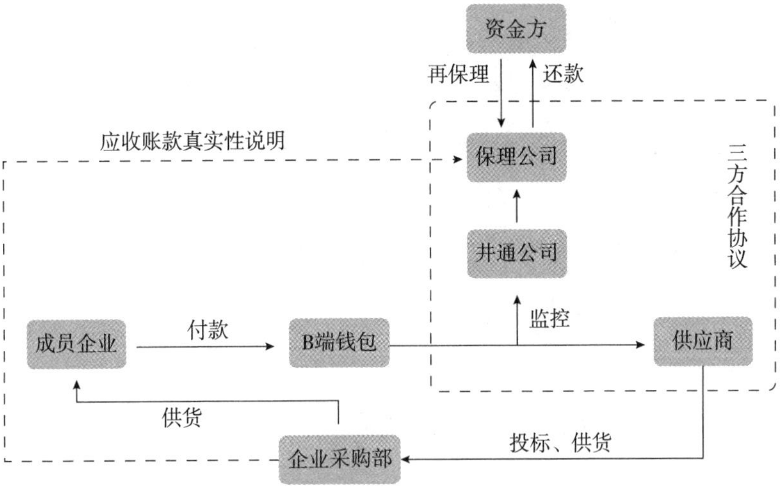

图 4.16 井通供应链融资

➢ 弹性福利应用

井通创造性地将区块链技术应用于企业弹性福利领域，在井通提供技术支持的弹性福利平台上，可以方便地接入京东、苏宁等多家大型国内外电商以及其他丰富资源。在确保企业员工个人信息、资金信息保密的前提下，让企业员工可以直接享受互联互通带来的丰富商品以及优惠价格，一举解决了传统自建福利电商平台模式的采购难、推广难、满意度低的痼疾。将传统的企业福利发放模式和电商模式相结合，既简化了企业福利发放的管理流程，也给企业员工创造了更完善的弹性福利体验。

➢ 消费积分应用

井通公司推出的消费积分兑换项目，通过各商家接入井通平台，可以让各商家的消费积分实现无障碍自由兑换，实现跨界的积分使用。同时由于不同积分无障碍流通的实现，有效地发掘了不同积分的内在商业价值，可以实现市场定价、自动化撮合和即时交易，实质性地提升了目前各商家孤立存在的积分系统的真正价值。

小微创新孵化

公司核心子公司井区科技，专注于小微创新企业的孵化，通过提供整套服务与受孵企业合资的形式获得受孵企业的股权。目前，已有涉及供应链金融、征信、互助、艺术品防伪等行业的项目落地，计划2017年末将孵化30个应用公司,其中至少3个成长为10亿元人民币估值的独角兽公司。以下是其中部分行业的业务介绍。

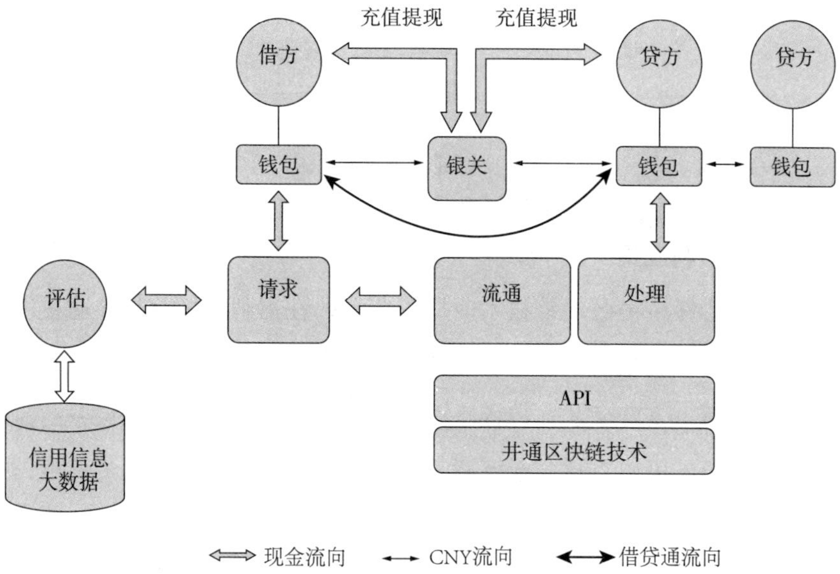

图 4.17　井通供应链金融

主要盈利模式包括：

· 受孵企业的股权升值，以上市的形式退出。

· 受孵企业的股权升值，以被并购的形式退出。

· 受孵企业的现金分红。

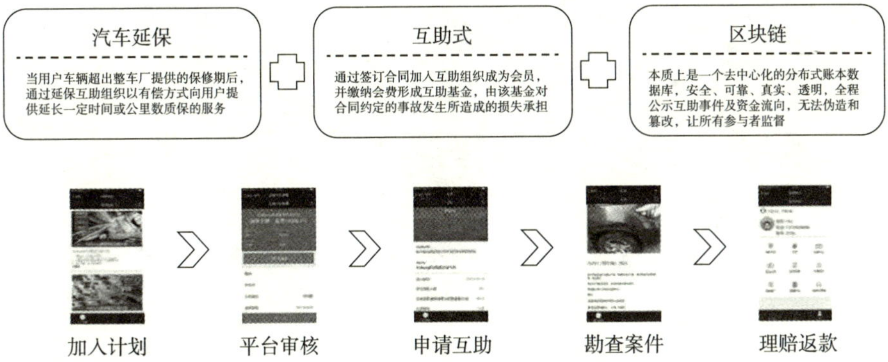

图 4.18　井通汽车互助项目

服务内容包括但不限于：

· 进行行业调查和机遇分析。

· 协助组建团队。

· 共同设计商业模式。

· 进行产品和技术的论证。

· 前台开发（网站、App、公众号等）。

· 后台接入和开发（部分新功能需要新 SDK 和 API）。

· 网络推广（SEO、网站运营、公众推广等）。

· 整体资本运作策划。

· 财务顾问服务。

第五章

重 构

区块链是金融科技（Fintech）领域最具挑战性的创新之一，因为区块链从根本上颠覆了传统金融的固有逻辑、运行模式和业务范围，突破了约定俗成的无数条条框框的限制，踏入了此前无法涉及的一系列全新的应用领域。区块链被称为颠覆性的技术，将重构互联网金融乃至整个金融业的关键底层基础设施，其在金融领域的价值正在等待人们去发现。

银行业应用

钱包和支付是区块链技术最先涉足的领域，然而这也是银行业传统的业务范围。区块链技术的到来究竟能带来怎样的变化呢?

支付和汇款是我们最容易想到的区块链的应用场景，毕竟区块链行业最成熟的应用就是支付。

跨境支付

在银行间，尤其是跨国间银行结算，不仅手续烦琐，而且成本高昂。比如常用的跨国电子汇款，不仅要收取 1%、最高 300 元的手续费，还要收取 70~150 元的电报费，在 3~5 个交易日后才能汇款成功。

数据显示，目前每天通过 SWIFT 网络的支付委托数额巨大，但仍存在技术风险和漏洞。比如 2016 年 2 月 4 日，孟加拉国央行遭到黑客攻击，黑客入侵了孟加拉国央行开设在纽约联邦储备银行的账户，以电子转账方式，试图将近 10 亿美元资金转入菲律宾和斯里兰卡的数个账户，实际转出 8100 万美元。黑客先是攻入央行系统窃取其转移支付的安全证书，之后向纽联储接连发出数十次转账申请。

世界银行的数据显示，2014 年 C2C（个人与个人之间的电子商务）跨境汇款额有 5800 亿美元，到 2020 年将增长到 7000 亿美元。但现有支付体系缓慢且成本高，并且需要交易双方都有银行账户。国际汇款很可能被区块链技术颠覆，通过一个基于数字密码货币的平台，商户可以接收来自全球客户的汇款，并可以在任何区域采用当地法币结算，从理论上讲，整个过程是不产生任何费用的。

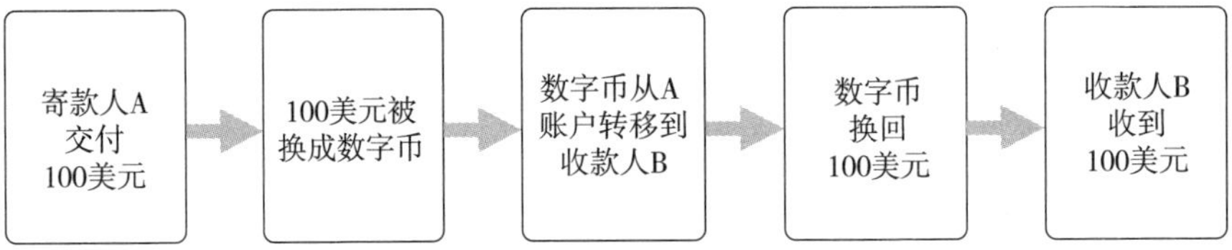

图 5.1　数字密码货币汇款

如果支付的双方不关心数字密码货币本身，那么我们还必须注意数字密码货币本身的价格变动。如果没有建立资金池或者采取对冲机制，那么在做跨境支付的时候，可能就会发生以下场景：

第一步，A 和 B 确认要做一笔 5000 美元的汇款。

第二步，A 向平台提交 5000 美元的汇款。

第三步，平台把 5000 美元换成数字币，汇率是每个数字币 500 美元，所以换成 10 个数字币。

第四步，平台内部把数字币从 A 的账号发送到 B 的账号，在 8 分钟后被确认。

第五步，平台把数字币换成美元发送给 B。不过这个时候，数字币的汇率变成了 450 美元，所以只能换 4500 美元。

这里的 500 美元去哪里了？

当然，如果是小额支付，则问题不大，只要短时间内没有大幅的震荡，则损失不大，甚至没有损失。但是并不能认为它没有风险，而要控制风险就需要成本。

➢ **应用案例 1——Circle**

2013 年 10 月创立的 Circle，旨在使比特币"简单易操作，类似 Gmail（谷歌邮箱）、Skype（微软的网络电话）和其他客户服务工具那样"，该公司迅速获得大量融资。在 2014 年中旬从 Breyer Capital、Accel Partners、General Catalyst Partners 和 Pantera Capital 等投资商那里获得了 2700 万美元，成为数字密码货币领域资金最充足的公司之一。2015 年，由高盛和总部位于中国的 IDG Capital Partners（IDG 资本）领投，为 Circle 融得了 5000 万美元的资金。2016 年 6 月，Circle 获得了中国投资商领投的 6000 万美元，并且声明已在中国成立独立公司 Circle China 并组建本土团队，同百度、光大达成战略合作。

Circle 利用比特币区块链交易，可以在世界范围内提供即时免费的资金转账。Circle 希望利用比特币作为免费的互联网支付网络，使各国法定货币在全球范围内毫无阻碍地顺畅流转。通过与像 IDG 这样的海外公司合作，Circle 可以向使用各国法定货币的用户提供金融服务，比如人民币和日元。

尽管各国对支付系统的监管结构比较复杂，但这些国家之间的合作还是取得了一定进展。2016 年 4 月，Circle 获得英国金融行为监管局（FCA）

颁发的首个电子货币许可证，引发行业广泛关注。随后，Circle 宣布与巴克莱银行建立合作关系，正式进军英国市场，自此英国的消费者可以像美国的消费者一样享受快速转账支付及买卖比特币等服务。目前，Circle 作为年轻的新兴公司，还是专注于美元功能开发。使用美国账户储蓄、发送和接收美元的功能已经投入使用，并且在未来会不断完善。

为了使用户可以更方便地使用，Circle 同苹果公司合作，在新发布的 iOS 10 系统（苹果公司的移动操作系统）中，苹果的 iMessage（苹果公司推出的即时通信软件）将支持用户使用 Circle 的比特币支付系统。Circle 首席执行官杰里米·阿莱尔（Jeremy Allaire）表示："iMessage 允许支付服务接入将会使消费者从中受益，若为了支付单独安装一个 App 难度比较大，并且和朋友间的转账支付行为也要经过复杂的设置过程，但直接接入到 iMessage 服务中就简化了许多。"2016 年 9 月 13 日，Circle 宣布用户可以通过 iMessage 支付给世界上的任何人。

➢ **应用案例 2——Abra**

Abra 是一家比特币汇款 App 公司，这款应用让用户能够在手机上存储数字密码货币，然后向世界上任何一个人汇款，用户可以通过 Abra 的 ATM 网络或者通过传统银行把数字密码货币兑换成现金。它引入了区块链技术和建立共享的 ATM 网络（称为 Abra Teller，可以看成出纳员），让用户可以随时随地存取款，或者以便捷的方式进行跨境汇款。

用户可以通过 Abra 应用找到附近的 Abra Teller，并可与其进行面对面转账换取比特币，如需取款则以同样的方式找到 Abra Teller 用比特币换回现金。其间应用会生成一个基于区块链的智能合约，并通过套期保值的方式保证用户的资金价值在三日内不因比特币价格的变化而发生变动。

如需跨境汇款，用户可以将其拥有的电子货币支付给全球任何一个拥有该终端的人，然后由收款人找到附近的 Abra Teller 来完成提现，Abra 则向用户收取一定比例的手续费。

Abra 在 2015 年 9 月完成了 1200 万美元的 A 轮投资。

2016 年 7 月，Abra 在美国市场发布了该产品的 App。

➢ **应用案例 3——Align Commerce**

Align Commerce 公司由西联汇款前总经理马尔万·福兹雷（Marwan Forzley）一手创立，该公司正寻求颠覆小型企业（SMB）的跨境支付市场。

Align Commerce 表示，相信跨境支付格局将被打破，而采用新技术可以帮助减少一些摩擦，这就是其使用区块链的原因。其产品改进了传统电汇的跨境交易，可以让中小企业发送美元，而接收者收到的则是欧元。最终用户所使用的，仍然是传统的银行账户，然而在支付的中间过程，Align Commerce 将发送者的资金转换成比特币，然后将这些数字密码货币在一家交易所卖出，再为接收者换成他们所期望的货币。这种解决方案带来的不仅是成本上的降低，还有其他方面的好处。

Align Commerce 有很多的交易所合作伙伴，因此，比特币币值的波动性对该公司的影响并不大。此外，Align Commerce 为商家客户提供他们汇款的即时信息。在过去客户可以在网上追查货物，但无法跟踪在线支付过程。区块链拥有一个公开透明的跟踪机制，可以帮助客户了解支付的踪迹。他们认为这种新技术与现有的支付方案相比，更经济、更快，也更易于追踪。

2015 年，Align Commerce 获得了由凯鹏华盈领投的 1250 万美元 A 轮融资。

◆ **区块链在跨境支付方面的优势：低成本、实时交易、安全性高。**

智能票据

票据和区块链技术可以很好地结合，在采用区块链去中心化的分布式账本后，改变了现有的系统存储和传送结构，建立起更加安全的运行模式，解决伪造票据的问题。通过时间戳完整反映票据从产生到消亡的过程，其具有可追溯历史的特性，使这种模式具有全新的连续背书机制，真实反映了票据权利的转移过程。

2016 年 1 月，中国农业银行北京分行暴发票据窝案，38 亿元票据无法兑付。事件的主要经过是：中国农业银行北京分行两名员工利用非法套取的票据进行回购资金，且未建立台账，回购款中相当部分资金违规流入股市，由于股价下跌，出现巨额资金缺口无法兑付。

该事件简单来说就是：A 银行以买入返售的方式与 B 银行做了一笔票据转贴现业务，按照规定，纸票本应在回购到期前存放在 A 银行库里，不得擅自转出。但事实上，纸票在回购到期前，已被票据中介取出，卖给 C 银行。买入返售到期后，钱并没有回到账上，而票据则被换成报纸放在库里。

票据的电子化目前也是一种中心化模式，以电子商业汇票系统（ECDS）为例，由中央银行牵头开发完成中心化的登记和数据交换系统，其他银行或者企业通过直接或网银代理的方式接入，这使所有的票据承兑、交易、托收等环节都需要经过 ECDS 系统做数据通道，其不仅是集中式存储平台，也是第三方的认证和资源交互平台。

➢ 应用案例 1——国外银行的区块链交易系统

智能企业债券是较早应用区块链技术的领域。2015 年 12 月，德意志银行宣布已经成功测试了其基于区块链技术的公司债券平台，并且表示："关于区块链价值证明的测试已成功完成。通过公司债券来检验区块链在资产（发行、票面利息、赎回）上的生命周期是十分理想的。"

日本最大的银行三菱东京 UFJ 银行联合 Chain 公司开发了基于区块链的票据交易系统，验证区块链票据的概念证明。这个系统能够实时安全地发行、转让、出售和赎回票据，相对于传统交易方法，该平台的交易成本和交易风险更低。它也能为用户提供他们所需的隐私和机密性，同时为监管机构和审计人员提供交易透明度。

➢ **应用案例 2——杭州复杂美区块链票据项目**

国内的杭州复杂美区块链研究中心也初步开发了一个基于以太坊的区块链借贷票据交易所开源项目。复杂美区块链研究中心自 2013 年开始研究区块链，它整合了金融、餐饮、企业管理、快递追踪等多个细分领域运用区块链技术的理念。如图 5.2 所示，复杂美区块链网络借贷票据交易所开源项目应用区块链技术的网络借贷交易所，宣称可以完成无手续费的、每秒 15 万笔的线上交易。

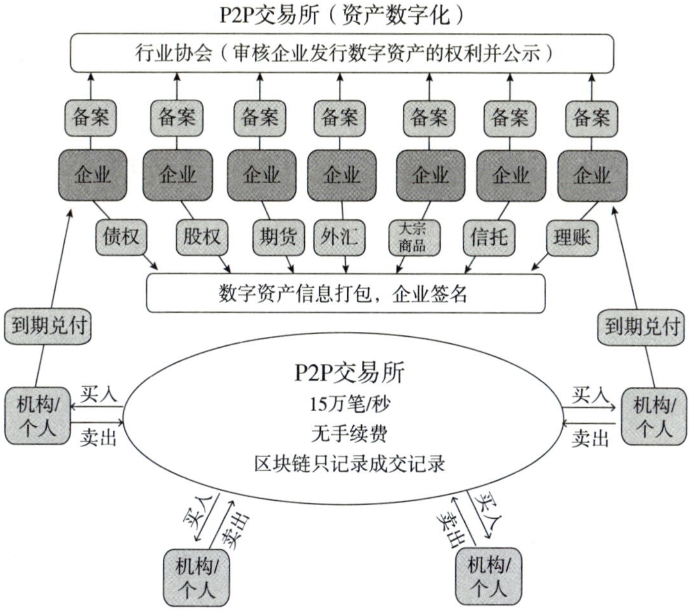

图 5.2　复杂美区块链网络借贷票据交易所项目

资料来源：http://www.360doc.com/content/16/0618/18/30962763_568823778.shtml

第一，从道德风险来看，纸票中“一票多卖”、电子票据中打款背书不同步的现象时有发生，但区块链由于具有不可篡改的时间戳和全网公开的特性，无论纸票还是电子票，一旦交易，就不会存在赖账现象。

第二，从操作风险来看，由于电子票据系统是中心化运行的，一旦中心服务器出现问题，就会对整个市场带来灾难性的后果，同时企业网银的接入将会把风险更多地转嫁到银行自身的网络安全问题上，整个风险的链条会越来越长。而借助区块链中的分布式高容错和非对称加密算法，人为操作产生的风险将几乎为0。

第三，从信用风险来看，借助区块链的数据可以实现对所有参与者信用的收集和评估，并可进行实时控制。

第四，从市场风险来看，中介市场大量的资产错配不仅导致了自身损失，还捆绑了银行的利益，借助区块链的可编程性不仅可以有效控制参与者资产端和负债端的平衡，更可借助数据透明的特性催促整个市场交易价格对资金需求反应的真实性，进而形成更真实的价格指数，有利于控制市场风险。

银行结算

银行结算是指通过银行账户的资金转移所实现收付的行为，即银行接受客户委托代收代付，从付款单位存款账户划出款项，转入收款单位存款账户，以此完成客户之间债权债务的清算或资金的调拨。在此过程中，银行既是商品交换的媒介，也是社会经济活动中清算资金的中介。银行结算方式主要有：银行汇票、商业汇票、银行本票、支票、汇兑、委托收款、托收承付、信用卡、信用证等。

与国内银行主要依靠存贷差盈利的模式不同，跨国银行盈利的半壁江山都来源于中间结算业务，对它们而言，如何开辟新的业务领域、合理降低结算成本，直接关乎其根本。

➢ 应用案例 1——R3 CEV

创立于 2015 年 9 月的 R3 CEV 公司，是一家专门负责集成银行业区块链技术开发的行业标准以及应用，致力于为银行提供探索区块链技术的渠道以建立区块链概念性产品。

由其创立的 R3 联盟，迄今为止已经吸收了超过 50 家世界巨头银行参加。其中包括富国银行、美国银行、纽约梅隆银行、花旗银行、德国商业银行、德意志银行、汇丰银行、三菱 UFJ 金融集团、摩根士丹利、澳大利亚国民银行、加拿大皇家银行、瑞典北欧斯安银行（SEB）、法国兴业银行等。

2016 年 5 月 24 日，中国平安保险（集团）股份有限公司也宣布同 R3 建立合作伙伴关系，正式加入 R3 分布式分类账联盟。

2016 年 6 月，香港人寿保险公司 AIA 和丰田金融（Toyota Financial Services）分别宣布加入 R3 联盟当中，其中丰田金融表示希望把分布式账本技术用于汽车供应链和互联网汽车系统。

2016 年 9 月，招商银行也加入了 R3 联盟，中国加入这个联盟的银行数量增至两家。

在技术路线方面，起初 R3 CEV 跟微软合作，在 Azure 上构建 BaaS（Blockchain as a Service）服务。但是最终，R3 CEV 还是在 2016 年 4 月推出它们首个分布式总账应用 Corda。R3 CEV 宣称 Corda 与比特币的非许可型交易分布式总账截然不同，是为金融机构量身定制的应用。这个应用唯一去中心化的信息由银行会员决定。

Corda 的主要特点包括：

· 没有多余的全球数据共享，只有合法需求的参与方可以按照协议获取数据；

· Corda 编写和配置在企业间流转，无中心控制者；

· Corda 在企业间单个交易水平达成共识，而不是在系统水平上；

· 系统设计直接支持监管观察员节点；

· 交易直接由交易双方验证，而不是由一大群不相关的验证者进行；

· 支持多种共识机制；

· 记录了智能合约代码和人类语言法律文件的清晰关系；

· 用行业标准工具创建；

· 没有原始数字密码货币。

➢ **应用案例 2——VISA**

VISA 又译为维萨、维信，是世界上最大的信用卡公司。毫无疑问，数字密码货币的兴起必然对其信用卡支付业务带来冲击。然而 VISA 对于电子货币和区块链并不是一直抵触，而是采取了开放的态度。

2015 年 10 月，VISA 和 DocuSign 联合推出了一个“概念证明”项目，使用比特币区块链来记录保管租车数据。该项目将 DocuSign 的数字交易管理（DTM）平台和电子签名解决方案，与 VISA 的安全支付技术进行了结合。可以让消费者在车内配置租赁、保险和其他日常采购的项目，例如停车费和通行费，并且用户可直接使用 VISA 卡进行支付。

外围的应用并没有使 VISA 满足，同年，VISA 同 Coinbase 合作，推出了首张在美国可以使用的比特币借记卡。11 月 30 日，在伦敦举办的 UnBound 大会上，VISA 欧洲创新实验室又展示了一款“概念证明”汇款应用，通过这款应用，人们可以在比特币区块链上汇款。

2016 年 9 月，VISA 更是推出了与数字支付创业公司 BTL Group 合作的基于区块链技术的银行间结算支付系统 Interbit，来评估区块链技术能否为银行间的国际转账降低成本、结算时间和信贷风险。

从近两年的一系列重大动作可以看出，VISA 开始认识到区块链技术的价值，正在努力使区块链技术成为扩大其势力范围强有力的工具。

◆ **区块链在银行结算方面的优势：安全、方便、智能。**

银行内部发行数字密码货币

除了在既有的业务上利用区块链技术进行改造之外，世界各大银行也纷纷推出了自己的加密数字货币计划，以便降低自己的运营成本。

银行为什么要发布自己的数字密码货币，又是如何降低成本的呢？传统的银行系统都是中心化的，账本都是记录在中心的服务器上。在银行业，由于记录数据庞大，服务器往往都是小型机甚至是大型机，运营的成本高昂。

利用区块链技术之后，银行可以充分利用已有的 IT 资源进行记账，不需要中心的大型机了，这样就可以节约大量的成本。

2015 年底，花旗银行发行了自己的数字密码货币——花旗币（Citicoin）。日本三菱东京 UFJ 银行也于 2016 年发行了自己的数字密码货币 MUFGcoin。

第二届全球区块链峰会于 2016 年 9 月 22 日召开，中国银行前行长、现任中国互联网金融协会区块链研究工作组组长李礼辉表示，区块链的“共识算法”“加密算法”“智能合约”等核心基础技术领域已有一些重大进展。区块链完全“去中心化”的特性在金融领域并不适用，分布式和多中心化有望成为现实选择，央行的数字密码货币也箭在弦上。

◆ **区块链在银行数字密码货币方面的优势：降低成本。**

证券投资市场应用

证券交易

证券交易市场是区块链重要的应用领域。区块链技术的应用不仅可以加快清算和结算的速度，还可以减少金融机构需要维护的账面数量，确保审计跟踪更加精确。

使用区块链，买卖双方能够通过智能合约直接实现自动配对，并通过分布式的数字化登记系统，自动实现结算和清算。由于录入区块链的数据不可撤销且能在约定时间内被复制到每个数据块中，录入到区块链上的数据实际上产生了公示的效果，因此交易的发生和所有权的确认不会发生争议。与以往需要“T+3”天不同，区块链确认完成一笔结算和清算速度快得多，去中介化的交易流程毫无疑问将大幅节省交易时间和交易费用。

证券的发行与交易的流程手续繁杂且效率低下。一般公司的证券发行必须先找到一家券商公司与证券发行中介机构签订委托募集合同完成烦琐的申请流程后才能寻求投资者认购。

同时，在传统证券交易中，证券所有人发出指令后，指令需要依次经过证券经纪人、资产托管人、中央银行和中央登记机构这四大机构的协调，才能完成交易。这个流程效率低、成本高，而且这种模式造就了强势的中介，金融消费者的权益往往得不到保障。

上海证券交易所原总工程师白硕认为①，区块链不一定能取代现有的撮合效率已经很高的场内交易系统，但在场外交易市场则更有可能实现。传统场内交易是集中的高流动性的大量交易，无论是从总的交易量还是峰值的交易速度看，目前的区块链技术还不能胜任。场外交易的区域性资本市场、机构间的交易市场、交易所的固定收益产品、类似仓单这样的交易产品，都是极有可能实现区块链应用的领域。

➢ **应用案例 1——Linq**

纳斯达克交易所（NASDAQ）是证券交易市场最早吃螃蟹的人。在

① 白硕．区块链难以取代场内交易，http://money.163.com/16/0413/20/BKICGNS600253B0H.html

2015 年下半年，它推出了新的针对一级市场的交易平台 Linq，该交易平台是基于比特币交易技术，用于一级市场公司的交易。如图 5.3 所示，Linq 拥有记录 IPO（首次公开募股）前企业的股权交易，可以跟踪企业股权的交易、股东和投资人信息等，对私募市场的资产分析具有较高的价值。

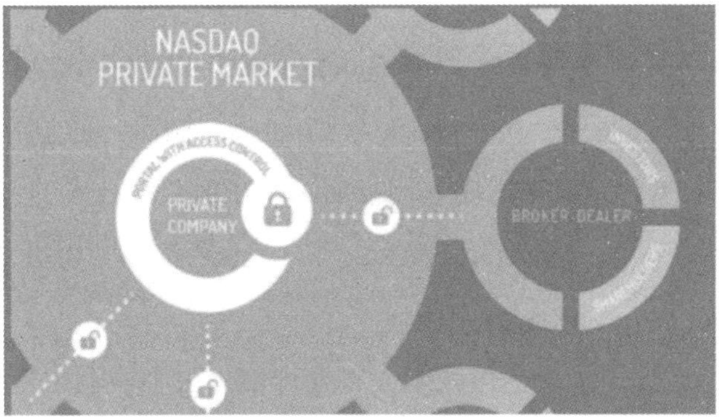

图 5.3 Linq 系统示意图

资料来源：http://mt.sohu.com/20151122/n427544175.shtml

纳斯达克首席执行官鲍勃·格雷菲尔德（Bob Greifeld）表示，非上市公司的数量不断增加，为满足它们的需求，纳斯达克将向这些非上市公司提供交易服务，未来这些公司上市时，将为纳斯达克交易所赢得更多的上市业务，同时他认为未来纳斯达克交易所来自非上市公司交易业务的收入将达到甚至超过来自传统二级市场的业务。

纳斯达克区块链战略负责人弗雷德里克·沃斯（Fredrik Voss）确信基于区块链技术所提供的高效率，将能够大幅度提升 Linq 作为私人股权交易平台的优势。截至目前，还没有任何技术能够真正让人们远离纸张作业，而区块链技术将使它向前发展一大步，相比手工处理方式，将大幅减少失误的可能性。

➢ **应用案例 2——TØ**

Overstock.com Inc.（纳斯达克代号：OSTK）是一家位于美国犹他州盐湖城的在线购物零售商，以折扣价销售家具、地毯、床上用品、电子产品、服装及珠宝等各类产品。《福布斯》杂志将 Overstock 评选为 2014 年最值得信赖的 100 家公司之一。

从 2014 年 1 月 9 日开始，Overstock 正式接受比特币支付，这成为比特币历史上关键的一刻。Overstock 与 Coinbase 协作，通过后者的交易平台接受比特币支付结算。之后它们推出了基于区块链技术的“TØ”（念 T fita）证券交易平台。Overstock 表示：“TØ 使证券交易变得更公平、透明，方便所有市场参与者的参与。”

TØ 的平台使用了彩色币技术，它允许使用很小一笔比特币来追踪资产所有权的机制。例如，一个彩色币可以用来作为一个标记，证明某个人持有某公司的股票。这个技术将会在比特币区块链上进行，并且由分布式总账的区块链技术来保障它的安全性。

区块链的优势在于它可以简化交易流程，提供更加可靠的交易记录。2015 年 10 月 15 日，TØ 宣布 Clique 基金交易已经在其平台测试了一种新的加密资产，即预借保证代币（PAT）。该团队已经成功地在一个交易商进行卖空之前，利用比特币区块链记录下了符合美国证券交易委员会（SEC）规则的商号证据。

预借保证代币的推出是为了解决权益所有者的问题，通过将权益所有者手中的资产放到透明的市场中保障其收益；同时也能解决卖空者的问题，只要他是在透明的市场中借贷；还能够解决监管机构所面临的问题。

利用区块链实施的第一个卖空测试是十足的壮举。TØ 宣称，该服务将在一个“不透明的股票借贷世界”中提供前所未有的透明度。他们相信 TØ 平台是第一个“华尔街式”的概念范式。

为了努力进军金融行业，TØ 平台在 2015 年 10 月以 3030 万美元的价格收购了华尔街经纪公司 SpeedRoute 来协助其推进区块链交易平台。他们认为要把区块链引入华尔街，并不是为了建立一个信息孤岛，而是要让大家接受它，所以需要购买美国市场体系中的一个节点，然后在上面建立加密技术，这样就可以符合所有的监管规定，并将其视为互联网金融技术。

2015 年 12 月中旬，美国证券交易委员会已经批准在线零售商 Overstock.com 通过比特币区块链来发行该公司的股票。据 Overstock 提交给证券交易委员会的 S3 申请，该公司希望通过区块链来发行最高 5 亿美元的新证券，包括普通股、优先股、存托凭证、权证、债券等。

对 Overstock 的批准毫无疑问会成为某种催化剂，因为它计划向其他企业提供该技术，帮助其发行自己的加密证券。如果该技术在公众测试领域能够惊艳亮相，也许能够迫使其他公司也采用区块链技术来发行证券。

区块链技术有利于大幅削减发行、追踪和交易加密证券的成本。它在金融市场中提供了一个完全透明、安全、可靠和快速的基础设施。这项比特币的底层技术还能防止市场操纵行为，并且成为一种自动运行的系统，可以很好地成为传统交易所的补充。

➢ 应用案例 3——BitShares

BitShares 是一个商业级的开源去中心金融智能合约平台，该平台基于 Cryptonomex 公司研发的 Graphene（石墨烯）技术开发。Graphene 是一个开源开发工具包，同时也是实时区块链的技术实现，旨在实现一个区块链底层协议。然而与具体的区块链整合后，BitShares 逐渐进化成一个生态系统。

BitShares 内置了一个类似于纳斯达克这样的去中心化交易所系统。和传统的交易所不同的是，由于 BitShares 是完全不依赖人的操作而自动运行的，因此在里面所有交易的资产、产品可以由任何人创建并交易。

传统交易所的公司上市发售流程（IPO），手续烦琐，成本高昂，但是去中心化交易所则完全颠覆了这个过程。任何人只要缴纳一定的手续费都可以在上面发布要交易的资产，不需要任何其他的成本。只需要发布资产的名称、描述、代码、数量、交易手续费等就可以。完全由创建者自定义交易手续费，只要在系统中进行交易，系统会按照创建者的设定把每笔交易的手续费打入创建者的账户中。

BitShares 的系统优势在于：

首先，规避了大多数的法律问题。几乎在全球各国建立集中竞价的交易所都是有牌照的，必须受到该国法律的监管。但是司法监管的前提是要有监管对象，而 BitShares 仅仅是一段程序，并且它是存在于互联网上的一段程序，并没有特定的国界，所以如果所有人都在 BitShares 上进行交易的话，则这个行为能够规避大多数国家的法律。

其次，解决了充值上的问题。交易所如何进行充值对数字密码货币行业内的人来说一直是个充满困扰的问题，并且在第三方支付牌照被控制在一定数量之内，它们的地位变得越来越重要，它们对商家的审核门槛也变得越来越高。而 BitShares 让充值不再依赖于一个单个中心化的机构来处理，几乎人人都可以成为承兑商。

再次，技术门槛低。BitShares 几乎帮用户解决了所有的技术问题，只需要下载 BitShares 的客户端，或者打开 BitShares 的网页就可以创建或者交易资产凭证。这个资产，既可以是公司的优惠券，也可以是论坛的代币，甚至还可以是某公司的股票。

最后，账户安全得以保证。由于身份安全往往是和资金监管相关的，传统的交易所会要求用户提供各种身份证明，在这种情况下，交易所对每个用户的资金情况了如指掌，甚至有些交易所会因为各种原因私自冻结扣押用户资金。在这种情况下，大多数用户都会处在弱势的位置，而这一切在 BitShares 系统中不会发生。BitShares 把资金进出的功能交给了承兑商，而承兑商与交易是没有关联的，不用担心自己的资金和交易记录会被追踪。

➢ **应用案例 4——Symbiont**

Symbiont 成立于 2015 年初，它正在建立首个用于发行区块链智能证券（Smart Securities）和交易智能证券的平台。

Symbiont 的专有智能证券技术为复杂的金融工具提供一个模块，从而使得编程更容易理解，也使分布式总账全面数字化的过程更加简单。

如今市场所采用的人工手段很容易出错，而智能证券技术能够数字化流程并自动运行。与传统方法相比，这些智能证券是能够自我加强、自我执行的合同，大大降低了成本，提高了效率。由于 Symbiont 整合了硬件安全模块安全网（HSMs），监管高层对加密交易机构有了更多的信任，允许这些机构操作交易。

Symbiont 起源于 Counterparty 项目，Counterparty 是建立在比特币区块链之上的。在本质上它允许用户执行不同的金融应用，而不仅是比特币的 P2P 支付网络，也受到比特币网络的保护。

◆ **区块链在证券交易方面的优势：加快结算速度，简化账目，便于跟踪审计。**

股权众筹

一直以来，资金就是创意想法和创业面前的一道鸿沟，也正是这道鸿沟催生了世界上第一家众筹平台——Kickstarter。Kickstarter 的运作方式是一种典型的平台商业模式，该平台的用户一方是渴望进行创作和创造的人，另一方则是拥有部分资金并愿意对新的创意提供资助的人，双方共同的愿望都是希望新的创意变成现实，并能实现持续推广。

传统的众筹平台作为第三方平台，促成一项众筹活动的流程是：为项目展示提供平台，对项目发起的基本资料进行尽职调查，如果投资人对展示感兴趣，项目支持先将资金转到众筹平台，当项目筹集的资金达到目标数量时，平台将资金转到项目发起人账户，或者项目筹集的资金没有达到目标数量，发起项目失败，平台将资金返还给投资者，投资者获得的回报是预定项目产品的权利或者是公司股权。

基于区块链技术的众筹平台可以通过创建自己的数字密码货币或数字资产来筹集资金，通过分发自己的“数字股权”给早期支持者，是投资者获得支持初创公司所获股份的凭证。区块链众筹平台通常由三层结构组成：最底层为区块链网络，由它构建起一个去中心化的分布式总账；中间层为业务逻辑与区块链结合，共同建立账户中心、股权登记、股权凭证、股权交易、股权管理等功能；最上层为各个众筹平台面向客户提供的服务（如图 5.4 所示）。

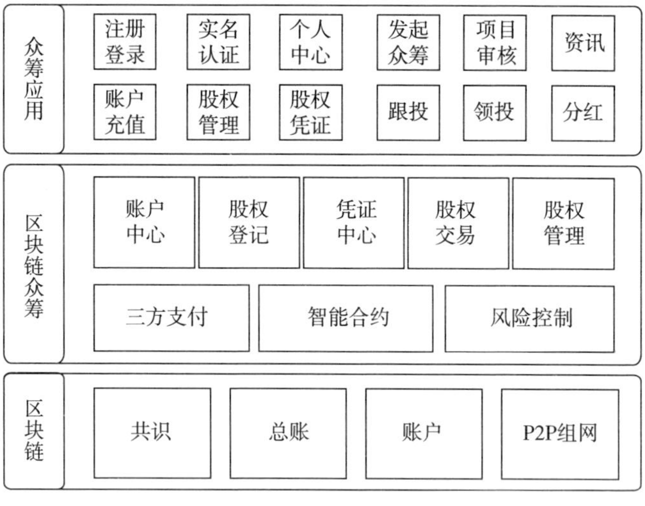

图 5.4 标题区块链众筹系统架构

资料来源：http://www.360doc.com/content/15/1206/10/27999602_518256288.shtml

➢ 应用案例 1——Swarm

Swarm 被誉为众筹界的 Facebook，是世界上首家分布式孵化器众筹，使用比特币技术为底层协议，在这个去中心化的众筹平台上允许初创企业通过发行自由的 Coins 资产筹集资金。Swarm 团队基于 Counterparty 平台开发众筹系统，后者是一家基于比特币基础协议的去中心化技术平台，具有提供交易和创建智能资产等功能。有了 Counterparty 协议的支持，Swarm 平台可以像一个为加密货币投资者建立的社交网络一般高效运转。

2015 年 6 月 17 日，Swarm 团队基于 Counterparty 平台发行"SWARMCoin"标志着这家去中心化众筹平台募集启动资金的开始，也使投资者拥有了分享公司未来发展红利的机会。

Swarm 团队的计划是建立一个基于数字密码货币协议的发行平台，用户可以通过财产信息面板等，随时了解自己的资产状况。他们坚信 Swarm 平台将有助于改变创业者们筹资的方式。该公司今后的计划还包括分布式的项目信息调查，即让人们可以参与评估项目，分享相关信息等。

加密货币能为传统众筹方式带来的改变主要有三点：

第一，使用比特币技术为基础，不受地域的局限。

第二，利润不仅给参与具体项目的少数合作者，所有众筹平台的股权投资人都能获得合理收益。假设在 Swarm 平台上，如果 Facebook 想要收购 Swarm 平台上发行的项目，它必须购买市场上大部分人的股份。这意味着 Swarm 参加众筹项目的投资者得到代表初创企业股份的代币（token），可以从代币升值中获得收益。而利用代币这样的加密货币可以确保投资者在众筹项目中获得与投资企业不断变化的企业价值相符的投资回报。

第三，投资人能够通过意见和建议来帮助产品更好地形成和生产，以社区的方式加强沟通。可见，Swarm 是建立了一个简单易用的数字加密股份平台应用，投资者可以快速浏览大量市场的"加密股份出价"，有喜欢的就能简单快速买下，而无须经过股票经纪人，达到买卖方便、无安全风险的状态。因为代币是虚拟的，所以创业者可以按照自己的想法为代币赋予价值，比如股息分红、企业发展壮大后的选举决策权、公司相关产品或服务，以及任何创造性的投资回报。这些回报都会随着项目的发展程度而增加或减少。相比传统众筹平台，Swarm 的创业者可以更灵活地决定他们对股权的规定。

➢ 应用案例 2——Koinify

Koinify 成立于 2014 年 9 月，并从 IDG Partners、Brock Pierce 的 AngelList 和 zPark 获得了 100 万美元的投资，用于进一步开发去中心化众筹途径的运用。该途径将能够完成智能公司（一般也被称为去中心化自治公司，简写为 DACs）和去中心化应用（DAPPs）的创立。当 Koinify 理想的去中心化众筹途径成功确立后，出资者能运用比特币在 Koinify 平台上采购有关各种项目的代币。Koinify 主要为与区块链技术和密码学货币相关的项目，如去中心化应用、智能公司等使密码学货币更加容易使用的基础设施筹集资金，想要为去中心化实业获取资金树立一个生态体系，需要创立一个全新的经济基础布局。

然而在 2015 年 5 月，Koinify 宣布它将不再为去中心化应用提供代币销售平台，将进行转型，但该创业公司并未透露转型计划。其首席执行官 Tom Ding 表示公司对区块链的信念、使用区块链作为底层技术的创新以及尝试重建业务和组织结构等这些公司基本的理念都没有改变。Koinify 已经在其博客上通知用户要在 2015 年 6 月 30 日前，把他们在 GetGems 众筹期间购买的代币取出，但仍表示会为已经在 Koinify 平台上销售软件代币的创业公司继续提供服务。

➢ 应用案例 3——小蚁

在国内，小蚁可谓首家利用区块链技术来登记公司股权的公司。虽然这是一个创新，但是要在底层逻辑和各种细节达到我国法律合规的要求并对接实体世界并不是一件容易的事。在对我国当前法律环境进行深入研究和分析后，小蚁有潜力成为切实可行的区块链应用。

小蚁是基于区块链技术，通过点对点网络进行登记发行、管理、交易各种权益份额的区块链协议。初期会以非上市公司的股权作为切入点，为初创公司提供数字化股份激励方案，为股权众筹公司提供股权管理方案，未来会过渡到股权的可交易，即“区块链 IPO”，逐步模糊非上市公司和上市公司的界限。

◆ 区块链在股权众筹方面的优势：跨越时空限制，优化众筹组织，合理股权、利益分配。

保险业应用

保单销售

传统的航空意外险一直存在保险造假、中间商抬价等问题。正所谓“羊毛出在羊身上”，最终还是转嫁到消费者身上。而区块链技术可以提供有效的手段，来解决这些问题。

➢ 应用案例——布比航空意外险

2016 年 7 月 29 日，布比区块链同阳光保险合作，推出了“区块链 + 航空意外险卡单”，这是国内首个将主流金融资产放在区块链上流通。

多数航空意外险只有在飞机发生意外时才会出现理赔，所以在大多数情况下客户买到假保险不易被发现。为了防止买到“假保单”，布比区块链依托其多方数据共享的特点，可以追溯卡单从源头到客户流转的全过程，各方不仅可以查验到卡单的真伪，确保卡单的真实性，还可以方便后续流程，比如理赔等。

为了防止被中间商抬高价格转嫁到消费者身上，航空意外险卡单设立在布比区块链上，没有中间商，保险卡单价格会明显降下来。据资料显示，这种产品 60 元购买一份，可使用 20 人次，每次可获得高达 200 万元的航空意外保障，相当于每次花费 3 元即可获得 200 万元的保障。

◆ **区块链在保险业方面的优势：真实透明、信息安全、可追溯、理赔流程清晰、成本低。**

供应链金融服务平台

供应链金融对相关企业有很大的社会意义，可以极大地缓解企业的财务负担。但对供应链资产和交易的真实性审核是巨大的市场痛点，极大地制约了供应链金融的深入发展。区块链以其公开透明、可追溯、安全的特点，提供了解决的契机。

➢ **应用案例——布比供应链金融平台**

2016 年 5 月 18 日，布比与互联网金融平台钱香在上海签约，就双方采用布比区块链共同打造区块链技术的黄金珠宝终端供应链金融平台达成战略合作。

钱香是一家由上市公司、产业资本和创投基金联袂投资，立足行业协会和产业链上下游，重度垂直于黄金珠宝终端资产的互联网理财平台。主要做珠宝黄金类借贷服务，在没有介入布比区块链之前已经有不少资产在流通中，对方主要覆盖珠宝行业中小品牌（长尾占 80% 以上市场），目前钱香业务也在急速增长之中。布比区块链在其中用于去中心化的建立投、融资者，供货商等机构的交易，建立去中心化的信任，从技术层面打造 P2P，同时建立钱香自己在珠宝行业体系的供应链金融生态。

双方将基于布比区块链携手打造全新的供应链金融服务平台，开展黄金珠宝终端供应链金融服务，依托区块链技术共识、安全、不可篡改的特性，对加盟商的资金用途、进货渠道、还款能力等实现全方位管控，连接上游供货商及下游终端门店，实现金融与供应链物流、信息流的精准融合，为各终端门店提供单笔小额授信，实现资金快速、灵活、低成本运转，打造普惠金融和供应链金融的新模式和新标杆。

钱香引进布比的区块链技术，是因为布比区块链技术在透明和信息披露方面能解决很多平台在虚构资产、隐秘交易方面的一些违规问题。此外，全面运用区块链技术也能够方便监管，对于行业各个平台交易真实的信息进行实时掌握。

理财者对理财平台标的物的真实性有质疑很正常，然而这种质疑的主要原因在于所有的交易记录都只存在于该网站的服务器上。

布比和钱香结成战略伙伴关系引入区块链技术，根据区块链的方式由单点变为多点记账来取代中央式的管理机制，极大地便利了理财者直接核实标的物的真实性，同时也方便了监管。除了在信息披露方面的作用之外，布比区块链还为 P2P 理财平台提供了银行存托管之外可以增信的选项。

◆ **区块链在供应链金融方面的优势：透明、安全、精准、信息完整。**

数字资产管理应用

在金融产品的应用上做进一步的延伸，和现实世界中实际有价值的物品或者资产做映射，就有了“数字资产”的概念。与金融资产所不同的是，当我们在线上完成了产品的交易时，还需要在线下对资产完成交割。

其实从我们进入了互联网时代之后，产品的数字化就开始了。如果我们不把产品成功地数字化，就不能完成它的电子商务运作。对于同质化的产品，我们可以用这些属性来描述：名称、条形码、厂家、类别、型号、MSRP（厂商建议价格）等统一属性，当然还需要加入属于这个类别的其他属性。

实物资产的管理

➢ **应用案例 1——钻石珠宝**

Everledger 是一个区块链在钻石领域的应用项目，这是一个对钻石进行验证和交易历史记录的数字化分类账本，可以有效地防范钻石盗窃和保险诈骗。它通过创造包含钻石的切割、清晰度、颜色、克拉重量以及 14 种其他参照方式的数字 DNA（脱氧核糖核酸），建立起透明的、不可篡改的钻石分类账本，包括其来源、物主以及其所经历的过程。这一实践证明了区块链对实物资产的数字化和证券化的适用性。

➢ **应用案例 2——房地产登记系统**

根据美国房地产网站 HomeInsight 的数据统计，美国房地产主人每隔 5~7 年便会卖出他们的房子，平均一生中会搬 11.7 次家，而每次交易都费时费力。更重要的是，每次交易都需要一个中立的第三方（escrow），这个第三方的费用通常是房地产价格的 1%~2%。所以，如果能够借助技术手段方便房地产的交割，对美国人民来说是一件有意义的事情（当然对其他国家的人民也是一样的）。

IBREA（International Bitcoin Real Estate Association，国际比特币房地产协会）给出了一个取代政府土地及所有权登记的基于区块链技术的数字解决方案。

IBREA 研究的区块链技术在房地产的应用包括三个方面：

· 房地产买卖；

· 房地产托管；

· 房地产所有权转移。

为了让用户更容易接受新技术，IBREA 的策略就是让用户在不知情的情况下使用基于区块链的技术。他们首先将房地产所有权记录都存放在区块链系统上，这一过程就像把文件上传到共享服务器一样简单。

当用户上传文件到区块链系统上时，用户需要证明自己是拥有该文件的第一个人。而当用户复制该文件，进行所有权转让时，用户需要证明他们现在是拥有这个文件的。基本上来说，IBREA 实际上就是借助区块链技术，制造一个几乎不可能伪造的文档来防止欺诈。

当有人伪造了文件时，IBREA 的区块链系统将帮助你证明你是拥有该文件的第一个人。即使入侵者能够产生一个伪造文件，他们仍不具有转移资产的能力，处罚他们也获取了控制对应地产的专用私钥，伪装成你的身份。因此，这里其实是有双重保险的：

- 现实所有权的实际安全文件；
- 可以转移财产的私有密钥。

Ubiquity LLC 是美国一家利用区块链保护居民房地产产权的区块链初创公司。该公司已经推出其平台原型，平台采用了 Colu 公司的彩色币系统来管理比特币区块链上的数字化资产，除了具有安全存储数据的功能外，系统还能够与财产保险行业数据整合。在 Ubiquity 的公共共享账本系统的帮助下，房地产产权转让过程会变得更容易、更省时。房地产公司可以使用自己的私钥签署一份产权记录。在区块链上发行一个数字化的“产权证书”。银行则会受益于产权调查时间的减少、个人信用水平的增加，提高产权转移信息的透明性。贷款人可以直接在区块链上发布和跟踪他们在特定产权上的信用记录，使用比特币区块链管理房地产所有权和行为记录的好处是，它允许任何人浏览这些记录。公钥可以公开，这样信誉良好的企业可以将其值得信赖的品牌与特定的产权记录联系在一起。

➢ **应用案例 3——汽车交易系统**

每辆汽车，除了统一的商品属性之外（名称、厂家等），还会有发动机型号、变速箱、车身结构、长宽度、最高速度、1~100 千米 / 小时加速时间、百公里油耗等许多属性。不过即使完全描述了这些属性，也不能唯一地指出是哪一辆车。所幸的是，汽车都有 VIN 码（Vehicle Identification Number，车辆识别码）。有了这个 17 位字符的编码，我们就可以查到这辆车对应的各种具体属性。

如果我们在区块链上把 VIN 码当作汽车的唯一标识，在汽车从厂家完成生产那一刻就像是比特币被新挖出来一样，所有权是属于这个生产厂家的。当 4S 店或者经销商从厂家手里收购了这辆汽车之后，区块链上就增加一条记录，汽车的所有权从厂家就转移到了 4S 店手中。同样，买家从 4S 店手中购买了这辆汽车之后，在区块链上又增加一条记录，所有权转移到买家手中。

这个区块链系统是专用于汽车所有权交易登记的，它具有区块链的去中心化、不能篡改等特性。在任何时间、任何地点，任何人都可以在上面交易。而正因为汽车的账本记录了每辆汽车从出厂到当前所有的交易记录，你可以知道任何一辆车在任何一个时间点的归属。

如果我们更进一步，在汽车里面配上和这个区块链系统相同的数字芯片，那么只有车的主人才能发动这辆车，因为只有他的密钥才能打开这辆车。这样这个系统就会有如下特点：

· 公钥加密：使用密码学协议加密后的加密数据统一提交拷贝，保证数据不会被篡改。

· 私钥解密：区块链中的 ID 按照权限设定，查询相关数据时验证身份 ID，只有具有相同查询权限才能查询。

· 智能合约交割：这个系统会使用智能合约执行交易。当交易条件全部满足时，系统会自动完成交易，无须人工干预。

· 公开查询：任何人都可以查询这个系统，确认任何时间点一辆汽车的归属。

· 数据透明：所有的交易记录都是全网公开，无法篡改。

智能合约的存在使得汽车的短期租赁手续变得异常简单。当租客支付了租金之后，智能合约会给他一个密钥，在此租赁期间凭借这个密钥就可以使用这辆车。而当租期到了之后，租客就会发现原来的密钥已经无法再发动这辆车了。如果他还想续约，就要重新启动另外一个智能合约。

再联想一下，如果未来汽车是无人驾驶的，等到租期到了，根据智能合约上的约定，汽车就会自己回到车辆租用点。当然开始新的租车合约的时候，也可以自动行驶到指定的位置，免去取车和还车的麻烦。

➢ **应用案例 4——布比积分应用**

2016 年 4 月 25 日，布比公司携手广东格格积分运用系统有限公司共同打造的国内首个资产型区块链积分平台——格格积分隆重上线。格格积分将积分系统引入区块链概念，多方联合开放，积分发行及兑换，促进积分流通。各合作机构可共同参与交易验证、账本存储、实时结算；企业积分发行方的第三方支付平台，使积分进出更灵活。

传统的积分都是负债型积分，具有积分零散、消费乏力、使用限制多、兑换烦琐、难以流通的特点。如 A 商家“发行”的积分，B 商家不给予通兑；同时，积分无法转让、赠送，导致积分发行商家品牌传播十分有限。另外，传统型积分的使用往往会有一定的期限，过期会自动清零。而采用布比区块链作为底层的格格积分具备以下特点：各商户发行的积分数量无法伪造、篡改，也无法删除；格格积分具有唯一的编号，所有积分的流通，可以追踪溯源；积分数据全网存储，哪怕 99% 的网络失效，积分信息都不会丢失。格格积分的有效期默认是永久性的，用户可放心持有与使用。这种积分具有自由流通、可互相赠送、方便兑换、化零为整、顺畅传播等特点，对于用户来说，可支配性以及价值增强；对于商户来说，积分的活跃促进了品牌传播，增加了消费者和商家的黏性，也对商户开展客户数据的共享与互补大有裨益。

广东格格积分运营系统有限公司董事长黄小纲表示，格格积分平台将会是一个超级大的积分平台，随着用户快速增长，进驻商家会“水涨船高”，品牌效应也会越来越大。作为一个开放型的商业积分平台，即将为中国积分体系带来一场革命性的改革。布比坚信将会有越来越多的存量积分商户接入该平台，共同打造可信任的数字资产平台，实现积分自由发行、流通。

无形资产的管理

➢ 知识产权的保护

区块链技术正被应用于版权保护领域，通过发展基于区块链的数字版权管理（DRM）技术，对软件发行的每一份授权许可或者是著作人对作品的版权有所记录和跟踪，使作者有更加强大的对知识产权的控制权。Blockai 是版权保护领域的区块链创业企业，它们帮助艺术家、摄影师和其他艺术工作者在区块链上注册作品版权，防止侵权行为。在美国，版权注册要么到美国国会图书馆正式注册，要么听之任之。前者费时费钱，后者又饱受侵权困扰。Blockai 的目的就是在区块链上更方便有效地注册版权。在 Blockai 平台上，你只需要一个简单的鼠标拖放动作，就可以进行作品注册，并获得对应的版权证书。如果之后有人不经允许复制你的作品，Blockai 会帮你发送一份版权证书来警告他。当然，Blockai 在区块链上建立的记录是否会被法庭认可为充分证据，还需要时间和努力。

Ascribe 是一个艺术家用于发布作品的网站，将艺术品数字化，通过区块链技术来声明所有权，发行作品。同时可以在该网站进行交易，无须经过第三方，买卖双方直接在基于区块链技术的网站上进行交易，保证交易作品和交易过程的真实性。

➢ **音乐版权保护**

菲尔·巴里（Phil Barry）开始和基于以太坊平台的项目孵化器 Consensys 合作，他的项目命名为 Ujo 音乐平台。Ujo 是一个开放平台，支持创新行业的版权管理，追踪知识产权和自动化版权付费。区块链技术将数字文件的版权信息记录下来，并且与数字音乐本身进行绑定，甚至可以创建一个自动所有者支付的系统。

PeerTracks 公司也提供音乐使用的区块链解决方案，用户支付和产权人的收入都是以数字密码货币计价的。

➢ **数字艺术资产保护**

Pryor Cashman 是一个提供全面服务的法律公司，已宣布推出一种数字艺术和媒体新平台 Monegraph。这个平台之所以能让数字密码货币世界感兴趣，是因为它声明将使用区块链技术。

Monegraph 被描述为一个基于网络的平台，它将能够在艺术家和买家之间，促进数字艺术的转移。推出该平台的行为类似于音乐公司进行过的尝试，他们试图建立一个基于区块链的系统来解决全球授权和版税分配问题。

Monegraph 将使艺术家从菜单中选择出售、授权、转售以及合成音乐的权利，并允许他们按照自己的计算来规定价格。

对于买家，该平台允许他们不通过经纪人就能直接获得这种权利，并且让他们放心地了解，头衔和艺术家的归属都可以通过区块链技术得到证实。

Pryor Cashman 的 Art Law 团队的主席威廉·查伦（William Charron）

表示："Monegraph 为即时的数字艺术交流铺平了道路。"他还补充说，"就像人们通过略带盘旋的字母'C'了解什么是版权，他们也将在相对较短的时间内通过字母'M'了解什么是'Monegraphed'。它将成为商业艺术和法律术语的一部分。"

查伦确实知道他所面对的领域，因为他作为许多客户的代表已经通过不少前沿方法来处理艺术认证和头衔的问题。

他还经常在这些相关话题上发表文章或公开评论，并在 2016 年 5 月成为荷兰海牙第二个"艺术认证"工作委员会的成员。

虚拟资产交易所

可以交易区块链内生货币的交易场所。

➢ **应用案例 1——Coinbase**

2015 年 1 月，第一家获得美国国家金融监管许可的美国比特币交易所 Coinbase 正式开业。Coinbase 公司，这家获得纽约证交所、银行以及风险投资公司共 1.06 亿美元投资的比特币公司表示，交易所会为个人以及机构提供很高的交易安全性。

而该交易所的成立，也标志着在美国交易比特币的合法性。Coinbase 表示该交易所将为交易者们提供保险，给出一些保证，他们的钱将不会消失。

Coinbase 的创始人表示，为了能够让交易所获得美国国家金融监管机构的许可，他们已经为此花费了近 5 个月的时间。现在，Coinbase 已经获得美国 14 个州的许可证。

据 Coinbase 联合创始人弗雷德·伊尔萨姆（Fred Ehrsam）表示，他们的交易所将收取大约 0.25% 的手续费。目前交易所仅限服务于美国用户，但首席执行官布莱恩·阿姆斯特朗（Brian Armstrong）表示，该交易所有计划向海外扩张。

值得一提的是，卡梅伦·文克莱沃斯（Cameron Winklevoss）和弟弟泰勒（Tyler Winklevoss）这对双胞胎兄弟也称将上线他们的双子星（gemini）交易所，但是显然 Coinbase 已经抢先了一步。

纽约证交所总裁汤姆·法利（Tom Farley）对此表示："Coinbase 交易所的上线将是比特币被社会所接受的重要一步。"目前 Coinbase 拥有 220 万钱包用户以及近 4 万家使用他们服务的商家，该公司目前拥有约 75 名员工。

➢ **应用案例 2——比特币中国（BTCC）**

比特币中国是中国大型比特币交易平台，由上海萨图西网络有限公司运营。这是中国第一家比特币交易平台，成立于 2011 年 6 月 9 日，有超过四年的运营经验。它们的管理和工程师团队由各行业的精英组成，团队成员主要来自中国、美国硅谷和欧洲。

2014 年 3 月 12 日，比特币中国正式上线莱特币交易，莱特币累计交易额超过 3000 万元人民币。 2015 年 9 月 15 日，比特币中国正式更名为 BTCC。

比特币世界是以信用为基础，比特币中国品牌在全球比特币领域具有较高的信誉度。比特币中国的交易量超越了世界前两大比特币交易平台——Mt. Gox 和 BitStamp，其单日最高交易量接近 9 万比特币，最高日交易额已超过 2 亿元。

➢ **应用案例 3——OKCoin**

比特币交易网站 OKCoin 在 2013 年 6 月创建，上线三个月后达到每月 26 亿的交易记录，11 月交易额 80 亿，12 月 OKCoin 平台创造了最高一天 40 亿交易额的纪录。12 月 7 日，OKCoin 比特币交易额近 8 万个，莱特币交易额近850万个，后来OKCoin又创下了莱特币22万个、莱特币940万个的交易额，这可能是全球所有电子货币交易平台里的最高纪录。目前OKCoin月交易额保持在几百亿规模。

OKCoin融资融币上线以后，比特币日交易量创下了30万的新高，莱特币日交易量更是达到了1300万。OKCoin成为中国密码币交易成交量第一的交易平台。

创建伊始，OKCoin比特币交易平台就拿到了创业工场和硅谷风险投资之父提姆·德瑞普（Tim Draper）100万美元的天使投资。

OKCoin于2013年底完成了千万美元级别的A轮融资，投资机构包括策源创投、曼图资本、创业工场等风险投资基金，以及其他天使投资人和顾问：天使投资人蔡文胜、走秀网创始人黄劲、CSDN创始人蒋涛、中国青年天使会会长杨宁、Pre-Angel创始人王利杰、雷锋网创始人林军等。

➢ **应用案例4——火币网**

火币网是全球领先的比特币交易平台，致力于为投资者提供专业、安全、诚信的数字密码货币交易服务，上线至今得到了广大投资者的信赖与支持。2014年3月，火币网日均比特币交易量超过10万个，日均交易金额超过5亿元。3月4日，日交易量超过35万个，交易金额达15亿元，创造了全球比特币交易平台里的最高纪录。火币网拥有全球比特币交易市场50%的份额，是目前全球交易量领先的数字密码货币交易平台。

火币网位于北京中关村上地高科技园区，团队核心成员毕业于清华大学、北京大学、南京大学等国内顶级名校，曾就职于甲骨文、银河证券、腾讯、百度、阿里巴巴、盛大等国内外知名企业，具有长期的互联网以及证券金融研发和运营经验，是中国最专业的数字密码货币研发和运营团队之一。火币网所建立的服务体系以及人机交互模型，已成为数字密码货币交易产品事实上的标准，被广大用户和业内同行认同和采纳。

◆ **区块链在数字资产管理方面的优势：公开透明、真实有效、便于识别和追溯、智能管理、有利于推广等。**

电子商务应用

众所周知，美国的亚马逊和中国的阿里巴巴都是电子商务行业的佼佼者，但是它们的盈利模式都是建立在对商户的有偿服务上的。它们本质上是成功的“第三方中介机构”。那么，在互联网世界里有没有不需要商业性质的“第三方中介机构”的平台，让买卖双方自己达成信任实现交易呢？

网上商店

OpenBazaar（公开集市）是一个网上 P2P 交易的去中心化网络的开源项目。在 OpenBazaar 平台上买卖双方使用比特币进行交易，没有费用，而且不会受政府监管机构的审查。简单地说，它就是 eBay（易趣）和 BitTorrent（比特流）结合的产物。

现有的电子商务模式即意味着中心化的服务。eBay、亚马逊和其他大公司对卖家实施严格监管，而且收取不菲的费用。这些公司只接受类似于信用卡和 PayPal 这样对卖家和买家都收取手续费的支付方式。它们需要用户的个人信息，这些信息可能被盗取或者卖给其他人，用于精准投放广告或者危害更大的滥用。因为电子商务公司和政府会审查所有的交易商品和服务，所以买家和卖家不能总是自由地进行交易。

OpenBazaar 为电子商务提供了另一个途径，它把权力归还到用户手中。OpenBazaar 将卖家和买家直接联系到一起，不需要中心化的第三方来连接买家和卖家。因为交易中不存在第三方，所以不存在交易费用，没有人能够审查交易，而且公开个人信息的决定权在用户自己手中。

例如，你打算出售你的旧笔记本电脑。你需要先下载客户端，然后在你的电脑上创建一个商品目录，并标明商品的细节。当你公布这一商品目录后，该目录会被发往“公开市场”的分布式网络上。其他用户搜索你设置的关键字“笔记本”“电子产品”等时，就可以发现你的商品目录。他可以接受你的报价或者提出新的报价。如果双方都同意这一价格，客户端就会使用你们的数字签名在双方之间建立一个合约。然后卖家就可以发货，并告诉买家已经发货了。几天后，买家收到笔记本，他将告诉你收到笔记本，并从多重签名地址释放货款。你获得比特币支付的货款，买家获得了笔记本。没有交易费用，买卖双方皆大欢喜。

如果发生纠纷怎么办？假如上面所说的卖的笔记本不符合目录上的描述，那该怎么办？这就需要第三方介入了。卖家只有在多重签名中集齐三把私钥中的两把，才能够从多重签名地址中取走货款。第三方公证人控制着第三把私钥，所以在买卖双方达成和解或者第三方认为买家和卖家谁是正确的以前，多重签名地址中的比特币不会被转移。

在用户隐私不被公开的网络上，怎么信任第三方呢？平台有一个信誉评分系统，允许所有的用户对其他用户进行反馈评分。如果某些人打算欺诈其他的用户，则他们的信誉会受损；第三方如果不能公正裁定交易纠纷，则他们的信誉也会受损。当你在平台上购物和选择第三方公证人时，你能够看到他们的信誉评分，判断其他用户是否信任他们。保证这些评分是合理的和防止舞弊是重大的技术挑战。

如果这样仍不能消除你的疑虑，则买家和卖家可以创建一个投票池，由买家和卖家都信任的用户组成。这些步骤听起来很复杂，但是客户端会处理这些细节问题。它们的目标是为用户提供比陈旧的中心化平台更好的用户体验。

独立公司 OBI 成立于弗吉尼亚州，目前是 OpenBazaar 平台上完成度最高的第三方提供商。作为建立在 OpenBazaar 框架上的增值服务业务，OBI 最初专注于以下三个方面：

· 主机解决方案：OBI 为提供一个易于使用的第三方解决方案，正在与云服务器提供商 Digital Ocean 进行合作。

· 仲裁服务：OBI 希望提供标准合同服务，即在法院具有法律效力，尤其是对高端行业，包括房地产。其目标是为不同的需求、商品和服务，提供一个合法的框架以及不同的合同类型。

· 买家保护：OBI 的目标是提供第三方保存服务，以及为买家和卖家提供保险。

当前，OpenBazaar 将面临的最主要的问题就是用户的非法交易，由于用户使用强加软件 BitMessage（一款适用于 Mac 操作系统的软件）、PGP（基于 RSA 公钥加密体系的邮件加密软件），以及数字密码货币，OpenBazaar 将无法探听用户的交易。OpenBazaar 也无法收集在平台上的活动数据。OpenBazaar 一再重申不会重蹈"丝绸之路"的覆辙，开发负责人布莱恩·霍夫曼（Brian Hoffman）表示公司不会姑息任何对平台的"不当使用"，然而由于其系统框架分散，又明确不干预用户，所以如何防范非法交易这一问题尚无结论。OpenBazaar 的技术本质上是野蛮生长且不可控的，一旦被恐怖主义或犯罪分子利用，可能会招致当局全面的打压。所以如果不能解决好如何接受监管的问题，其前景堪忧。

◆ **区块链在电子商务方面的优势：公开、透明、真实、便于识别和追溯、智能管理、有利于推广等。**

第六章

潮 流

随着区块链技术的不断演进，区块链不仅可以重构金融业，更可以引导各行各业在新方向上的新潮流。

公证防伪

公证防伪是区块链可以大显身手的领域。由于区块链的公开透明、安全性和唯一性，天然具备了匹配公证防伪需求的条件。

开发者能够创造新的应用程序，并把关键信息保存在区块链上面，通过维护一个永久不可更改的、基于时间戳记录的区块链数据网络，一方面可以确立关键信息的唯一性和真实性，另一方面可以维护可追溯历史的记录，满足公证防伪的各项需求。

➢ **应用案例 1——Factom**

Factom 是一个 P2P 网络系统。网络系统中的高端服务器先创造数据链，然后对这些数据进行加密处理，再利用 Merkle root 把其加入比特币的区块链当中。第二代数字密码货币中的一个里程碑式的成就就是提供了利用区块链，以加密的形式来确保信息准确性这一概念，并在过去的几年里不断得以完善。然而，Factom 公司另辟蹊径提出一种比特币网络之外的新系统。但是这个系统仍然需要依托比特币散布全球的算力，使得这些加密认证的消息是对外透明、开放的。

Factom 公司发布了其白皮书，在书中其探究一种新系统，使与比特币相关的尤其是与所有权相关的记录过程，由分散到数字化，由手动到自动化；也构思了一种概念型网络框架，这个新系统可以确保并提高留存在比特币区块链里的交易记录、文件及其他一些重要数据的准确性。这种做法的优点就是可以利用比特币的叠加处理能力，同时也可以避免对数据的超量运算处理——所谓的区块链膨胀问题。

Factom 利用比特币的区块链技术来革新商业社会和政府部门的数据管理和记录方式。人们可以利用 Factom 的区块链技术帮助各种各样应用程序的开发，包括审计系统、医疗信息记录、供应链管理、投票系统、财产契约、法律应用、金融系统等。开发者能够创造新的应用程序，并把数据保存在区块链上面，同时不受直接把数据写入比特币区块链的各种限制（写入速度、成本、大小等）。

Factom 维护了一个永久不可更改的、基于时间戳记录的区块链数据网络，大大减少了进行独立审计、管理真实记录、遵守政府监管条例的成本和难度。商业社会和政府部门可以利用 Factom 简化数据记录的管理，记录商业活动，并解决数据记录安全性和符合监管的问题。

➢ **应用案例 2——Stampery**

区块链初创公司 Stampery 的目标是为用户提供生成安全、可靠和无可辩驳的存在性证明服务以及保证用户的文件和数字通信的完整性。

Stampery 表示已经开发出基于区块链技术的产品，并已投入运用。并将公司产品整合进用户所使用的系统中，已经推出了产品与 Dropbox、Box 等的整合。Stampery 的愿景是未来任何需要公证的地方都能使用他们的产品。

作为非金融的区块链应用，Stampery 利用区块链无法篡改的属性为所有已经发生的事情生成可靠和永不丢失的存在性证明。它无疑是一个革命性成果，新的技术使我们不必依赖任何一家中心化的机构就可以验证任何发生的事情。

Stampery 利用比特币区块链技术解决了数据认证问题，它允许个人和公司证明任何类型的数据，生成精确、可靠和不可更改的存在性证明，证明完整性和所有权。任何人都可以免费访问、注册和使用 Stampery 的服务。

Stampery 已经发布了解决可扩展性问题的解决方案，可以实现在几秒钟内验证数百万份文件，目前这项技术正在申请专利。

➢ **应用案例 3——Skuchain**

2015 年 5 月，在 2015 年创新中国（DEMO CHINA）春季峰会现场海外专场，来自加州硅谷的 Skuchain 团队就中国进出口贸易现状与问题给出了自己的看法与分析，并给出相应的解决方案——Skuchain，把商品流和资金流结合在一起使它们同步，并且利用现代密码学技术以及现代数学方法进行整合。

Skuchain 的工作原理很简单，以进口红酒为例，假设有 144 瓶红酒，分成三部分给了经销商，因为总数是 144 瓶，所以不会产生 145 瓶红酒，Skuchain 可以做到把其中一瓶红酒或者是几瓶红酒转让给下一个经销商，而经销商不能复制二维码，如果复制的话系统可以跟踪到是谁复制了这个二维码，是谁企图复制侵犯商品权，制造假货的人就会受到惩罚。Skuchain 公司目前的主要客户群来自一些奢侈品品牌和大牌商品，比如新西兰的牛肉、蜂蜜、龙虾以及红酒供应商。

◆ **区块链在公证防伪方面的优势：公开透明、方便追溯分享、多流合一。**

智慧医疗

目前，医疗健康数据（比如电子病历、医保数据、健康档案等）基本上都是存储在公共卫生部门或者医疗机构的私有数据库中，而通过可穿戴设备等获得的个人健康实时数据则被存储在应用服务商的私有数据库中。这些私有的数据库因为涉及个人隐私，很少能被共享和开发利用。然而这些数据本身其实也并不安全，安全卫生部门或者医疗机构本身并没有能力保障这些数据的安全，系统性的数据泄露时有发生。2015 年，美国第二大医疗保险公司 Anthem 就被黑客盗取了该公司超过 8000 万名客户和雇员的个人信息。同年，加州大学洛杉矶分校医疗系统（UCLA Health）遭遇大规模的黑客攻击，大约有 450 万份客户医疗数据遭泄露。这些事件的发生，让医疗机构们更加不愿意把数据放到网上或者分享利用，数据的价值难以发挥出来。

区块链是一种解决方案。虽然区块链上的事务记录对所有网络节点公开透明，但这并不意味着数据是不安全的，Factom 的实践已经证明，区块链可以实现建立在数据隐私保护基础上的数据共享和开发利用。在区块链上记录和存储的重要的医疗健康数据，并不只属于哪个中心化的机构，这些数据是被加密的、不可篡改的、匿名的，而且是可编程的。这些特征保证了医疗健康数据的隐私和所有权是受保护的，授权用户可以合法地利用数据，但不能私自占有数据，也不能非法篡改数据，并且健康币（Healthcoin）的模式能够鼓励用户共享数据和使用数据。因此，区块链能够提供一种去中心化的健康数据存储方式，能更好地保护个人隐私，前景十分广阔。

➢ 应用案例 1——Healthbank

位于瑞士的 Healthbank 是一家全球数字健康创新公司，它基于区块链建立了全球健康数据处理平台，其区块链应用让个人与患者自己掌握自己的信息，医生访问、睡眠模式、心率、血糖浓度和其他物联网设备产生的数据都能够被查询到，然后记录在 Healthbank 的区块链上。这是一种新的数据分享方式，从可穿戴设备、医生临床访问生成的患者数据能够掌握在患者手里，这些数据不属于医院、公司以及第三方机构，完全由区块链平台为个人数据的安全提供保障，这将为医疗行业带来巨大的改变。如果需要的话，个人可以通过他们的私钥签名，授权给医生、药店、保险公司或者第三方数据分析机构来访问他们的健康数据。区块链技术还能快速地对医疗信息访问进行验证。德国 Noser 医疗和瑞士 Netcetera 最近已经和 Healthbank 合作发展该公司的健康数据处理平台。

➢ 应用案例 2——飞利浦

医疗行业巨头飞利浦公司在阿姆斯特丹成立了区块链实验室，其与区块链记录保存初创公司 Tierion 合作，为病人提供隐私及敏感数据的区块链解决方案。飞利浦和 Gem 合作开发区块链医疗网络，目的是建立一个支持全球通用的医疗数据基础设施，允许医疗公司参与试行和创建跨行业应用程序，用以解决不同的使用案例。例如基于区块链技术的全球医疗网络为每个病人设置独立的 ID 并与当地医院或医生的医疗记录对接，该网络将降低实习医生犯错的概率，同时还能有效保护病人的隐私。

➢ 应用案例 3——BitHealth

BitHealth 是一个全球健康数字公司，它使用比特币区块链来存储并保证健康数据的安全。数据的隐私、可靠、安全是健康服务最受关注的点。为了存储并在全球范围内传输这些数据，它利用比特币区块链来存储健康数据。因为比特币区块链是一个分布式的网络，即使单个节点的网络出现故障，也不会影响数据的获取。用户可以利用公钥和私钥来给数据加密，并将其保存在区块链中。BitHealth可以保证用户健康数据的隐私、完整和可用，并且可以有效地降低费用。病人可以确保他们的信息安全；医生通过授权后可以获得病人的信息，且可以用比特币支付费用；而保险公司则能从这里获取就诊的历史数据。

在区块链上，个人医疗数据转化为数字健康资产。公共卫生和医疗机构的个人医疗健康数据可以被安全统一地记录、存储和共享，并提供了对个人隐私和数据所有权的保护机制，让跨医疗机构、跨地区乃至跨国家的医疗健康数据的共享和协作成为可能。随着智能硬件的普及，个人健康设备产生的数据能够通过区块链统一存储，将迎来更大规模的个人健康数据库。这些数据可以授权给全球研究者进行数据分析，通过数据挖掘、机器学习分析出数据相关性，这样个人病史、生活习惯、基因组这些分散数据就能够整合成健康大数据流，对健康管理和预防带来巨大的效率提升。

- **区块链在智慧医疗方面的优势：公开透明、方便追溯分享、保护隐私。**

智慧能源

未来的电网将由亿万交互的终端组成，包括微电网、光伏系统、智能设备、分布式计算系统与能源管理软件等。尽管太阳能板可以让能源的生产去中心化，但目前能源配送还是中心化的。面对电网运行环境的不断变化，专家们都在思考如何才能实时地、自动地验证并确保不同节点之间的海量交易[①]。区块链在构建下一代分布式微电网体系中潜力巨大。

一家位于纽约布鲁克林的初创企业 LO3 能源已经启动了区块链在电网的应用试验。创始人劳伦斯·奥尔西尼（Lawrence Orsini）对此雄心勃勃，他说："比特币的影响主要在于金融行业，但是能源领域应用区块链技术的影响将更甚于比特币。"LO3 和 ConsenSys 合作试点一个项目，用区块链技术管理微电网上的交易，项目的名字叫"TransActive Grid"。

TransActive Grid 是构建在以太坊上的智能微电网交易系统，实现点对点的能源交易和控制。它已经建立了双节点的模型，在微电网中收集消费和发电数据，并将其存储到区块链中。TransActive Grid 包括智能仪表硬件层和使用区块链智能合约的软件层，整个平台基于以太坊区块链构建，能够提供一个可审计的、无法篡改的、加密的、自动交易的历史，并自动执行智能合约。参与的家庭都配备了连接到区块链的智能仪器，可以追踪记录家庭使用的电量，并管理与邻居之间的电力交易。

TransActive Grid 的应用场景是在总统大道搭建的。在街道的一边，5 户家庭通过太阳能板发电；而街道另一边的 5 户家庭，可以购买对面家庭多余的电力。而连接这项交易的就是区块链网络，几乎无须人员参与就可以管理记录交易。

TransActive Grid 也是整个布鲁克林微电网的一个组成部分，如果成功了，可以推广到整个微电网。2016 年 4 月，首笔基于以太坊的电力交易完成，布鲁克林的居民埃里克·弗鲁明（Eric Frumin）把自己的太阳能电池板产生的多余的电能直接卖给了他的邻居鲍勃·索切利（Bob Sauchelli）。弗鲁明拥有的每单位能源被计算并记录在以太坊区块链中，然后使用可编程的智能合约指令使这些单位的能源在公开市场上出售。目前，已有 195 单位

---

① *How The Energy Blockchain Will Create A Distributed Grid*, https://www.cryptocoinsnews.com/energy-blockchain-will-create-distributed-grid/

的能源以 0.07 美元 / 单位的价格被出售。如果邻居没有购买这些电能，产生的多余能源就以批发价格卖回电力公司。

通过这一实验，LO3 希望证明：一个本地的智能能源交易系统，要比传统的自上而下的能源配电系统更有效，也更节约成本，区块链对于构建微电网系统的潜力和价值也是巨大的。

Grid Singularity 是一家成立于维也纳的初创公司，它也在探索用区块链技术来实现能源的交易验证。该公司专注于发展中国家，希望使“即付即用”的光伏系统更加可靠，其终极目标是为能源系统创建一个区块链平台，拥有电网上所有类型的交易。

公司的首席执行官和共同创始人艾德·黑塞（Ed Hesse）说：“现在还没有别的可以与其竞争的平台。”同时他也期展望未来会有不同的重合的区块链。

当然，区块链在电网的应用很大程度上还处于理论研究和概念验证阶段，但应用模式的探索更为关键，这些早期的能源和用电设备验证将为未来区块链电网积累更多经验。2016 年 5 月，国内首个能源区块链实验室成立，更多基于区块链的能源应用将被研究和验证。

- **区块链在智慧能源方面的优势：公开透明、方便追溯、智能管理。**

智能物联网

物联网（Internet of Things，IOT）是建立在互联网之上，把所有的事物联系在一起的网络。IOT 中的“Things”是指一切事物，可以是任何一个普通物理对象。

在物联网时代，使用区块链技术可以直接在机器与机器之间进行经济运行，比如说自动售货机和无人送货机，这些机器原来无法处理信任的概念，但是借助区块链技术这一切都可以做到，无人送货机可以准确无误地将包裹递送给收货人，并且确切地知道货款是否已经支付。在去中心化的物联网中，区块链是能够促进交易处理和交互设备之间协作的基础架构。每个区块链管理自己的行为，发挥自身的作用，这样就会形成一个“去中心化的自治物联网”。

➢ 应用案例 1——ADEPT

IBM 和三星为 ADEPT（自动去中心化点对点遥测技术）提出了一个概念验证，使用区块链技术建立了一个分布式设备网络，由 ADEPT 来提供安全且低成本的设备连接方式。根据可行性执行报告显示，家用电器如洗碗机，可以通过执行智能合约来发布命令，要求洗涤剂供应商进行供货。这些合约赋予了设备支付订单的能力，并且还能够接收来自零售商的支付确认消息和发货消息，并以手机铃声提醒的方式通知物主。

➢ 应用案例 2——Filament

Filament 是一个区块链物联网初创公司，它在比特币区块链上快速建立了去中心化的物联网，并建立了每个设备的身份，还创建了一个智能设备目录，推进物联网设备间进行安全沟通、执行智能合约以及发送小额交易等应用。与 ADEPT 类似，Filament 也使用了 Telehash 和 BitTorrent 协议。不同的是，它采用的比特币区块链，包括区块命名和智能合约的协议，通过一个名为 Blockname 的协议，能够创造一个设备的独特标识符，存储在每个设备的嵌入式芯片中，并记录在区块链上。当设备制造出来时，就有一个全球唯一的 IP 地址，其哈希值存储在区块链上。如果设备间需要通信，Blockname 会告诉它们对方的地址。通过 Filament，可以使设备独立处理付款，付款是通过智能合约来执行的。小额交易则通过 penybank 协议来执行。Filament 还开发了两个硬件模块，一个叫 Filament Tap，是一个传感器装置，允许装置与周边 10 英里[①] 以内的电话、平板电脑和计算机进行沟通。另一个叫 Filament Patch，用来延伸该技术的硬件，可以实现硬件项目的定制。针对工业市场，Filament 帮助石油、天然气、制造业和农业通过建立设备之间去中心化的沟通平台，更好地管理设备，帮助采矿作业和农业灌溉提高效率。

➢ **应用案例 3——Tilepay**

Tilepay 公司为物联网行业提供了一个人到机器或者机器到机器的支付解决方案。Tilepay 是一个去中心化的支付系统，它基于比特币的区块链，且能够被下载并安装到一台个人电脑、笔记本、平板电脑或者手机上，所有物联网设备都会有一个独一无二的令牌，并用来通过区块链技术接收支付。Tilepay 还将建立一个物联网数据交易市场，使大家可以购买物联网中各种设备和传感器上的数据。

➢ **应用案例 4——Hellosent**

创业公司 Hellosent 将智能合约和物联网设备用于检测红酒的交付。传感器在运输过程中连续测量红酒的温度和湿度，如果任意一项低于智能合约中记录的约定水平，那么购买订单就会自动取消。

◆ **区块链在智能物联网方面的优势：公开透明、智能管理。**

互联网管理

互联网管理的应用领域非常广泛，包括互联网本身相关领域，例如网络数据信息、通信和社交，还有很多其他领域。区块链由于其分布式和安全保密的特点，可以在很大程度上突破现有互联网技术的限制，提供更好

---

① 1 英里 ≈ 1.61 千米。——编者注

的功能。这里列举几个方面的应用例子。

分布式域名管理

➢ 应用案例——Namecoin（域名币）

Namecoin 是一个基于区块链技术的分布式域名系统，其原理和比特币是一样的。中本聪最早给 Namecoin 起的名字是 BitDNS。

这个开源软件首次发布是在 2011 年 4 月 18 日。Namecoin 试图通过使用类似比特币的区块链来提供名称注册体系。用户可以把它们的称谓与其他信息注册到一个公共数据库中。Namecoin 最大的用途就是用来做 DNS 系统，把一个类似于 bitcoin.bit 这样的域名映射成电脑可以识别的 IP 地址。

在 Namecoin 环境中，如果有人想把一个用户的域名窃为己有，则唯一的做法就是拿到这个用户的私钥。

Namecoin 和其他普通的域名服务商之间是不同的。如果想要访问某一个以 .bit 为后缀的网站，那么必须要运行一个去中心化的 DNS 软件。可以在浏览器中使用 .bit 的代理服务器，也可以使用一些插件（在 Google Chrome 浏览器和火狐浏览器上都有相应的插件）。否则当你试图打开以 .bit 结尾的域名时，浏览器会报错。

互联网身份信息管理

➢ 应用案例——ShoCard

当今社会，有很多时候需要我们去证明自己、证明家人、证明工作、证明房产等。去政府机构进行漫长烦琐的手续证明办理实在让我们头疼不已，不仅如此，有时候我们甚至不知道如何进行证明。

如果利用区块链技术，比如使用分布式智能身份认证系统，一切信息都不可篡改又无误地记录在区块链网络上，既不会让私人信息泄露给不法分子，又能在必要的时候立刻为自己的一切信息做出证明。

无论是 Facebook（脸书）、LinkedIn（领英），还是 Twitter（推特）这样的网站，都会要求用户注册、填写资料、设置交易密码、查询密码。但注册手续烦琐，而且同时也丧失了用户数据的控制权，因为一些私人信息留在网站的信息库里，有可能会被别有所图的人盗取，而用户除了表示不满、生气之外，没有任何有效的手段。

如果像 Facebook 这样的网站愿意接受第三方网站提供的用户信息进行注册和登录，那么用户会很乐意使用第三方网站管理个人信息。

ShoCard 是一款电子身份证 App，通过将用户的个人信息储存在区块链中，在用户需要进行身份验证时进行授权，从而访问已经存在于区块链里的信息，达到身份验证的目的。用户可以操作个人在 ShoCard 内储存的信息，当你创办一个 ShoCard 的时候，只需要扫描你的证件，进行电子签字，然后 ShoCard 将同时生成私有和公有的密钥，记录在你的个人信息中，以供未来使用。ShoCard 目前主要发力于 B2B（企业对企业）模式，通过与更多的机构 / 公司进行合作来获取更多的用户。

◆ 区块链在互联网域名和身份管理方面的优势：安全可靠、方便存取使用、能够很好地改善现有的用户体验。

文件存储

➢ 应用案例 1——Storj

2014 年 4 月，开源、去中心化存储平台 Storj，赢得了美国得克萨斯州比特币会议的黑客马拉松奖，获得了比特天使（BitAngles）基金 25 万美元投资。

云存储的未来是去中心化的。想象一下，你能够通过自动网络出租额外的硬盘空间，并获得数字密码货币的回报。现在我们有能力将 P2P 货币和存储空间、带宽、CPU 算力连接起来，例如 Dropbox 和 Google Drive 这样的云存储服务就可以有自己的专属货币。

不同于其他比特币 2.0 平台，Storj 决定以“小步走”的方式开发其软件。Storj 想先开发小规模的系统，作为原型使用，因此开发了被称为 Metadisk 的拖放文件托管网页应用。需要注意的是，Metadisk 只是 Storj 平台的一部分，团队将会继续开发更多的网页应用，最终形成一个更紧密结合的去中心化存储平台。

➢ 应用案例 2——MaidSafe

MaidSafe 是一个完整的跨平台、去中心化的自治数据及通信网络。在实际应用中，它是一个无须中间服务器和数据中心的网络，完全基于点对点架构。

相对而言，这一网络的用户自身也是网络基础设施的一部分，需要贡献出一部分硬盘空间。这一网络构建了激励机制，当用户贡献硬盘空间时将向他们回馈名为“SafeCoin”的加密数字货币。因此，正如许多人为了获得比特币而挖矿一样，MaidSafe 网络的用户在提供计算资源之后将可以获得 SafeCoin 作为补偿。MaidSafe 也希望，随着网络规模的扩大，SafeCoin 的价值也将水涨船高。

在 MaidSafe 网络中开发应用的成本将低于采用当前的主机模式成本，创建一家创业公司不需要支付任何主机成本。AWS（Amazon Web Service，亚马逊云服务）和 Rackspace（全球三大云计算中心之一）将不再必要。在这样的网络上进行开发无须任何前期费用，MaidSafe 的 API 也是免费的。

MaidSafe 是全球首个自主运行、不需要服务器的网络，并支持自我认证。如果某些节点离线导致数据丢失，那么网络能够重新创建数据。MaidSafe 网络同时也能够抵御病毒，无须服务器，目前没有其他网络能够同时实现自治及无服务器。

➢ 应用案例 3——Sia

Sia 最初的设计目的是：让云存储去中心化。当前，大多数数据由一个中心托管。一个单一企业掌握着所有的数据，而且数据常常是不加密的。而 Sia 准备建立一套完全不同以往的系统来把数据放到云存储中。即提供一个去中心化的、有奖励机制的、拜占庭容错（Byzantine Fault-tolerant）的云存储系统，而这个系统将与类似的中心化系统产生竞争。

使用 Sia 时，数据被存放在多个存储供应者的主机里。Sia 的设置是可以调整的，但系统的标准设置是把一个文件放在 30 个托管主机里。一种称为 Reed-Solomn 代码算法使 Sia 可以把一个文件分成多个部分，并把每个部分分别存于各个托管主机里，这样一来，只要 10 个托管主机就足够恢复一个文件。这个“10 对 30”的方案意味着文件会有三个备份。假设每个托管主机的可靠性是 90%，那么这个文件文本的可靠性将达到 99.999999999%。即使托管主机没有非常好的在线状态，文件也有相当好的在线状态，可以在多个地区间选择托管主机的能力也意味着 Sia 不受地区网络瘫痪的影响。

社交网络

➢ 应用案例 1——GetGems

GetGems 是一款基于比特币区块链的聊天工具。创建 GetGems 账号的同时会采集一些输入信息来生成比特币地址，它内置了比特币钱包，在聊天的同时就可以完成转账。GetGems 会读取设备中的通讯录，安装时需要认证手机号码，是熟人之间加强关系的社交产品。

➢ **应用案例 2——Twister**

Twister 是一个去中心化的社交网络。理论上，没有任何人和机构能够关闭它。而且，在 Twister 上，其他用户不知道你是否在线、你的 IP 地址、你关注了谁，这是为保护用户隐私的刻意设计。用户仍然可以使用 Twister 发布公开信息，但是用户向其他人发送的私人信息被加密保护，该加密方法是 LavaBit 公司常用的加密方法。LavaBit 公司是斯诺登使用的电子邮件服务提供商。

对于一个不受中心机构控制、特别重视安全的新应用来说，Twister 已经做到了非常好的易用性。Twitter 和 Facebook 的其他替代品，例如 Pump.io、Identica 和 Diaspora，需要用户自己运行服务器或者信任某人运行的服务器。Twister 更像点对点文件分享软件：运行 Twister，它就能够连接到其他用户，不需要中心服务器。

Twister 使用了比特币的协议，虽然它内部并没有货币。这一协议用于处理 Twister 用户注册和登录验证问题。就像比特币矿工确认每笔交易，保证没人可以进行“双花”和每个人只能花费自己的币一样，Twister 用户计算机组成的网络用于确认一个用户名不会被注册两次和用户发的微博确实来自该用户。

用户发送的微博使用了 BitTorrent 协议。该协议使系统可以通过网络快速高效地发布大量微博，这使用户可以近乎同步地接收到新的微博和信息——而这一切不需要中心化的服务器。

◆ **区块链在文件存储和社交网络方面的优势：不依赖于中央服务器、公开透明、保护隐私和资讯安全、快速精准传播。**

预测市场

Augur 是在以太坊平台上的去中心化的预测市场平台。利用 Augur，任何人都能对自己感兴趣的主题（比如美国大选谁会获胜）创建一个预测市场，并提供初始流动性，这是一个去中心化的过程。作为回报，该市场的创建者将从市场中获得一半的交易费用。普通用户可以根据自己的信息和判断在 Augur 上预测、买卖事件的股票。

许多因素使得 Augur 不同于传统的预测市场，但重要的区别是，Augur 是全球化和去中心化的。世界各地的任何人都可以使用 Augur，这将为 Augur 带来空前的流动性、交易量和传统的交易所不曾有过的多种视角和话题。

Augur 系统内部采用一种名为 REP（信誉）的代币。REP 可以被视为一种与个人的公、私地址相关的“积分”，像比特币一样可以分割和交易。然而，只有这点属性类似密码学货币。如果说比特币模拟黄金，REP 则是模拟信誉。

Augur 的去中心化还体现在事件结果报告机制上。在传统的中心化预测市场机制下，当事件发生后，由中心化的人或组织确定事件结果。与此不同的是，Augur 采用去中心化的事件结果报告机制，从而引入 REP 代币。当事件发生后，众多 REP 持有者对事件结果进行报告。同时，普通用户无须持有 REP 即可在 Augur 上进行预测、交易。

如果信誉持有者在两个星期的投票期内没有报告指派给他们事件的结果，或者进行不诚实的报告，主成分分析法（PCA）会把懒惰的、不诚实的持有者的信誉重新分配给经常报告和诚实报告的持有者。只有诚实的信誉持有者才能从每一投票过程中获得交易费用。

- **区块链在预测市场方面的优势：不依赖于中央服务器、公开透明、保护隐私和资讯安全、快速精准传播。**

公益事业

“郭美美事件”[①]“万元餐费事件”[②]等突发负面新闻，引发了公众对运作公益事业的红十字会等公益组织的不信任。这种信任危机，影响了公益事业的开展。

区块链具有账本分布不由单一中心控制、交易记录不可篡改的特性，从技术上很好地解决了以往公益组织在资金募集、使用方面的不透明，以及在突发事件发生时带给公众的不信任感。

➢ **应用案例 1——Helperbit**

初创项目 Helperbit 是一个致力于革新传统捐款方式的项目。它认为把捐款者和受助人有效地连接在一起的办法就是把捐款放在区块链这个公开的账本上，所有人都能够看到捐款的流向。以区块链和数字密码货币为基础的 Helperbit 系统，将有可能成为一种对捐款者提供的资金流向进行追踪的快速而先进的方法，改变人们做慈善的方式，为捐款人和机构提供更高水平的信任。

Helperbit 系统基于一个免费增值模式，为捐款者提供两个层面的帮助：第一个层面是一个完全免费的点对点的比特币捐助体系，捐助者可以自愿捐款，捐款的数额不受限制；第二个层面则不是免费的，它可以为捐助者

---

① 郭美美事件：2011 年 6 月 20 日，微博上一个名叫“郭美美 baby”的女孩展示自己的生活照，从中能看到，她开玛莎拉蒂跑车，在别墅开生日宴会，皮包、手机、手表都是昂贵的奢侈品。而她微博认证的身份是“红十字会商业总经理”，正是这一点引发了公众的强烈质疑：一个年仅 20 岁的女孩就当上了总经理，并拥有名包、豪车，财产来源是否和“红十字会”有关？针对公众关注的郭美美“红会炫富”事件，根据警方的调查和郭美美本人的供述，她以及她的资金来源都与中国红十字会毫无关系。

② 万元餐费事件：某网友在其微博上分享了一张图片，文字简单，只写了一句话，“红十字会一顿饭的发票不涉密吧？想转发却被告知已经删除”，其后贴着一张餐饮发票。根据发票显示，收款单位为“上海惠公馆餐饮管理有限公司”，付款单位为“上海市卢湾区红十字会”，消费金额为 9859 元，发票上的时间显示为 2011 年 2 月 28 日。

提供额外的功能。

➢ **应用案例 2——同心互助**

同心互助采用开源的以太坊源代码（进行一定的修改），以部分互助的会员的个人电脑作为验证节点，来对整个互助资金的流向进行记录，从而达到不可篡改交易的目的。

同心互助为区块链技术应用于互助领域提供了一个案例，为社会展示了区块链技术是如何解决信任问题的。那就是用会员自发加入的节点服务器，记录全体会员资金的募集、使用记录。分散的节点服务器，为记录的真实性提供了一定的保障。

但也要看到这个案例存在的不足之处。主要是用会员作为节点服务器，不同于遍布全球的比特币区块链，具有 24 小时不宕机的特点。全部在国内的节点服务器，明显在晚上会员休息时，不可能做到全部会员都运行电脑，继续提供节点运算服务。区块链作为一个前沿的高科技技术，也不可能被社会大众广泛认知，因此节点的分散性无法得到保障，而理论上有限的节点较容易被黑客攻击。

◆ **区块链在公益事业方面的优势：公开透明、方便追溯、智能管理。**

政府管理

通过区块链来做政府事务管理，做各种登记和仲裁审核，通过永久保存在比特币区块链账本中的信息，实现真实、共享和方便的维护。

而常见的投票，因为每一张选票都将被真实地记录在区块链上，不可篡改，真实可信又能实时产生选举结果，无须中心化的人力成本。一些社会问题上的分歧往往造成社会冲突，而区块链技术可以作为一个潜在的解决方案。

➢ **应用案例 1——婚姻登记**

2015 年 10 月，美国发生了第一例用区块链公证的婚姻登记，这对新人名叫大卫（David）和乔伊斯（Joyce），他们选择通过区块链来公证婚姻，他们把结婚记录提交到比特币区块链上，并且把誓言写入文本注释字段，并嵌入了当时价值 200 元的 0.1 比特币的交易中，这条公证就永久地保存在比特币区块链账本中。

爱沙尼亚政府已经同意 BitNation 公司，允许“电子居民”在 Horizon 区块链上公证其婚姻及出生。

➢ **应用案例 2——选举**

在人们做决定的过程中，尤其是在做出一些公共决策的时候，投票仍然是解决问题的常见方法，它为每个人提供平等的机会。尽管世界各国都会使用电子表决系统，但是仍需要花费几个小时来进行人工验证，在美国，投票舞弊也是真实存在的。而选举的整个过程如果使用区块链技术，就能够将舞弊现象降至更低。

目前运用区块链技术选举总统并不是理想中的设想展望，在现实生活中，已经有国家正在积极地实践。据 2015 年 10 月 16 日 CoinDesk 的报道称，秘鲁的一个政党寻求利用区块链技术帮助其进行总统竞选。秘鲁可行党是秘鲁前总统亚历杭德罗·托莱多（Alejandro Toledo）领导的一个政党，当时正在为 2016 年 4 月的大选做准备。希尔莫·雷耶（Hillmer Reyer）是托莱多竞选的政策主任，也是该党的全国委员会委员，他向媒体透露，该党建议使用区块链技术来缓解社会矛盾、打击腐败现象。雷耶指出，一些社会问题上的分歧往往造成社会冲突，而区块链技术可以作为一个潜在的解决方案。

2016 年 2 月，有消息称乌克兰也准备使用区块链选举总统，并为此修改了法律。在乌克兰，接下来一系列的选举都可能会使用以太坊区块链。

这种电子选举系统即使在全球的投票方式中，也算是相当新奇的。乌克兰采取的区块链选举系统采用了智能合约的模式，其中一个重要的原因就是乌克兰有一组需要特别考虑的监管法规。一个彩色币有可能代表不同的投票，这将会让所有的选票被宣布无效。而智能合约能够规避这些问题，其原理是以太坊区块链原生的或是发行的新资产，部署了原生的智能合约，会把乌克兰政治方面的差异性放入账户中。当系统被调用时，可运行任何层级的选举程序，并且提供足够的可扩展性。

2016 年 4 月，美国总统大选也采用了区块链技术，得克萨斯州自由党在三个分开的区块链上大范围地记录选民公投结果，这也是最近把区块链技术融合进投票过程的项目范例。自由党合伙人区块链科技公司（BTC）为此项目创建了 Florincoin 区块链，250 名代表和 100 名自由选民的投票提名会被记录在 Florincoin 上，而且可以看见每一个单独的投票。

初创公司 The Flux 推出的 The Flux Startup 将首次参与到澳大利亚政治中，这款基于区块链的智能手机投票应用，可以改革传统的民主选举过程，可以让议员与选民共享信息，一旦提案内容共享给选民或关注者，他们就有机会发表他们的意见，The Flux 党代表将会根据市民反应进行投票。传统网络架构的主要问题之一就是，它是基于一个中心服务器，你必须相信服务器传达的所有信息，而区块链可以保证投票记录的真实完整，并且无法篡改。

- **区块链在政府管理方面的优势：公开透明、方便追溯、智能管理。**

第七章

挑 战

区块链的发展会受政策的限制，也会受合作伙伴和投资者的影响。本章将带您探讨这些问题，来看这项新兴技术还可能面临哪些挑战。

对传统法律法规的冲击和重构

“代码即法律”

现行的与互联网相关的法律法规需要以 TCP/IP 协议、防火墙技术、域名解析技术、超链接技术、数字签名技术等网络协议为基础，更高级一些的如微信平台、微博平台、淘宝平台的技术也是以各种网络规范为基础。区块链技术同样会对各种网络行为产生深远的影响，并且直接影响相关的法律关系，会涉及法律主体和法律客体，从而促使此前的互联网法律制度进行相应的调整。

即使目前区块链的行业应用并不多，但基于区块链技术巨大的发展前景，和智能合约越来越广泛的应用，也需要对这方面的需求做相应的规划和安排。

区块链具有鲜明的技术特征：去中心化、时间戳、非对称加密等。这些技术特征使区块链技术的应用特点十分显著，让基于区块链系统的网络资产与以往的网络财产（如域名、账号、网络游戏道具等）都不相同，主要表现在：

· 区块链资产并不存在一个中央节点；

· 每一个节点都会存储全部网络的系统信息；

· 在区块链系统中资产的变动可以被跟踪；

· 区块链系统的资产具有更高的安全性。

《经济学人》将区块链描述为“一台创造信任的机器”。区块链技术改变了互联网上一切与信任有关的经济模式，让可信任第三方变得不再重要。在传统网络交易模式里，需要可信任第三方提供担保，可信任第三方至少需要具有以下三个方面的功能：

· 证明交易的物品真实存在；

· 避免多重交易；

· 预防交易纠纷，记录交易历史。

传统互联网上的信任建立有赖于可信任第三方的存在，比如在淘宝上购物，需要使用支付宝作为可信任第三方负责担保并中转资金，在买家收到货物后再将款项从支付宝转移到卖家。

而区块链技术的意义在于区块链资产的网络交易无须支付宝这样的第三方提供信用保证，就可以进行交易，简化了交易信用保证模式，降低了交易成本。区块链技术从根本上改变了中心化的信用创建方式，基于共识的数学算法，在机器之间建立信任网络，从而通过技术背书而非中心化信用机构来创建信用。

通过这种机制，参与方不必知道交易的对手是谁，更不需要借助第三方机构来进行交易背书或者担保验证，而只需要信任共同的算法就可以建立互信，通过算法能使参与者创造信用、产生信任和达成共识。通过区块链技术，交易的合同可以直接嵌入，在一定条件下合同条款被触发而自动执行。

传统互联网交易虽然具有便捷性，但处理后期的交易纠纷时有一个困扰，即取证困难。如在最新的《民事诉讼法》中增添了“电子证据”这一证据类别，但是互联网上“电子证据”的可采性及其认定仍然是审判实践的难点，互联网上的数据信息量大，容易被篡改、伪造，从而导致经过一定技术处理的电子数据出现“失真”的现象。因此新兴的区块链技术的不可篡改特性可以解决“电子证据”面临的困难，司法鉴定机构可以更容易地出具鉴定报告，证明相关交易的真实性，客观反映交易情况，这虽然导致相关司法鉴定的需求增加，也提高了司法诉讼成本，但同时区块链技术也提升了法院判决的合理性、公平性。

网络资产

网络早已成为人们社会生活中不可或缺的一部分，越来越多的财产也从线下转移到线上。我们的电子邮箱、域名、各种网络服务的账号等具有经济性的财产都成为我们日常生活中不可或缺的部分。因为网络上的各种安全风险，导致这些财产存在黑客入侵、盗取、篡改、删除数据的隐患。而关于这些财产的归属权委托，尽管普通用户可能未曾留意过，但绝大多数网络财产的所有权都归网络服务的提供商所拥有，用户只享有使用权。网络服务提供商与用户之间通过用户协议约定了虚拟财产的所有权归属。

传统上，因为网络财产大都存储于网络服务提供商的服务器中，网络服务提供方可以随时进行修改、删除等操作，因此提供网络服务的一方对网络财产具有绝对的掌控权，用户的处置权利有限。而基于区块链技术的网络财产，尽管可以通过应用软件设置各种权限，但还是会被存储在每一个节点中，而这样的存储方式无疑会削弱网络服务提供方对财产的掌控力度，用户对网络财产的掌控会在一定程度上得到加强。网络财产归属的原有平衡可能会被打破，用户权利得到了更好的维护。

可以开发出基于区块链技术的网络财产管理系统。网络服务的提供商通过区块链账号管理系统有能力加强对各类型财产的控制，降低中央服务器被攻击所导致的服务瘫痪、隐私泄露的风险。对于用户来说，区块链技术可以带来更高的安全性，并有效降低网络财产所面临的安全风险，还可以提供一种更加便利的使用权证明，方便各方确定网络财产的权利与义务，避免因为服务协议或内容的变更导致的用户权益受损。同时，这样也会降低针对网络财产的犯罪活动。

智能合约

随着互联网经济的日益活跃，电子合同因为具有便捷、高效的特点开始被广泛使用，如用户在注册网站时所点击同意的“用户协议”、电子商务平台为了交易方便而与供货商利用网络所签订的“供货合同”、互联网金融的有关交易等，都依赖于电子合同。

国务院在 2015 年 5 月制定的《关于大力发展电子商务加快培育经济新动力的意见》中第一次明确提出了“建立电子合同等电子交易凭证的规范管理机制，确保网络交易各方的合法权益”。电子合同因为完全是在网上进行操作，所以保证真实性是重中之重，目前主要是以电子签名的形式进行保证。在常规机制的数据库中，这些交易是由一个单一可信的权威管理机构创建的。相比之下，由区块链驱动的共享数据库中，交易可以由任何一个区块链的用户创建。而且由于这些用户不完全信任对方，数据库必须包含有限制地进行交易的规则。智能合同会消除如律师这样的中间人的存在，当特定的条件获得满足的时候，支付会自动进行。就其本质而言，智能合约以电子的方式很容易执行。

借助区块链技术，电子合同可以具备相较于传统电子签名更高的安全性。更重要的是区块链技术可以让合同文本与合同内容紧密地结合在一起，像网络财产、网络版权作品都可以将合同嵌入其中，让合同内容根据约定的情况自主去履行权利与义务。例如在线影音作品的租赁，如果借助于区块链技术，在影视作品的拷贝中嵌入合同的内容，在视频中嵌入著作权人的信息以及授权用户观看的时间、范围，就能减少抄袭或其他侵权行为的可能，甚至可以设置安装观看的进度来进行自动收费。可以这么说，智能合约其实是一段被存储在一个区块链上的代码，由区块链交易触发。

如果智能合约在履行时出现瑕疵，可能并非是因为履行方没有去履行合同，而是智能合约在研发时存在隐患，导致具有履行合同义务的一方无法履行。这时可能就会需要智能合约的服务方或者开发方就合同不能履行承担相应的法律责任。简而言之，智能合约的运用会重新划分合同参与方的权利、义务，以适应智能合约带来的变革。

隐私保护

根据工业和信息化部在 2013 年制定的《电信和互联网用户个人信息保护规定》，网络个人信息是指用户姓名、出生日期、身份证件号码、住址、电话号码、账号和密码等数据，并且具备能够单独或者与其他信息结合识别用户的信息以及用户使用服务的时间、地点等信息。在传统互联网环境下，个人信息主要包括用户上网所产生的信息，如用户在网络上的言论、Cookie 中的信息、网络账户的账号及密码、实名登记的身份信息等。在使用互联网时，个人数据不可避免地会在网络上传输，而在传输的过程中个人信息就存在被盗用、被传播的可能性，这也让每个网络用户都成为潜在的受害者。个人信息泄露会给信息相关人造成巨大的伤害，使其饱受骚扰之苦。更可怕的是个人信息的泄露往往并不是个案，大范围的个人信息被泄露，通常会伴随着数以万计的个人信息被盗取、非法贩卖，甚至会利用正规的数据交易机构交易盗取的数据。

区块链技术所具有的加密性可以为个人信息的保护提供解决方案。区块链技术可以对个人信息进行分布式保存，避免中心化服务器所面临的信息被盗取的风险。

用户还可以借助区块链加强个人信息的控制。传统上，用户个人信息的收集、挖掘、交易等过程被网络服务提供商牢牢控制，用户难以了解自己的个人数据如何被利用，更难以了解网络服务提供商在利用自己的信息时是否存在违规甚至违法行为，而约束这些网络服务提供商的，只有与用户之间的用户协议而已。基于区块链技术，可以帮助用户加强对个人信息的控制力度。区块链所有的交易信息对于用户可以是公开透明的，让用户有办法跟踪个人信息的使用情况。

我国司法体制非常重视个人隐私保护，《中华人民共和国刑法修正案（九）》在整合原有相关罪行的基础上，重新设置了“侵犯公民个人信息罪”，将公民个人信息的刑事保护向前推进了一步。但我们在日常生活中，感觉到个人信息不断被侵犯，现实和理想差距是如此之大。出现这种现象的根本原因是，在互联网时代个人信息被侵犯的途径非常广，侦破一个侵犯个人信息罪的执法成本非常大，公安机构自然就会选择性执法，选择典型和情节严重的案件。区块链技术使个人信息使用可以被跟踪，无疑会降低公安的执法侦破成本，更好地保护公民个人隐私。

总而言之，区块链技术将会在很大程度上改变司法现状，在降低市场交易成本的同时，虽然增加了诉讼成本，但也改变了交易各方权利与义务的划分，更重要的是，区块链技术使侵犯个人隐私的行为能够被有效地跟踪，从而使我们的个人隐私得到更好的保护。

各国政府所面临的挑战

随着区块链技术的发展，各国政府对这一技术的发展前景思路也逐渐清晰，对于本国的金融乃至其他事业的发展，无疑可以提供巨大的助力。然而，区块链技术接二连三地被犯罪分子利用，市场又开始野蛮生长，这都不是政府想看到的事情。所以，政府必须把它拉回到可以掌控的地步，必须对这项新技术的发展实施监管，必须给区块链戴上一个“可以施咒的金箍”。

美　国

比特币诞生以后，使用人群以及使用范围逐步扩大，美国政府逐步承认了它的合法地位。然而比特币却每每同犯罪联系在一起，使人们不得不对比特币乃至电子货币等新兴技术产生疑虑，于是越来越紧的监管接踵而至。政府认识到了电子货币、区块链技术发展的潜力，一方面，加强制度建设，构建监管体系；另一方面，同企业紧密合作，在防止犯罪和维护国土安全的基础之上，谋求多方面的研究和探索。

➢ 首次定义比特币为货币

2013 年，美国证券交易委员会控告了一个名叫特雷顿·沙弗尔（Tredon Shavers）的得克萨斯州人，称其运营的“比特币储蓄和信托”（Bitcoin Savings and Trust，BTCST）涉嫌销售未经注册的有价证券。2011~2012 年，BTCST 通过承诺过高的利率和模糊描述交易方式获得了超过 70 万个比特币，涉案金额高达惊人的 2.43 亿美元。

沙弗尔被以有价证券诈骗罪（securities fraud）和电信诈骗罪（wire fraud）的罪名起诉，在法庭上他还辩称其所有交易均是基于比特币，实际上没有任何金钱经手，投资 BTCST 的不是真正的证券。然而此案的主审法官却认为："比特币可以兑换为传统货币，因此比特币是一种货币或者货币的形式。"这也是美国官方机构首次认为比特币是一种货币。

➢ **参议院听证会承认比特币的合法性**

2013 年 11 月 18 日，美国参议院、国土安全及政府事务委员会召开了有关比特币的听证会。会议总结了比特币的优势和弊端，并向外界传递了一个信息——虽然比特币总是被用于洗钱和其他非法活动，但比特币本身是一项合法的金融服务，能给金融系统带来好处。

这是美国政府首次公开承认比特币的合法性，同时也意味着这种数字密码货币朝主流方向迈进了一大步。官方的表态助推比特币创下历史新高，11 月 19 日就攀升至 900 美元，而会议前一周的 11 月 11 日，其价格仅为 320 美元。

➢ **开始对比特币交易活动征税**

2014 年 3 月 26 日，美国国家税务局（IRS）发出通知，称要开始对比特币的交易活动征税。它将比特币称为一种财产，而不是一种货币。

IRS 在通知中明确表示，与比特币相关的交易活动的交易额若突破 600 美元，便应该根据财产交易的相关规定来缴纳税金。这包括用比特币购买其他商品，通过对其投资获得的收益以及通过电脑开采比特币（即"挖矿"）所得。用比特币支付的薪水和报酬也在纳税范围之内。使用数字密码货币支付将与其他财产支付手段一样进行必要的记录和登记。

IRS 表示，比特币的"公平市价"应该按照人们得到它的那一刻计算，但这不是一件容易的事情，因为它的价格时刻都在变化。IRS 表示纳税者在纳税时可以按照在线交易所的价格计算。

在越来越广泛的应用面前，美国当局开始严肃地对待比特币。

➢ **发布数字密码货币公司监管框架 BitLicense**

2015 年 6 月 4 日，在经过了两年的调查及争论之后，纽约金融服务部门（NYDFS）终于发布了最终版本的数字密码货币公司监管框架 BitLicense。纽约金融服务部门主管本杰明・劳斯基（Benjamin Lawsky）阐明说，该法规的出台意味着，该机构不再需要为每一个企业的软件更新或者风险投资进行审批。企业可以“一站式”提交 BitLicense 以及货币汇兑许可证的申请。劳斯基表示，数字密码货币具有帮助金融服务部门驱动僵化支付系统的潜力。他们只是希望在保护消费者和根除非法活动的同时，不会扼杀创新。

在 2015 年 2 月发布的修订版 BitLicense 中，数字密码货币社区提出的若干建议得到了纽约金融服务部门的认可，包括豁免了从事开源协议开发、小额支付，以及两年安全期阶段内的创业公司。劳斯基强调，该法案只适用于“金融中介”公司，而非软件提供商。

然而人们在对 BitLicense 的评价上却出现了争议：既有人极力赞扬 BitLicense，称其为监管史上的里程碑；也有人认为这一监管框架还不够好。虽然 BitLicense 成功地使数字密码货币行业“合法化”了，但是这一行业的参与者并不认为只要规范数字密码货币行业就可以了。换句话说，他们认为不能用规范现有科学技术的方法来规范数字密码货币行业，因为这一行业有其特殊情况，否则就会阻碍这一行业的创新。BitLicense 过于针对特定的技术，这意味着区块链初创公司面临的门槛比那些传统的金融服务公司更高，所承担的费用也更高。BitLicense 仍处在初期阶段的区块链生态被强加了很多的限制，阻碍了数字密码货币和区块链技术的创新。因为 BitLicense 的相关公司可能会违反隐私规则，增加数据和存储用户信息的泄露风险。

波士顿比特币创业公司 Circle 从纽约州监管机构那里拿到了第一张数字密码货币许可证 BitLicense，这意味着该公司可以在纽约州持证提供数字密码货币服务。

➢ **定义比特币为大宗商品，开始强化监管**

2015 年 9 月，美国商品期货交易委员会（CFTC）发布文件，首次把比特币和其他数字密码货币合理定义为大宗商品，与原油或小麦的归类一样。这意味着比特币期货和期权要符合 CFTC 的规定并接受监管，交易行为需要遵守所有大宗商品衍生品市场规则。如果发生期货市场操纵等不正当行为,CFTC 将能够对此行为进行惩罚。美国商品期货交易委员会解释说，在该文件中，CFTC 首次把比特币和其他数字密码货币合理地定义为大宗商品。纽约法学院教授休曼・萨达伯（Houman Shadab）称，这个文件打消了把数字密码货币归为证券的想法，否则这份文件就应该由 SEC 提出。

长期以来，投资者都在讨论比特币能否被定义为大宗商品，CFTC 也同样在考虑这种数字密码货币是否归自己监管。2014 年，CFTC 主席就告诉美国参议院委员会要监管比特币衍生品。

在这种情况下如果想运营一个比特币衍生品交易平台，那么企业需要进行登记，就像 CME 集团（芝加哥商品交易所）做的那样。美国监管机构命令 Coinflip 和其首席执行官弗朗西斯科・莱尔顿（Francisco Riordan）关闭未登记的比特币期权交易平台 Derivabit，原因是它不符合商品交易法案和其他规定。这家交易平台提供“管理比特币波动的金融衍生品”。CFTC 执行主管伊坦・吉尔曼（Aitan Goelman）还称，虽然比特币和其他数字密码货币交易相比较为活跃，但是创新不能是借口，它们同样要遵守所有大宗商品衍生品市场的规则。

同样是在 9 月，CFTC 对名为 TerraExchange 的一家比特币掉期交易平台进行处罚。CFTC 指控该平台为非法洗钱提供便利，并且通过新闻稿和政府赞助的公开会议误导监管者。TerraExchange 设计了这样一种比特币掉期产品销售过程：价格根据 2014 年 10 月的比特币币值制定。只有两个买家获准从事该产品的交易，他们均购买相同规模和数量的掉期产品。CFTC 认为，这相当于通过非法手段进行洗钱交易，抵销了彼此的头寸。TerraExchange 之后参加了 CFTC 顾问委员会会议，宣称这一交易是市场正常的买卖兴趣所致，并未经过事先安排。

➢ **奥巴马政府参与区块链联盟**

2015 年 10 月，奥巴马政府已经和私人公司结成伙伴关系，目标是针对数字密码货币和比特币培训执法机构，对抗将数字密码货币用于非法用途。这个被称为“区块链联盟”的伙伴关系，其目标包括教育调查员如何使用数字密码货币及其在技术上如何运作，并增强数字密码货币的信誉。

这个联盟的名字来源于该技术的名字“区块链”。支持者认为，比特币用一种去中心化的方式来为用户在交易的时候提供一定程度的隐私，这是一种已经获得监管部门和企业批准，且快速便捷的支付系统。纽约州监管机构也批准了第一个获得经营数字密码货币许可证的企业，而在线零售商 Overstock.com 于 2015 年已经在其位于盐湖城的总部安装了第一台比特币 ATM 机。

但比特币的声誉依旧被犯罪行为困扰，它经常被用于庞氏骗局，并且是互联网最大的地下黑市“丝绸之路”的主要应用，“丝绸之路”的创始人已经被判处终身监禁。

杰里·布里托（Jerry Brito）是 Coin Center 的执行董事，Coin Center 是一家参与联盟的比特币维权机构。布里托表示，越多的执法机构明白该项技术是如何工作的，那么他们就越能理解自己可以要求什么，以及应该如何寻求帮助。他说数字密码货币目前在公众的印象，很容易让人想起互联网初期的时候，很多人都将互联网视为违法犯罪活动的中枢。正如公众对该行业的印象已经随着时间而改变，所以他相信公众也会改变对比特币的看法。联盟需要做的是让公众明白，不应该因为犯罪分子使用比特币就认为比特币不好，而要做到这点就要把公众注意力拉回到数字密码货币的合法用途上。

➢ **因违反监管法规，对 Ripple Labs 进行处罚**

2015 年 5 月，美国金融犯罪执法网络（FinCEN）以“故意违反”银行保密法[①]对 Ripple Labs 及其子公司 XRP II 处以罚款 70 万美元的处罚。

Ripple Labs 在没有注册 FinCEN 货币服务业务（MSB）的情况下出售其 Ripple 网络的代币 XRP（Ripple 币[②]），此外，该公司也未能实施适当的反洗钱程序，而 Ripple Labs 的子公司 XRP II，在没有一个有效的反洗钱程序下非法经营了货币服务业务，并且涉嫌漏报多次可疑的金融交易活动。

Ripple Labs 及其子公司 XRP II 已同意支付 45 万美元解决与调查有关的刑事指控，这些资金已被记入执法网所施加的罚款中。

执法网主任喀维里（Jennifer Shasky Calvery）在声明中表示，该事件对于所有促进数字密码货币交易的美国公司而言，应当作为一个提醒，公司在推广其产品时必须符合反洗钱法律。

喀维里继续说道：“创新是值得称赞的，但将我们的金融体系暴露给高科技智能犯罪分子是不合理的，他们往往会热衷于滥用最新、最复杂的产品。”

据称，Ripple Labs 和它的子公司已同意了一些协议，包括注册货币服务业务及实施和维护有效的反洗钱义务，以符合执法网和美国联邦检察官

---

① 银行保密法（Bank Secrecy Act，BSA），也称为货币和对外交易报告法（Currency and Foreign Transactions Reporting Act），它是美国国会在 1970 年通过的法案，该法案要求在发生洗钱和诈骗案时，美国金融机构要与美国政府合作。

② Ripple 币是市值排名第二的虚拟货币，仅低于比特币。

办公室的规定。

值得注意的是，根据协议，Ripple Labs 还将改进其 Ripple 协议，适当地监控所有未来的交易，此外该公司还同意了一年两次的合规性审计，时间一直到 2020 年。

➢ **美国联邦证券法监管机构对比特币或区块链技术发表意见**

2015 年 11 月，美国证券交易委员会委员卡拉·斯坦（Kara Stein）针对围绕区块链技术和分布式总账技术的炒作发出了警告。她指出，区块链技术近来受到越来越多的关注。此外，她还提到区块链技术与比特币之间的关系，并列举了一系列目前正在探索的区块链技术应用，包括清算和结算，支付处理以及借贷交易。可以设想证券借贷、回购和融资融券都是通过透明和公开的区块链来追踪交易。公共账本可能某一天会为政府监管者服务，能够让他们更好地监控金融市场中的“系统风险”。

斯坦承认，虽然这些应用可能会增加金融系统中的信任，但她同时也提醒，这些想法目前仍然处于“起步阶段”。此外，她相信这项技术也将受到监管机构、学术界以及资本市场参与者的持续评估。而美国监管机构应紧密关注这项技术的发展，因为如果市场开始向区块链技术移动，监管机构需要处在一个引导的位置，利用它的优点快速应对其潜在的缺点。

这是美国联邦证券监管机构首次对比特币或区块链技术发表意见。迄今为止，SEC 参与的该行业活动，主要是针对倒闭创业公司的执法行动，例如 GAW Miners 以及 Sand Hill 交易所等。

欧元区

欧元区各国政府和金融业界认识到了以比特币为首的电子货币可能带来的影响，开始积极地谋求对策。恐怖主义袭击也加快了欧洲对电子货币进行监管的进度。欧元区的监管同美国的相比，有殊途同归之感。

➢ **数字货币监管听证会**

2016 年 1 月，欧洲议会委员会在布鲁塞尔召开了一场数字货币听证会，对监管数字货币的可能性进行了讨论。欧洲经济和货币事务委员会（Committee on Economic and Money Affairs）主持召开的听证会是随后发表数字货币报告的准备步骤。会议的议题包括：公共交易数字货币带来的风险和挑战，数字货币的基础——区块链和分布式总账技术对社会的影响。听证会的参加成员包括欧洲议会代表、经济合作与发展组织（OECD）代表、学术代表、私人领域的利益相关者。

在开幕式致辞中，德国欧洲议会会员（Member of the European Parliament，MEP）和经济和货币事务委员会委员雅各布（Jakob Von Weiz Sackerm）重申了会议的目的以及本次会议所作决议的重大潜在影响，促使政府对恐怖主义融资的打击力度越来越大。雅各布表示，经过巴黎恐怖袭击之后，欧洲考虑是否需要对数字货币进行监管。过去就已经考虑过这个问题，但是在法国恐怖袭击之后，更需要研究可供选择的方法。但他同时也指出，区块链技术正在发展的过程中，不应被过度监管，因为新技术有很多潜在的优势。监管顾问兼电子货币联盟 CEO 萨布里（Thaer Sabri）建议实行宽松的监管。

➢ **区块链将颠覆支付格局**

2016 年 1 月，欧洲央行（European Central Bank，ECB）执行董事会董事默施（Yves Mersch）在巴黎的一次法国银行会议中提出诸如区块链的新兴支付技术很有可能会破坏基于银行卡的支付系统。他演讲的题目是《欧洲的卡支付——最新的趋势和挑战》。

当讨论到包括分布式总账技术等新兴支付技术的兴起时，这位银行家预测，未来几年，新技术可能会对支付行为、卡的使用以及其他的传统支付工具产生影响。创新的卡支付服务取代了现金服务，它进一步增加了卡支付的使用潜力。但他警告卡支付行业将会受到来自创新支付服务的强烈挑战，后者的支付工具基础为非卡支付模式。

他预测分布式总账技术可能会对“整个金融生态系统产生深刻的影响”，同时颠覆“传统的”支付工具、支付服务和支付处理行业。消费者和企业有更多的选择是件好事，他认同新的支付方式安全、高效，而且所有的服务提供者都“遵循同样的规则”。

但是按照这位欧洲央行董事的看法，只要实现即时支付系统，“并通过标准化、互操作性强和合适的安全措施”建立起一个“和谐的具有竞争力和创新的欧洲卡支付领域”，那么在欧盟区域内，卡支付交易还有“巨大”的增长空间。不过他提醒银行业，上述创新式支付服务将会对卡支付行业带来挑战。竞争者将会来自基于 SEPA（单一欧元支付区）的信用转账即时支付服务、来自电子商务领域的卡支付服务，以及来自分布式总账技术。

➢ **欧洲数字货币监管草案**

2016 年 2 月，欧洲议会发布了数字货币监管草案，该草案由雅各布撰写。他建议成立专案小组，从事数字货币研究，以及为欧盟和成员国提供咨询服务。

欧洲委员会及其执行机构正在讨论这个提案。同时，欧洲理事会也在考虑数字货币监管方案。在 1 月下旬的听证会上，议会成员们在恐怖主义融资和洗钱框架下讨论了比特币和区块链技术。

尽管呼吁加强对数字货币活动监管，该提案认为，这项技术有推动经济发展和提高消费者利益的潜能。欧洲议会呼吁制定适当的监管条例，防止把技术创新扼杀在摇篮里，同时严肃对待数字货币和分布式总账技术潜在的政策风险。该提案力求获得对“迅速有力的监管措施”提议的认可，并能适时地阻止潜在风险的扩大。

➢ 欧洲央行报告

2016 年 2 月，欧洲央行在一份名为《欧元体系的愿景：欧洲金融市场基础设施的未来》的咨询报告中公开宣布，正在探索如何将区块链技术为己所用，其中谈到如何将区块链技术用于该地区的证券和支付结算系统。

欧洲央行负责欧元区的金融及货币政策，是为了适应欧元发行流通而设立的金融机构，同时也是欧洲经济一体化的产物。欧洲央行具有法人资格，可在各成员国以独立法人的资格处理其动产和不动产，并参与有关的法律事务活动。

➢ 新提议可重塑欧洲数字货币政策

2016 年 2 月，欧洲委员会（EC）宣布了欧洲反洗钱和反恐怖金融监管规划（反洗钱第四政令或 4AMLD），该规划主要针对数字货币交易和可能的虚拟钱包供应商，属于欧盟委员会打击恐怖主义融资多项措施中的一部分。

欧洲机构曾多次公开表示，要将数字货币纳入反洗钱 / 打击恐怖主义融资（AML/CTF）的监管中。欧洲银行业监管局早在 2014 年就发表过这样的言论，其他机构则在 2015 年 2 月和 11 月巴黎恐怖袭击发生后做出过同样的表态。似乎发生在巴黎的恐怖主义袭击事件才最终促使了欧洲委员会采取监管措施。

欧盟委员会宣布将考虑使用支付服务指令的执照颁发和监督规章（PSD，2015 年已经实行了新版本 2PSD）来监管数字货币交易，以“更好地理解和控制市场”。

PSD 是欧盟单一支付市场的奠基石之一。该规章为支付服务建立了规则，并包含支付服务的目录。提供支付服务的公司必须满足众多监管要求，包括执照颁发的监督规则，欧盟委员会打算将后者用于监管数字货币交易。

这种方案似乎比较合乎情理。很明显，欧盟中有两个法案非常适合监管数字货币：PSD 和另外一个相关指令——E-Money 指令（EMD）。目前欧洲正在制定新的“3EMD”，很有可能会对这部指令进行一些修改。

真正重要的问题是，目前的 PSD 监管方法是如何操作的。

PSD 的一项关键部分是对“资金”的定义，目前已经将现金、银行活期存款和（受 EMD 监管的）电子货币纳入“资金”定义之中。数字货币不属于上述任何一项归类之中，欧洲央行和其他机构已经确认了此观点。

由于目前欧盟委员会的方案非常宽泛，所以很难对该方案做出评估，但是欧盟很有可能在欧盟支付服务监管中，准许数字货币进入。之后可能会涌现出许多提议，从谨慎克制的提议到全面概括的监管提议。

英　国

英国是世界的金融中心之一，而诸多的政策都是为了维护和巩固这一地位，对数字货币的政策也不例外。

➢ 初谈监管

2013 年 9 月 4 日在唐宁街 10 号召开了讨论监管比特币公司方案的会议。这次由第十政策组主办的金融创新峰会，出席的有：来自众筹公司的支付服务行业、财政部、金融市场行为管理局（FCA）、第十政策组、创新和技能部，还有一些规模较小的银行。FCA 正在积极地了解数字货币并研究如何对它进行监管。然而会议并没有对如何采取措施设定一个框架。

FCA 发言人表示，需要综合各方面的考虑，虽然 FCA 并没有监管比特币，包括提供和比特币相关的商业模式，或者其他数字货币等，但应该考虑它们是否正处于被监管的范围之内。正如大家所期盼的，FCA 正在密切关注这个市场中的新进展。

目前面临的一个主要问题是，不仅是数字货币企业，所有金融服务公司都很难找到合作的银行。监管机构目前的观点是，这都取决于银行——它们有权利基于商业考虑做出不与公司合作的决定。但是，参与的公司都认为让银行做出这些“基于商业考虑”的决定，就是因为它们被施加了监管框架，这个框架应该被改变了。

英国比特币基金分会目前已经到位，会根据比特币基金会的主要目标，专注于保护、促进和规范化在英国的比特币活动，也会代表比特币企业和用户来面对监管者和政府。目前正在等待比特币基金分会说明在它们之间应该如何开展工作。

➢ 放弃征税

2014 年 3 月，英国税务局表示准备放弃对比特币交易征税的计划。英国税务海关总署（HM Revenue & Customs）表示，它不会对相关交易征收 20% 的增值税（VAT）。此前创业家抱怨称，增值税使他们的业务在全球缺乏竞争力。英国税务海关总署进一步表示，也不会对他们的保证金征收该税。这一裁定回避了是否把比特币界定为一种货币的问题，但实际上是把它当作一种货币。裁定的依据是欧盟有关“可转让票据”的支付和转让免予征税的法律。

2015 年最重要的司法监管制定来自英国。在回答征求意见时，英国财政部在 2015 年 3 月宣布，计划要求英国的数字货币交易所和其他受监管的金融中介机构一样，开始实施反洗钱标准。然而，这一更严格的要求（如最低资本要求等）仅适用于某些提供保管业务的金融服务公司，并且也是一个可选项。托管人将不会被法律强制要求满足这些条件，但是那些能做的将会获得一个类似于鼓舞信心的“审核印章”，由英国标准协会（British Standards Institute）进行颁发。

➢ 英国政府报告

2016 年 1 月 19 日，英国政府发布了一份关于区块链技术的重要报告——《分布式总账技术：超越区块链》。报告指出，英国联合政府和政府首席科学家马克·沃尔波特（Mark Walport）将会投资区块链技术来分析区块链应用于传统金融行业的潜力。

该报告认为，去中心化账本技术在改变公共和私人服务方面有巨大的潜力。它将重新定义政府和公民之间的数据共享、透明度和信任，将会主导政府数字改造规划方案。任何新技术肯定都会带来挑战，但是如果能够很好地处理领导、协作和治理的关系，分布式总账能为英国带来很多好处。

除了创建一个基于区块链的公共平台来为全民和社会提供服务外，英国政府还计划开发一个能够在政府和公共机构之间使用的应用系统。沃尔波特和他的研究小组，将会协作将分布式总账技术集成到政府管理中，保证政府的隐私和安全。

不过，英国政府正在限制试图建立的分布式总账系统，并将会在区块链网络中实施自己的规则。英国政府强调，使用数字方式来保护区块链网络的思想是一种“误解”，政府参与数字货币和区块链网络的立法是非常重要的。

➢ **英国政府的新蓝图**

主管金融市场与行业的英国央行副行长米南克·沙菲克（Minouche Shafik），在 2016 年 1 月有关支付行业的演讲中表示，近年来支付方式已经发生了巨大的变化，这些变化主要由新进入的支付供应商数量激增与对支付基础设施的需求变化两个因素所驱动。她指出，移动支付方式的可选范围将持续增加，分布式总账技术实现了支付验证的去中心化。在她看来，成立于 2015 年的支付系统监管部（PSR）对于支付行业的监管正在从有针对性的干预措施向更加动态关注竞争和创新的方向转变。

英镑结算的未来与每个英国人都息息相关。实体经济中的绝大多数支付——从工资到发票，从购买汽车到售卖咖啡，从养老金到投资——最终都要依靠已经 20 岁的银行实时全额结算系统（Real-Time Gross Settlement，RTGS）服务来解决。根据银行业数据，RTGS 的每日结算规模为 5000 亿英镑，几乎是英国每年国内生产总值的 1/3。“所以毫不夸张地说，RTGS 是英国支付系统的核心。”

2014 年 10 月 20 日，RTGS 崩溃，中断服务达 9 个小时，数百亿美元的支付交易被推迟。银行需要额外 4 个小时来应付所有未完成的交易。2015 年 3 月 25 日，英国央行公布了德勤有关 2014 年 10 月 20 日 RTGS 中断服务 9 个小时问题的独立审查结果。银行接受了所有的审查建议，并表示将进一步考虑该系统的应急方案以及未来的发展。

考虑到 RTGS 的重要性，沙菲克指出，在追求金融稳定的过程中，系统的修复能力再怎么强调都不为过。人们付款和收款能力的持续性破坏将对英国经济造成巨大的损害，因此，英国央行正在寻求支付系统的创新支持。

沙菲克提出了英国支付系统新蓝图需要解决的四个首要问题：第一，英国央行涉及央行货币结算中的政策目标；第二，英国高性能的支付系统的具体功能；第三，支付系统的具体参与者与参与方式；第四，英国央行在支付系统服务中的作用。

沙菲克强调，当央行对于未来 10 年或者更长时间的支付系统进行投资决策时，应要求其能够应对用户需求的变化，需要有一定的“选择权”，其能够使我们应对世界的不同状态。

英国央行表示，其将设计一个有关英镑结算系统的新蓝图来适应未来需求。在进行小规模的专业咨询之前，英国央行将在前期进行涵盖各方的更广泛的讨论。而且在 2016 年底，将对有关高性能英镑结算系统的新蓝图达成一致，2017 年也将提出技术进步的新蓝图方案。

创新和稳定能够携手前行。英国央行面临的挑战将是寻求重新设计

RTGS 的最优路径,该路径能够在实现系统弹性提升的同时,促进技术创新。期盼分布式总账技术的创新，能够解决银行业结算业务形态的基本问题。

➢ **发行数字货币**

2016 年 1 月 2 日,英国央行总出纳维多利亚·克莱兰（Victoria Cleland）对 BBC（英国广播公司）表示,英国央行正在研究是否应当发行数字货币。克莱兰说，央行正在考虑是否使用数字货币，同时为人们带来与纸币同样的安全和保障，但研究工作正处于相当初级的阶段。克莱兰还补充说，公众对现金有非常旺盛的需求。英国零售商协会过去进行的研究显示，使用现金的成本很低，因此零售商在考虑消费者的需求之外，也会考虑成本的问题，部分零售商会非常青睐现金。

2016 年 3 月，英国央行与伦敦大学学院的研究员合作，开发央行控制的数字货币——RSCoin。最新的 RSCoin 用密码学技术打击造假。与比特币底层区块链技术不同的是，RSCoin 由中央机构控制。英国央行宣布发布数字货币 RSCoin 代码并进行测试。

2015 年的一份文件显示，伦敦大学研究员沙拉·米克尔约翰（Sarah Meiklejohn）和乔治·达纳齐（George Danezis）预测，RSCoin 的货币政策会由央行控制。该技术将依赖于一系列权威机构，如商业银行防止货币重复消费。央行完全控制货币供应，同时依赖于一些机构来防止货币重复消费。不过，尽管 RSCoin 的货币政策由中央监控，其仍然有很高的透明度和可审计性。

开发 RSCoin 的目的，不仅是寻求受央行控制的可扩展数字货币，也是给更多的央行提供数字货币部署的框架。比特币及其他现有数字货币的缺点是缺乏扩展性，研究员认为这是个亟待解决的问题。比特币每秒最多处理 7 次交易，并且面临“提高速度的巨大挑战”，因为无法达到计算机算力要求。

2016年4月，英国内阁大臣马特·汉考克（Matt Hancock）说，政府在研究区块链技术管理和追踪公共资金的途径，例如学生贷款和补助等，认为区块链可以“培养新的信任文化”。他认为政府不能逃避现实并忽略新兴科技的发展，过去政府也曾这样对待互联网，这次我们不能让这种事情再次发生。

英国政府IT系统曾经出现过漏洞，影响了护照机构、税收信用体系，并且最重要的是2011年英国国民健康服务体系（National Health Service，NHS）曾被迫宣布放弃几十亿英镑的病历电脑化存储项目。同时汉考克也警告不能陷入区块链炒作的陷阱，他认同区块链不能解决所有问题，也并不适合所有应用场景。

中　国

➢ 首谈比特币

2013年11月，中国人民银行副行长易纲在某论坛上首谈比特币。易纲表示，从人民银行的角度出发，近期不可能承认比特币的合法性。但他同时认为，比特币交易作为一种互联网上的买卖行为，普通民众拥有参与的自由。此外，易纲还指出比特币“很有特点”，具有“启发性”，个人会保持长期关注。有经验的观察家则总结认为这是一个积极的信号，因为易副行长的话中暗示出中国政府不会将比特币判定为非法。此外，易副行长也承认购买和出售比特币是公民的权利。

2013年11月19日，《人民日报》发文《比特币虽火，冲击力有限》，对当时比特币的火热现象进行了评论，分析人士认为这在一定程度上反映了中国官方对比特币耐人寻味的态度。

比特币虽是迄今为止最为高级的形态，但正如美国一名联邦法官所表达的，比特币只是“一种货币或者一种形式的资金”，目前其金融属性或许要高过货币属性，因此对于整个货币体系的冲击还十分有限……以现代货币的标准来看，比特币尚未充分满足货币的定义，数字货币的出现，是一种草根服务创新，适应了互联网时代的货币需求。不过，如果数字货币规模达到一定程度，并积累了系统性风险，那么自然会受到监管部门的关注。

➢ **五部委通知防范比特币风险**

2013 年 12 月 5 日，中国人民银行、工业和信息化部、中国银行业监督管理委员会、中国证券监督管理委员会、中国保险监督管理委员会印发了《中国人民银行、工业和信息化部、中国银行业监督管理委员会、中国证券监督管理委员会、中国保险监督管理委员会关于防范比特币风险的通知》(以下简称《通知》)。

中国人民银行并非世界上第一个注意到比特币的政府监管机构，却是第一个以发公文的形式对比特币的发展提出规范的机构。《通知》发出后，各大交易网站上的比特币交易价格瞬间跳水：Mt.Gox 价格从当日最高 1240 美元跌至最低 870 美元；BTCC 价格从当日最高 7050 元跌至最低 4521 元。不过随后两大交易网站的价格都有所回升，分别为 1080 美元和 6106 元。

➢ **数字货币研讨会**

2016 年 1 月 20 日，中国人民银行数字货币研讨会在北京召开。来自人民银行、花旗银行和德勤公司的数字货币研究专家分别就数字货币发行的总体框架、货币演进中的国家数字货币和国家发行的加密电子货币等专题进行了研讨和交流。

会议强调，在中国当前的经济新常态下，探索央行发行数字货币具有积极的现实意义和深远的历史意义。发行数字货币可以降低传统支付发行、流通的高昂成本，提升经济交易活动的便利性和透明度，减少洗钱、逃漏税等违法犯罪行为，提升央行对货币供给和货币流通的控制力，更好地支持经济和社会发展，助力普惠金融的全面实现。未来，数字货币发行、流通体系的建立还有助于我国建设全新的金融基础设施，进一步完善我国支付体系，提升清算效率，推动经济体制增效升级。

中国人民银行数字货币研究团队将会积极吸收国内外数字货币研究的重要成果和实践经验，在前期工作的基础上继续推进，建立更为有效的组织保障机制，进一步明确央行发行数字货币的战略目标，做好关键技术的公关，研究数字货币的多场景应用，争取早日推出央行发行的数字货币。数字货币的设计应立足于经济、便民和安全原则，切实保证数字货币应用的低成本、广覆盖，实现数字货币与其他支付工具的无缝衔接，提升数字货币的适应性和生命力。

中国人民银行在推进数字货币研究工作中，与有关国际机构、互联网企业建立了沟通联系，与国内外有关金融机构、传统卡基支付机构进行了广泛探讨。参与研究的国内外人士高度重视此项工作，并就相关的理论研究、实践探索及发展路径与人民银行系统的专家进行了深入交流。

➢ 再谈数字货币，考虑区块链技术

2016 年 2 月，中国人民银行行长周小川在接受媒体采访时畅谈了数字货币的未来。周小川表示，从历史发展的趋势来看，货币从来都是伴随着技术的进步、经济活动的发展而演化的。从最早期的实物货币、商品货币到后来的信用货币，都是适应人类商业社会发展的自然选择。作为上一代的货币，纸币技术含量低，从安全、成本等角度来看，被新技术、新产品取代是大势所趋。

周小川还介绍说，数字货币作为法定货币必须由央行来发行。数字货币的发行、流通和交易，都应当遵循传统货币与数字货币一体化的思路，实施同样原则的管理。发行数字货币的目的主要是替代实物现金，降低传统纸币发行、流通的成本，提高便利性。

央行将运用包括密码算法在内的多种信息技术手段，保障数字货币的不可伪造性。未来技术也会有升级换代，央行会提前将技术升级考虑在内，从最初就引入长期演进的发展理念。会采用一系列的技术手段、机制设计和法律法规，来确保数字货币运行体系的安全，这一开始就与比特币的设计思想有所区别。

周小川的讲话还传递出一个明确的信号：推进数字货币没有时间表。中国人口多、体量大，比如换一版人民币，小的国家几个月就可以完成，中国则需要约 10 年。所以数字货币和现金在相当长时间内都会是并行、逐步替代的关系。

周小川介绍说，数字货币的技术路线可分为基于账户和不基于账户两种，也可分层并用或设法共存。区块链技术是一项可选的技术，其特点是分布式簿记、不基于账户而且无法篡改。如果数字货币重点强调保护个人隐私，可选用区块链技术，中国人民银行部署了重要力量研究探讨区块链应用技术，但截至目前区块链占用资源还是太多，不管是计算资源还是存储资源，应对不了现在的交易规模，未来能不能解决还有待观察。

实际上，要发行数字货币化并非易事。如何在安全性、便利性等各个方面都能够解决所谓的价值交换需要的功能载体，还有很多技术问题需要解决；技术问题解决后，未来如何运用数字货币替代纸币的合法性流通，需要一个循序渐进的过程。

除了应对现有数字货币的调整之外，更有央行人士提出推动 SDR（特别提款权）基于分布式规则的数字化，这也应该成为改革现有货币体系的尝试。

中国人民银行金融研究所原所长姚余栋曾撰文认为，或许可以跳出陷入困局的现有发行机制，在 IMF（国际货币基金组织）和成员国的共同努力下，探索建立“全球央行”的机制雏形，并尝试基于数字货币规则的创新，即 eSDR。

中国互联网金融协会（National Internet Finance Association of China，NIFA）是 2015 年 7 月 18 日经党中央、国务院同意，由中国人民银行同银监会、证监会、保监会等国家有关部委组织建立的国家级互联网金融行业自律组织。区块链工作组为中国互联网金融协会领导下的专项研究组织，将重点对区块链在金融领域应用的技术难点、业务场景、风险管理、行业标准等方面开展研究，跟进国内外区块链技术的发展及在金融领域的应用创新，密切关注创新带来的金融风险和监管问题。

研究工作组的主要工作目标包括：构建区块链研究网络，规划建设区块链基础实验平台，形成高水平的研究成果，培育高层次的研究成果，培育高层次、复合型人才。研究工作组将积极借鉴国际经验，开展学术交流，注重研究成果转化应用。

➢ **引入区块链技术，构建电子货币及其他金融系统的底层框架**

2016 年 9 月，中国人民银行科技司副司长兼中国人民银行数字货币研究所筹备组组长姚前，在《中国金融》杂志上署名发表了两篇文章：《中国法定数字货币原型构想》[①] 和《数字票据交易平台初步方案》[②]。文章中透露，这两个中国金融业最重要的系统，都会以区块链技术作为基础框架的重要部分。与比特币不同，人民银行更倾向于选择联盟链作为最终的选项。

---

① 《中国法定数字货币原型构想》见附录二。

② 《数字票据交易平台初步方案》见附录三。

政府监管小结

➢ 区块链不能挑战政府发行法币的权威性和唯一性

在区块链产业链中，除了中心化的应用之外，还有一种叫原生币的东西，比如比特币、莱特币、以太币、Ripple 币。这些数字货币因为生长在区块链之上，所以没有做假的可能。因此它们开始被用户所信任，也开始被用户所使用。

如果用这些币的人越来越多，一定程度上就会对政府的发钞权形成挑战，同时对央行的货币政策调控也会产生影响。按照此前的情况，以山寨为目的的数字密码币都是政府重点监管的对象。目前数字密码币市场上有几百个密码币，真正在发展应用的却没有几个，大部分都是炒作和跟风，甚至传销都在用区块链大做文章。大浪淘沙后，剩下的金子不会有几个。

区块链最主要的价值是发展应用。至于密码币只是副产品，只是在区块链上交易的一个媒介，而且这个媒介还不能对法币构成威胁。

➢ 区块链的应用要合规

美国将数字密码币定义为大宗商品，如果要做这方面的业务，就必须经过相关部门的审核。比如 Circle 获得了纽约州政府发行的 TOC 牌照，Ripple Labs 获得了 TOB 牌照。中国目前对区块链还没有明确定义，但对数字密码币还是有态度的，就是不允许银行对密码币的充值、提现、购买以及销售进行支持。

2015 年 5 月，Ripple Labs 因为没有预先注册为货币服务行业就出售 XRP，同时未能实现并遵守反洗钱规定而被美国 FinCEN 罚款 70 万美元。由此可见，如果要在区块链上发展应用，首先就要合规。

➢ 各国政府监管汇总

表 7.1　各国政府监管汇总

国家	反洗钱 / 反恐：警告和监督	税务处理	对消费者警告和建议	数字货币中介的牌照 / 注册	在金融领域进行警告和禁止	禁止发行和使用
阿根廷	警告		警告消费者		发布报告警告	
玻利维亚						是
德国	使用现有监管框架					
俄罗斯	使用现有监管框架		警告消费者			起草方案
法国	使用现有监管框架	明确税务处理	警告消费者			
加拿大	修订现有监管	明确税务处理	建议消费者			
美国	使用现有监管框架（联邦）	明确税务处理（联邦）	警告消费者	州许可制度（纽约：BitLicense）		
南非			警告消费者			
日本	计划建立新的监管方案		警告消费者	计划建立新的监管方案		
新加坡	计划建立新的监管方案	明确税务处理	警告消费者			
意大利			警告消费者		警告	
英国	使用现有监管框架	明确税务处理				
中国					禁止	

行业巨头所面临的挑战

国际金融机构

目前全球最大、成员含金量最高的区块链联盟是R3，由花旗银行、瑞士信贷、摩根大通、高盛、汇丰银行等国际银行组成。R3旨在制定银行业区块链技术开发的行业标准，探索实践案例，并建立银行业的区块链组织。

➢ **花旗**

近几年，花旗集团在其创新实验室一直探索“花旗币”（类似比特币的虚拟电子货币）的实验项目。根据近期对外披露情况，目前花旗已开发了3条区块链，并在上面测试运行“花旗币”。

➢ **美银**

美银与汇丰控股于2016年8月11日宣布，双方与新加坡资讯通信发展管理局合作，使用区块链技术进行了一次模拟信用证交易，为全球首例。信用证是国际贸易中最广泛使用的融资方式之一，可帮助减少进出口双方承担的风险，但其办理流程较为烦琐，会产生大量单据，且耗费时间。而通过使用区块链技术，进出口双方和他们的代理银行可实时查看相关数据，从而大大简化信用证业务的办理流程。

汇丰贸易融资业务全球产品主管维韦克·拉马钱德兰（Vivek Ramachandran）表示，这一技术目前尚处于初级阶段，正与其他银行、企业客户及航运公司讨论如何进一步开发。

➢ **高盛**

高盛发布的报告认为区块链有5个典型的应用领域：共享经济、供电市场、房地产、证券交易以及金融市场。在共享经济领域，区块链可用于存储用户身份，为平台构建用户信任；在供电市场领域，高盛预想了一种基于区块链技术的分发网络，使得每幢建筑可以自己发电，并使用区块链的识别技术在此网络上向陌生用户进行购买和销售电，替代原先集中式的供电模式；在房地产领域将房产信息保留在区块链中，买家便可以快速、简单、低成本地核实房主的真实信息，减少房地产交易的失误，降低人工成本；在证券交易领域，通过在清算与结算过程中对区块链技术的使用，尤其是对股权、回购和杠杆贷款，高盛预计整个行业能够节约 110 亿 ~120 亿美元的成本；在金融领域，区块链促进反洗钱和顾客身份审查，改善数据质量，减少可疑交易的错误识别，预计节约 30 亿 ~50 亿美元的成本。

➢ SWIFT

SWIFT 是一个国际银行间非营利性的国际合作组织，总部设在比利时的布鲁塞尔，同时在荷兰阿姆斯特丹和美国纽约分别设立了交换中心（Swifting Center），并为各参加国开设集线中心（National Concentration），为国际金融业务提供快捷、准确、优良的服务。SWIFT 运营着世界级的金融电文网络，银行和其他金融机构通过它与同业交换电文（Message）来完成金融交易。除此之外，SWIFT 还向金融机构销售软件和服务，其中大部分的用户都在使用 SWIFT 网络。

新兴的区块链技术显然威胁到了 SIWFT。一些初创企业和合作机构开始提供一些全新的结算标准，例如 R3 联盟已经在制定可交互的标准。一旦全球性的标准形成，SWIFT 很有可能会被边缘化。

因此，2015 年 12 月，SWIFT 宣布将于 2016 年初开始实施新计划，通过使用更快、更安全的跨国支付手段——整合类似于区块链这样的全新技术来提出一个全新的路线图，以提升跨行支付结算的竞技能力，并将银行业务的办理速度提高到像光速一样快。

2016 年 4 月，SWIFT 宣布其正在努力构建自己的分布式总账平台。关于技术细节尚不清楚，但是 SWIFT 明确表示其概念证明机制目前正在探索如何把分布式总账融合进 SWIFTnet PKI 保护层，同时用现存的电子数据标准来评估其可操作性。

国际科技巨头

IT 巨头们一直是新技术的有力推动者，区块链正好也给了创新乏力的 IT 巨头们新的机会。目前，几乎所有的 IT 巨头都在利用技术优势着手布局。

➢ IBM

IBM 商业价值研究院发布了题为《全速前进——随着区块链重新思考企业生态系统和经济模式》的报告，其中提到：全球都是基于财富创造的方法来推动人类的发展，但在人类发展的过程中，市场摩擦是财富创造的最大障碍，而人类进步的长河就是一部不断消除摩擦的历史。目前，商业中对于创新有三种形式的阻滞：信息产生和传递的阻滞，用户和网络交互过程的阻滞，以及技术和商务创新所面临的阻滞。而区块链的价值就在于有效地减少、消除以上三方面的阻滞。阻滞的缓解能带来成本的降低和速度的提升，从而带来产业的结构性升级，以及高效、极富竞争力的规模效应。

IBM 副总裁、大中华区创新事业部总经理王允臻认为，区块链的五个属性有助于消除市场摩擦。

第一，分布式且可持续。总账会随着每笔交易的进行而更新，在所有交易之间共享，而且接近实时地在参与者之间进行选择性的复制。通过加密技术或数据分区技术确保隐私，有选择地向交易参与者授予不同的总账接触范围；交易信息和交易各方的身份都可采用掩盖技术隐藏起来。因为区块链平台并非由任何单一组织所拥有或控制，所以其持久存在并不依赖于任何单独实体。

第二，安全且持久。密码能够鉴定并验证交易，并只允许参与者查看账本中与自己相关的部分。一旦同意条件，参与者就无法篡改交易记录，只能用新的交易来改正错误。

第三，透明且可审计。由于一笔交易的多个参与方能够访问相同的记录，所以他们可以验证交易以及确定身份或所有权，而无须第三方中介机构的参与。每笔交易都有时间戳记，可以接近实时地进行验证。

第四，基于共识且可交易。所有相关的网络参与者必须一致同意交易有效，这一点通过共识算法实现。区块链可以建立交易或资产交换所依据的条件。

第五，经过统筹且灵活。由于基于一个或多个条件执行的业务规则和智能合约可以内置于平台之中，因此区块链业务网络能够不断发展成熟，支持各种端到端的业务流程和各种不同的活动。

“目前我们更多通过深度学习应用场景下的特定行业知识和业务逻辑，结合到电子建模中的概念验证（Proof of Concept，PoC）中，提供原型开发，其中技术平台层面，则利用 Bluemix 上建构的区块链应用开发平台，直接让开发者试用 IBM 的区块链，帮助成员从原型开发直接走向商业化部署。”王允臻说，IBM 参与了 DAH 等区块链企业的投资，宣布支持由 Linux 基金会成立的超级账本项目，在新加坡建立了 IBM 区块链创新中心，未来 3 年将在金融和贸易领域推进一系列的技术试点。

在咨询服务、专家服务、业务设计、区块链的概念验证以及流程变革、项目实施和维护、基础架构的提供等方面，都有完整的解决方案。IBM 与纽约梅隆银行合作，加速证券借贷应用的设计与开发，利用区块链网络进行交易和转移资产。同时在云环境中，利用区块链安全框架，IBM 帮助企业快速托管安全、防篡改的网络，并扩展至数以千计的用户，在数分钟内部署生产区块链网络，采用 dashboards 仪表板界面，分析和支持功能运行经过签名、认证和测试的 Docker 映像。王允臻认为，“现在是一个不断做大蛋糕的时候，中国企业可以通过超级账本这样的开源社区贡献源代码，提升国际主流技术中的话语权”。

为了研究虚拟货币，IBM 和 Linux 基金会抢在重量级科技公司 Redmond 之前，于 2015 年 12 月发起超级账本项目。2016 年 2 月，IBM 宣布推出 IBM 区块链服务，并相继推出改善借贷流程的 Shadowchain、身份认证系统、云端安全服务等区块链项目，并宣布最早将在 9 月推出大规模的区块链商用项目。在区块链技术及应用发展中，目前 IBM、Intel 和 DAH 处于领先位置。

IBM 从多个角度审视区块链开发。在 IBM 的 z Systems 中，公司把基于区块链的应用开发看作其服务器技术的新增功能，是超级账本项目的平行开源工作的一部分。

IBM 计划在 2016 年夏季开始部署区块链的内部应用。另外，IBM 把企业和开发者的区块链开发分解成一整套基于云平台的服务。克里希那（Krishna）说，在 IBM 云平台 Bluemix 上运营区块链的目的是简化区块链开发和运营。在 IBM 服务器系统 LinuxONE 上运行的安全区块链服务，增加了固件保护和区块链应用和数据的根访问限制。这个“高安全性的企业网络”是高度监管行业的系统监管者使用区块链的重要步骤。

IBM 还在 BaaS 平台提供企业咨询服务，并宣布其区块链 Bluemix Garage 已经开始全球迅速开发阶段。IBM 的区块链生态与超级账本项目的开源项目密切相关。就像微软一样，IBM 的企业价值主张是提供开发者网络、参考架构、应用程序编程界面（API），以及所有与超级账本项目一样的开源资源。

区块链的 BaaS 和开源部门是密切关联的，因为 IBM 和微软不仅在争取区块链市场份额，还有区块链领域的知名度。

➢ 微软

微软自2015年11月发布Azure平台的BaaS后，相继将Ripple、Factom等公司添加进Azure平台合作伙伴中，推出Bletchley项目，并于2016年7月推出Azure应用市场首款区块链解决方案Emercoin区块链引擎。微软的BaaS产品同时面向企业和开发者。

BaaS类似一种“沙盘”，合作伙伴可以在一个低风险的环境中，与不同技术互动，从智能合约到基于区块链的税务汇报服务。微软针对不同的场景，提供了一系列可复用的模板，用户可以用最简单高效的方式搭建区块链虚拟机测试环境，大大降低开发成本。

包括Bitpay、MultiChain和Storj等在内的多家区块链初创公司，都已经与微软达成了合作伙伴关系，这些公司的用户可以直接在微软BaaS中找到相对应的模板。Azure BaaS是一个加强区块链技术教育环境和推进合作的平台，未来计划是规模化，希望形成“认证区块链市场”。

据媒体报道，用户可以在Azure平台上根据各自不同的测试方向选择不同的配置模块，试验私有、许可型、公共或联盟区块链，以简单高效的方式搭建区块链虚拟机测试环境，大大降低开发者控制开发成本。

微软的想法是，为企业提供在云端搭建区块链的所有必需品，用微软Azure平台的后端基础设施、微软Visual Studio的开发者工具、模板、资源等，使整个过程更加简单、安全和可互操作。

微软的云和企业战略（Strategy for Cloud & Enterprise）主管马利·格雷（Marley Gray）说：“我们进入该领域，看到所有不同的技术、我们的企业客户、联盟，以及发现只有微软可以解决的问题和疑惑。我们所了解的常见的区块链痛点是身份管理和密钥管理。隐私性是第二个痛点。第三个痛点是与现有系统以及其他区块链的可互操作性。一个区块链不能解决所有问题，我们会拥有很多区块链。”

微软 BaaS 囊括了很多企业和开发者所需要的服务和资源。在 Azure 开发者实验室（Azure Dev Test Labs）环境中，开发者可以在 Azure 云端搭建、测试和部署基于区块链的应用。开发者还可以获取 Visual Studio 的集成开发环境（IDE），为区块链应用添加更完善的分析和监控功能以及工具，比如 Cortana Intelligence Suite、机器学习和物联网服务。

微软坚持站在以太坊阵营。除了与 R3 的合作，还提供以太坊专用 BaaS 环境（Ethereum-specific BaaS），目的是开发智能合约应用。格雷说，区块链应用中所有 BaaS 的功能可以与微软 Azure Active Directory、微软 Microsoft Office 365 和微软 Power BI 兼容。

公司的主要目标是为应用开发者提供指导。微软设备主要关注智能合约和虚拟机，而 BaaS 则负责后端基础设施和数据库整合。

格雷说："任何行业的表面以下都有应该被大幅调整的闲置业务流程。区块链数据服务是极大的机遇。我们只是不知道能从中获得什么。我们从未有过这么大规模的跨企业数据合作，我们可以从中获取很多跨领域的历史数据，并用机器学习去分析它。Visual Studio 有嵌入 Azure 平台的能力，因此你可以在这个生态中部署智能合约，并建立档案，做静态分析等。现在的智能合约无须调整，而是系统全局需要调整。"

微软 BaaS 与布莱切利项目有密切关系，后者是填补 BaaS 缺失元件的区块链中间件，尤其是身份、可互操作性、密钥管理、隐私性、安全性。

会计审计巨头

➢ 德勤

2016 年 5 月，四大会计事务所之一的德勤表示已经与 5 家区块链初创公司建立合作关系，并且开发了一系列业务模型，包括保险、员工管理以及跨国支付等。德勤已经同包括 BlockCypher、Bloq、ConsenSys Enterprise、Loyyal 和 Stellar 在内的初创公司合作建立了 20 种区块链运行模型，其中 4 种在美国纽约 2016 年度共识会议上进行了现场演示。德勤的合作伙伴埃里克·皮希尼（Eric Piscini）说，这些合作方代表的是各种各样的业务种类，而德勤则致力于在全球建立战略合作，从而推动区块链技术从理论发展到现实世界的应用。他说："如今除了银行业，其他领域的扩张也愈演愈烈。在保险、医疗保健、零售、销售或者笼统地说——商业领域，其实存在很多机遇。"

德勤已完成区块链技术和爱尔兰银行的银行系统相关技术融合的验模、验证，这是全球各大银行致力于区块链在银行系统中应用实验的一次突破。

> **普华永道**

普华永道从 2016 年初开始组建其区块链技术团队，该团队设立在英国的贝尔法斯特。普华永道预计，到 2016 年底，该团队将会从核心的 15 人扩展到 40 多人。这些小组将会调查普华永道客户对区块链技术的潜在应用，以及推动金融行业对于该技术的理解程度。普华永道合伙人和 EMEA 金融技术负责人史蒂夫·戴维斯（Steve Davies）表示：有明确的证据表明，无论是银行、机构还是政府，都在寻求将区块链技术作为一种安全存储和分布式解决方案。当区块链的巨大潜力正在逐渐显现时，普华永道将会很好地为客户提供世界级的相关服务。普华永道英国执行委员会成员阿什利·尤恩（Ashley Unwin）表示：区块链技术正在让金融服务业中的一些主要参与者感到担心，因为他们不知道区块链会如何发展，它对于变革目前的商业模式究竟会有多大的潜力，我们确信，这个颠覆性的金融技术将会导致整个金融业对于区块链专业知识的需求大幅增加，而我们将会试图成为探索这些颠覆性新技术的领导者。

"Fintech" 有三个关键词：移动、大数据、人工智能。这三者可以让金融服务更加高效、便捷、安全。而融合了上述特点的区块链作为一种新的数字货币技术，未来有望在支付过程中全面监测和评估金融风险，其技术普及也将提高金融市场的流动性，使利率期限结构更平滑，利率传导机制更顺畅，也更加安全和便捷。不久的将来，区块链技术在金融领域的应用，必然成为百度、阿里、腾讯等一线互联网金融企业竞争的主要方向。

国内公司

➢ 腾讯

2016 年 5 月 31 日下午，聚焦于区块链在金融方面应用的金融区块链合作联盟（深圳）（以下简称金链盟）正式成立。该联盟集结了包括微众银行、平安银行、招银网络、恒生电子、京东金融、腾讯、华为、银链科技、深圳市金融信息服务协会等在内的 31 家企业，其中发起单位 25 家，腾讯、华为等 6 家机构作为成员单位加入。

金链盟的成员中，七成是金融机构，三成是金融科技企业和互联网企业，由金融机构推动的区块链联盟组织将使得应用更快落地。

说起腾讯与互联网金融的渊源，以 2005 年 9 月财付通成立为标志，腾讯进军金融领域已有 10 年之久。以往腾讯对金融业务的战略定位是抢占渠道、流量入口，以合作的方式做大渠道和入口，这种打法有利于发挥腾讯的传统资源优势，但是缺乏一以贯之的产品开发和真正的市场占有率。随着时间的推移，腾讯金融"全牌照"布局逐步完成，在完成金融生态闭环建设后，腾讯金融未来的关键在于自身数据资源的挖掘以及应用场景的搭建。

在互联网金融领域，腾讯布局了九大业务板块，分别在支付、贷款、理财、保险、证券、银行、征信、基金、众筹方面有自己的战略规划，此次加入金链盟，以区块链为纽带，与其相关的业务板块如微众银行等共同探索怎样与区块链结合，使其优点能更好地发挥。

➢ **阿里巴巴**

2016 年 7 月 31 日于杭州举办的首届全球 XIN 公益大会上，阿里巴巴旗下的蚂蚁金服表示区块链技术即将上线，并会首先应用于支付宝的爱心捐赠平台。由于区块链技术自身的优势与特点，因此被认为有助于解决整个中国社会的公益透明度和信任度问题。蚂蚁金服表示即将上线的区块链技术将用于支付宝爱心捐赠平台，目的是让每一笔款项的生命周期都记录在区块链上。

区块链技术是一种促进信任、增强开放透明的新兴技术。支付宝爱心捐赠平台上，经常有用户捐出几元到几百元的善款，捐款进入公益项目账户之后就无法追踪。利用区块链技术，让每一笔款项的生命周期都记录在区块链上，用户可以持续追溯。 蚂蚁金服的工程师说，最初开发这套系统，只是为了用技术去解决一些件用户体验的“小事”，技术人员耐心打磨，虽有意义，却谈不上什么“收益”。

蚂蚁金服总裁井贤栋曾表示：“作为金融科技前沿的区块链技术能给我们带来什么？我们的理解是安全。我在不同的场合说过，Fin 代表金融的能力，tech 代表技术能力，用技术来加强和完善我们的风险管理能力。Fin 在前，tech 在后，Fin 代表金融的本质没有被改变，tech 是用来加强风险管理，帮助我们提升服务的效率、创新的效率、定价的效率、风险管理的效率，让我们做得更强大。这非常重要。所以，我们必须对 Fintech 保持一颗金融的敬畏之心，Fintech 是金融和科技的组合，是用科技来让我们做得更好。”

➢ 百度

百度作为 BAT[①] 三大巨头之一，依托第一中文搜索引擎起家，拥有入口和平台优势，以及举足轻重的科研能力，同时持有大数据、人工智能等国际先进技术，有望充分利用科技力量改变现在金融的整个流程和生产方式。而百度的对外投资一向重视拥有创新技术和创新模式的黑马公司。

此前，Circle 宣布获得由中国财团提供的 6000 万美元 D 轮投资，领投方为 IDG，跟投方为百度、中金甲子、光大投资管理公司、万向和宜信等行业巨头。在此前，Circle 已经获得四轮融资。在 2015 年 4 月完成的 5000 万美元 C 轮融资中，Circle 获得高盛和 IDG 资本入股。数据显示，Circle 的用户来自 150 个国家，年交易额近 10 亿美元。作为一家支付应用公司，Circle 基于区块链技术做支付特别是社交支付，对下一代的互联网支付升级很有启发意义。支付是贯通金融体系的基础设施，支付方式的快速进化可以带动整个金融体系的变革，Circle 基于区块链的支付应用是一种面向未来金融形态的革命性支付方式。

由此可见，百度金融的布局一直是具有前瞻性的，其百度钱包已经延伸到百度各个应用场景之下，未来在支付领域的升级对于百度的全局把控是至关重要的一环，百度布局区块链，也彰显了其对技术创新尤为看重，突破性技术将会对百度金融有更大的推动力，依托其自身的大数据与人工智能逐步延伸至整个百度内部体系，百度金融生态也在进一步加速发展。

➢ 乐视

乐视金融高级运营总监高林挥表示，乐视金融区块链的应用实施方案正在积极推进，已经有初步落地的项目，像 NBi 路由跟踪节点 1.0 客户化开发与部署、NBi/MMB 数字资产钱包、文化金融众筹区块链应用开发，

① BAT——中国互联网公司百度公司（Baidu）、阿里巴巴集团（Alibaba）、腾讯公司（Tencent）三大巨头首字母缩写。——编者注

搭建乐视金融区块链开放平台、乐视金融区块链交易平台 1.0 等都积极准备落地实施。其中，乐视金融区块链交易平台 1.0 将重构交易模式，改良 Ripple / Circle 模式实现跨界跨境汇兑，降低外汇占款，基于分布式总账实现生态内虚拟结算服务，提高资金效率。

➢ **万向**

万向控股已成立了一个 5000 万美元的专门投资区块链的 VC（风险投资）基金，目前共投资了 2000 多万美元，在全球范围内投了 23 家创业公司，其中国内仅一家。万向区块链实验室于 2016 年 9 月 19 日至 24 日举办上海区块链国际周活动，该活动包括以太坊全球开发者大会、区块链项目演示、区块链全球峰会。万向集团副董事长肖风表示，万向控股会在活动上继续寻找投资项目。

➢ **平安**

2016 年 7 月 31 日，在上海举办的第三届互联网金融外滩峰会的区块链与金融科技创新论坛上，有与会者表示，区块链技术可以落地的领域是电子商务平台、金融扶贫，还有场景应用。平安集团创新执行官屠德言在演讲中透露，区块链是平安未来进军的重点。平安集团准备成立一个金融科技部门，这将可以助力其区块链的发展，或投资，或互动，参与到和国内外机构的合作中去，发展区块链技术。在屠德言看来，平安集团旗下 30 家子公司涉及金融、大医疗、健康等多个领域，区块链技术的应用显得尤为迫切。“有一个报告分析，假如美国股市、全球股市可以使用区块链技术，则美国可以节省 20 亿美元，全球可以节省 60 亿美元。因此平安在 3 年前就开始研究区块链技术，2016 年马明哲董事长在平安举行执委大会的时候，宣布了区块链是平安未来进军的重点”。2016 年 4 月，平安集团加入了区块链国际联盟组织 R3，屠德言坦言，R3 不是万能的，R3 只不过可以加强会员之间的合作。平安成立的战略投资部门可以助力其区块链的发展。关于区块链技术发展与金融监管的关系，屠德言在论坛上指出，区块链会提供一个去中心化的环境，“首先，我觉得金融监管部门会非常关心这件事情，在国外比较前沿的公司已经逐步与监管层在沟通；其次，区块链是一个新的技术，对于中国尤其是央行来说，在推动人民币国际化以及人民币成为国际清算货币的过程中，能不能通过区块链使人民币加速国际化，也是值得思考的；最后，如果说中国有中国式的底层技术，又该如何与国外的几个核心的底层技术融合，也是监管部门必须要考虑的”。

中国平安已经加入 R3，未来将获得 R3 的内部技术支持、咨询调研服务等。这有利于在区块链发展早期，消除国内和国际的技术落差，统一技术标准，加速国内外接轨进程。

投资所面临的挑战

全球 2015 年区块链领域投融资总额约为 4.74 亿美元，同比增长 43.51%，2016 年前 6 个月，区块链和比特币的风险投资总额已达 2.9 亿美元，2016 年仅在金融领域，区块链技术投资额预计就将高达 10 亿美元。

➢ Andreessen Horowitz

Andreessen Horowitz 参投的项目有数字支付公司 Ripple Labs、比特币交易平台与钱包服务提供商 Coinbase、比特币挖矿公司 21 Inc、虚拟货币数据服务提供商 TradeBlock、去中心化商品交易市场 OpenBazaar 等，总投资额大约 2.27 亿美元，约占比特币及区块链领域总投资额的 1/4。

Coinbase 是一家数字货币交易及钱包服务提供商，于 2015 年 1 月获得 C 轮 7500 万美元融资。在此之前，Coinbase 完成了对区块链信息浏览服务商 Blockr.io 的收购。

> IDG

国内的 IDG 资本看到了数字货币在美国引发的热潮，在投资方向上更看中区块链作为分布式总账的应用。

IDG 资本先后参与了 Ripple Labs、Koinify、Coinbase、Circle 等比特币及区块链项目的融资。其中，美国区块链应用 Circle 公司获得百度、IDG 等 6000 万美元融资。在国内也有 3 个投资项目，分别是币行、“90 后”孙宇晨的锐波科技、针对跨境汇兑的面兑。

> Khosla Venture

近期，Khosla 募集了 4 亿美元用于下一批次的种子期投资，其中部分资金将用于比特币及区块链领域。Khosla 的比特币投资名单中包括获得超过 1.2 亿美元的 21 Inc、比特币侧链技术公司 BlockStream、区块链技术专家 Chain、金融服务商 BlockScore 等。

其中，Chain 是一家刚刚起步的区块链公司，成立于 2014 年，为使用区块链的金融机构提供 API 等基础设施。Chain 于 2015 年 9 月成功融得 3000 万美元资金，投资方包括纳斯达克、花旗等大鳄。2015 年 5 月，纳斯达克与 Chain 合作，就比特币用于私企股票交易开展试运营。

> Boost VC

Boost VC 成立于 2013 年，一直是数字货币领域最活跃的投资者之一。Boost VC 曾经声明，截至 2017 年，它将投资 100 家比特币公司。目前，Align Commerce、BlockCypher、BTCPoint、BitPagos、Reveal、Mirror 都已在其投资名单上。

Mirror 是一家区块链智能合同初创公司。目前，Mirror 已经完成了 A 轮 880 万美元的融资。

> 云雨创投公司

在区块链领域，云雨创投先后投资了区块链网络服务公司 BlockCypher

以及另一家区块链身份解决方案公司 ShoCard。

➢ 光速创投

光速创投的投资名单中包含比特币钱包提供商 Blockchain、身份验证服务公司 BlockScore、数字资产交易所 Melotic。光速创投在中国也有两起投资案例，其中包括中国首家比特币交易所 BTCChina 及数字货币媒体巴比特。

其中，BlockScore 是一家基于区块链技术的身份证明服务公司，于 2014 年 6 月获得 200 万美元的天使投资。定位于支付、预付卡、银行、商场、比特币等垂直市场，帮助这些领域减少负担，保护消费者和企业身份不受盗窃和其他形式的欺诈行为。

➢ RRE Ventures

RRE Ventures 在区块链领域有两笔投资，分别为区块链智能合同初创公司 Mirror 以及区块链技术公司 Chain 。

➢ Kuala Innovations

Kuala Innovations 注册于英国根西岛，于 2015 年 10 月以每股 1 美元的价格购买了 Factom 公司 3.64% 的股份，共计 40 万美元。目前 Factom 公司的估值为 1100 万美元。Factom 公司是一家经营区块链记账项目的公司，其被认为具有彻底改革公司处理和存储数据方式的潜力。这个项目也受到全世界的广泛关注。Factom 致力于在比特币区块链上构建一个数据层，它维护着一个分布式数据层，每 10 分钟对所有数据进行 merkle tree 哈希，并把哈希值上传到比特币的区块链。此外，Factom 团队还与洪都拉斯政府合作为其设计土地所有权记录系统。

➢ 万向区块链基金

万向集团副董事长肖风一直是比特币及区块链的忠实拥护者。2015 年 9 月，肖风联合以太坊创始人 Vitalik Buterin，以及比特股联合创始人沈波共同成立“区块链实验室”，以促进区块链技术的教育，并向以太坊投资了50万美元，用于购买416000以太坊原生代币ETH。此外，万向集团出资5000万美元成立了区块链基金，用于在全球范围内投资与区块链商业应用相关的各类项目。

截至2016年8月上旬，万向集团已经在全球范围内投资了29家区块链创业公司，共计2500万美元。尽管每一家的投资额度并不大，从20万～100万美元，但这给了万向集团一个很好的连接全球区块链生态的机会。

➢ **数贝投资**

数贝投资由浙江清华长三角研究院杭州分院发起成立，并由区块链领域的专业资深人士参与管理，吸引了浙大互联网金融研究院、阿里研究院、安存科学院等专业研究机构的参与，专业投资区块链领域的应用公司。

数贝投资基金总金额为6亿元，是全球较大的区块链投资基金，目前已投区块链领域1.8亿元。总金额中，1亿元为天使基金，用于孵化具有应用前景的区块链项目，以及提高区块链安全性的矿机芯片行业；5亿元为产业基金，投向有明晰商业模式的中后期区块链应用项目。

在中国经济新常态下，区块链在数字经济上的创新，将提高经济的潜力和活力。

风　险

技术风险

➢ **针对区块链POW机制下的51%算力攻击问题**

区块链虽然号称去中心化，但不是绝对的去中心化。它也有自己的弱点，在技术上就是51%的算力攻击问题。所谓51%算力攻击，就是利用比特币使用算力作为竞争条件的这个特点，用自己的算力优势撤销自己已经发生的付款交易。下面用比特币作为例子来说明。

准备工作：

第一，既然是51%攻击，就必须首先掌握足够的算力，无论是控制矿池，还是利用其他计算资源，总之必须使你的算力领先于现有网络中其他人的算力总和，领先的幅度越大，成功的可能性越高。

第二，拿到足够的BTC作为筹码，无论是自己挖到的，还是从任何渠道买的，都可以。

攻击步骤：

第一，将手中的BTC充值到各大交易所，然后卖掉，提现；或者也可以直接卖给某人或某一群人。

第二，运用手中的算力，从自己对外付款交易之前的区块开始，忽略自己所有对外的付款交易，重新构造后面的区块，利用算力优势与全网赛跑，当最终创建的区块长度超过原主分支区块后，取而代之成为新的主分支。至此，攻击完成。

攻击结果：

由于撤销了所有对外付款交易，等于收回来所有已卖掉的比特币。

随着全网算力的疯狂增长，即便大矿池联手，51%攻击的可能性虽然越来越小，但也还是存在的。区块链不是绝对安全的，但还是相对安全的，而且这个相对安全系数比较高。

也可以用上面的方式拿比特币买任何东西。如果这样的事情发生几次，对比特币将是致命的，更会严重削弱人们对这个系统的信任度。

➢ 区块链自身Bug导致的风险

区块链的项目绝大部分都是开源的，既然开源，那么出现问题的可能性就相对比较小，毕竟一旦出现问题，千万双眼睛都在盯着呢。

虽然有那么多人在看，但也不能保证万无一失。前面提到了以太坊“The DAO”项目因为自身漏洞被攻击的事情（详见第四章第二节）。

市场风险

➢ “门头沟”（Mt.Gox）的倒闭

Mt.Gox 网站，被华人密码币圈谐称为“门头沟”，是由杰德·迈克卡勒伯（Jed McCaleb）所创设，其命名源于魔法风云会英文名称（Magic: The Gathering Online eXchange）的字母略缩字。迈克卡勒伯之后将其转变为一个比特币交易平台，并在 2011 年将其卖给了马克·卡伯列（Mark Karpeles）。在后者的管理下，Mt.Gox 一度成长为世界上最大的比特币交易所，承担全球超过 70% 的比特币交易。

2014 年 2 月 28 日，Mt.Gox 正式申请破产保护。原因是公司网络遭遇大规模的黑客攻击，大部分比特币被黑客窃取，总价值达 4.7 亿美元。根据公司财报，Mt. Gox 已负债 65 亿日元（约 6400 万美元），而资产仅余 38 亿日元。公司称其损失了接近 75 万枚属于客户的比特币，以及约 10 万枚属于公司自身的比特币，两者合计约占世界比特币总量的 7%，按当时汇率估计约值 4.73 亿美元。而且这一损失多年都未被发现。资不抵债最终导致 Mt.Gox 倒闭。

网站被黑客攻击，技术上出现重大漏洞，导致损失严重。“有点类似银行存款用户取款时，本来是取 10 元，但交易流水号被恶意篡改后，可以不断取款 10 元，结果可能一共取了 100 元，导致 Mt.Gox 损失了很多比特币。”

➢ Bitfinex 交易所近 12 万枚比特币被盗

2016 年 8 月 4 日，最大的美元比特币交易平台 Bitfinex 发布公告称，由于网站存在安全漏洞，导致近 12 万枚比特币被盗，总价值约为 7500 万美元，“将暂时关闭比特币交易及提现业务”。

根据公开的信息显示，Bitfinex 平台保存用户资产的方式和其他平台有所不同。其他平台一般都把大部分币做冷储存（离线不联网）处理，只留下少部分币在热钱包（在线）用于用户提现使用。而 Bitfinex 同样也为了安全，和 Bitgo（一家比特币安全平台）联合，对每个用户的币进行多重签名处理。多重签名的意思是 Bitfinex 用户要提现比特币的时候，Bitfinex 平台先确认一次，Bitgo 再确认一次。

错就错在 Bitfinex 和 Bitgo 多重签名的安全方案，只要是 Bitfinex 服务器发起的提现请求，Bitgo 可能都会全部通过。因此，当 Bitfinex 服务器被黑客攻破，直接在 Bitfinex 服务器发起提现请求时，Bitgo 就会把币发出去，导致比特币被盗。

结合两个交易所的虚拟资产被盗，从技术上说，去中心化的区块链是安全的，但中心化的交易所就不一定是安全的。如果交易网站有漏洞，那么交易就是不安全的。所以如果真要在交易网站交易密码币，还是要小心一些为好：一是交易网站有可能存在漏洞，二是真出了问题是很难挽回损失的。毕竟国家在数字密码币这一领域还没有相关立法。

➢ “中心化大象”的狙击

区块链从产生开始，目标就是直指无约无束的中心化金融体系。这个变革对金融体系有积极的推动作用，但也会触动很多利益。如何能够和现有金融体系乃至其他“中心化大象”有机地合作，发挥互补和良性推动作用，值得深入关注和探讨。

R3 联盟成员包括多家国际大型金融机构，显然，“中心化大象”已经结成了联盟，一般的区块链项目想从金融体系上切块大蛋糕没那么容易了。支付宝逆袭的事情不容易在区块链重演。

所以区块链的应用最好还是小规模启动，做出一些实际成绩，而不是直接挑战现有的“中心化大象”。和大象共生共存、各展所长，可能是比较好的选择。

道德风险

区块链可以在技术上解决信用问题，但如果涉及人的话，就存在道德风险。比如防伪，区块链可以在过程中保证信息的正确性，但不能在源头上保证产品的真实性。比如交易平台的跑路风险，如果平台跑了，那么客户在平台上的钱当然也就没了。比如平台的增发虚拟资产风险，实际上就是平台可以无中生有增发虚拟资产，只要不发生挤兑，平台的把戏就可以一直演下去。当然若真挤兑了，大不了一跑了之。2015 年的 Ripple 日本网关就疑似超发货币到其他网关提现，然后跑路。还有平台的监守自盗风险，号称被盗，实为自盗等。

要防范道德风险比较难，但还是可以尽量避免，比如如果想交易虚拟资产，要去大的交易平台交易，充值后尽量及时交易，交易后不要把虚拟资产存在交易平台，而要提现到自己的钱包里，或者及时换成法币存回银行。也就是在交易平台待的时间要尽量短，不要长期持有平台发的货币资产，而要换成区块链上的虚拟资产或兑换成法币。

当然，区块链并不是万能的，它不可能解决所有的问题和风险，只要解决了一部分的信用问题，那么它的市场就是巨大的，前景就是可期待的。

违法风险

以比特币为代表的数字密码货币没有发行机构，虽然可以查到从创世以来的所有交易记录，然而钱包却很可能不是实名的。试图跟踪与破解某个比特币的拥有者的身份，需要花费极其漫长的时间和令人恐怖的计算机资源，对一般人来说是几乎不可能完成的任务。正是这一点被犯罪分子所看重，数字密码货币（比如比特币）开始成为非法交易与洗钱的良好载体。不需要银行账号和信用卡，不需要身份证或驾照，也不需要社会安全号码，仅用一个电子邮件地址和一台能上网的电脑，任何人就都可以使用比特币，向世界某个角落的另一个陌生人收钱或付钱——不管你是谁，也不知道你的钱流向了谁的电子钱包。

➢ **“丝绸之路”**

2011 年 2 月，仅在比特币兴起两年后，一家名叫“丝绸之路”（Silk Road）的网站——利用比特币进行非法买卖的匿名黑市——悄然兴起，很快受到了“地下人群”的追捧。

这家网站除了利用比特币的匿名特性之外，还采用了一种“洋葱路由”（Tor）的技术，让追踪变得更加困难。这种技术，简单说就像是一个洋葱，用户发出的信息藏在最里边，然后利用分布在世界各地许许多多的服务器，自动、随机且匿名地将信息加密后层层跳转，最终到达出口时，早已不知道其最初的来源。

这样，即便执法机构追踪到了某个电子数据，也没法知道它是从何而来；即便成功解密了路由信息，也只能查到它的上一个节点，而这个节点可能在乔治亚州，也可能在格鲁吉亚，甚至可能在委内瑞拉；哪怕通过艰苦的外交协作，真的查到了这个节点的所在，所获知的也不过是再上一个节点的所在而已……等几层节点追查下来，恐怕已经是数年之后的事情了。因此，网站用户可以在“洋葱路由”的保护下谈“生意”，再用比特币付钱，整个交易的过程变得异常隐秘。

许多边缘人群很快意识到它的超级安全性，放心大胆地在“丝绸之路”网站上进行各种非法买卖。它的用户超过 100 万，交易总额保守估计超过 10 亿美元——其中 70% 左右的交易都和毒品有关，而剩下的 30% 也好不到哪儿去：多是黑枪、盗取的信用卡用户资料、色情服务、黑客服务等违法交易，甚至还包括一些儿童色情作品。而该网站对每一笔交易都征收 8%～15% 的“手续费”，其获利是惊人地丰厚。

“丝绸之路”，这个曾经浪漫而美丽的名字，自此却变成了一个藏污纳垢的蜘蛛网的代称，让很多罪恶滋生发展到社会的每一个角落。

不过，天网恢恢，疏而不漏。2013 年 10 月 2 日，FBI（联邦调查局）高调宣布，他们在旧金山逮捕了一个名叫罗斯・威廉・乌布利希（Ross William Ulbricht）的人。这个 29 岁的青年住在旧金山，毕业于得州大学物理学系，曾在宾州攻读学位，没有前科，素来默默无闻，但可能拥有一个响当当的网名：恐怖海盗罗伯茨（Dread Pirate Roberts）。没错，这个来自老电影《公主新娘》的网名，正是“丝绸之路”网站站长的 ID，而在被捕时，乌布利希正在通过电脑使用这个 ID。

因此，FBI 认为他们已经抓住了这个蜘蛛网深处的大蜘蛛，彻底捣毁了该网站，还顺道查封了 26000 枚比特币，按照当时兑换率价值为 360 万美元（约合 2200 万元人民币）。

➢ **庞氏骗局**

利用比特币实施犯罪并非孤例，2013 年美国又破获特雷顿・沙弗尔利用比特币诈骗的案件（详见第七章第二节有关内容）。

下 篇

未来区块链可以实现从万物互联到万物互信、从万物互信到万物互享、从万物互享到万物互换，打通多个维度和无数并无直接关联的产业链。区块链改变的不是某个产业和某项业务，而是让各行各业可以跨界互联，产生的是无数的新信息、新业务、新行业，创造的是新价值和新机会，带来的是一个新未来。

让我们回眸这半个世纪的沧海桑田：

50 年前，书信曾经是最主要的沟通方式，而面对面的最直接方式就是登门拜访。那个年代的人们可能怎么也想象不到，随时随地能找到人是个什么场景。

30 年前，固定电话开始出现，先富起来的人腰间别了一个叫寻呼机的高科技产品，暴发户则怀揣一种叫“大哥大”的东西开创了眼球经济的先河。于是找人不再是问题，下班以后修身养性也成为历史。但看报纸、听广播、看电视还是人们最主要的信息获取方式，1983 年港版的《射雕英雄传》就可以实现万人空巷的壮举。那个年代的人们可能也想象不到，随时随地能无限地获取信息是个什么场景。

20 年前，雅虎创造了最著名的华人商业领袖，从那时起，互联网海量的网络信息和网络应用，颠覆性地改变了许多人的生活方式，门户网站、BBS 占据了生活中很重要的角色。但人们可能也想象不到，互联网除了做这些以外，还能提供哪些更多的应用？

时至今日，人们外出不会迷路了，相机提前退休了，买东西基本不去商店了，钱包快要下岗了，甚至连见面聊天也有点多此一举——网上已经可以随时联系了。那么未来人类社会还会出现让人意想不到而又耳目一新的改变吗？

答案是：会的！

2016年9月，习近平主席在出席二十国集团领导人杭州峰会的开幕词中说道："我们已经就《二十国集团创新增长蓝图》达成共识，一致决定通过创新、结构性改革、新工业革命、数字经济等新方式，为世界经济开辟新道路，拓展新边界。"① "数字经济"将成为下一个10年甚至更长时间内的一颗耀眼新星。

随风潜入夜，润物细无声。"数字经济"用一种很中国化的方式，于无声处听惊雷。那么，"数字经济"时代到底会有哪些大的变革呢？区块链在"数字经济"时代又会起到怎样的作用呢？

---

① 本段文字摘自《G20，习近平妙喻创新》，来源于新华网，http://news.xinhuanet.com/politics/2016-09/04/c_129269162.htm

第八章

引领新变革

如果让一个百货商场的会员用自己的会员卡积分到网上去买一副耳机，让一个网络游戏的狂热玩家用游戏里的代币去网吧隔壁的便利店买一瓶饮料，能办到吗？

这样的事情未来不仅会发生在物品交换节目中，而且会实实在在地发生在我们的身边，变得非常平常——社会生活的剧烈变化又将会来到我们眼前。

说起这些年互联网带给我们的变革，先是用网线连接构建起的信息网络，让远隔千万里的世界变成了“地球村”；然后又用移动互联的社交网络，让每一个人、每一个商家成为伙伴和邻居。这些变革，将我们的社会引入了数字经济时代；而区块链技术又会将数字经济推向新的高度。区块链到底会给数字经济带来什么变化呢？

首先，目前绝大多数的商业模式都无法摆脱中心化的思维，都不愿将自身客户、交易等商业信息分享给他人，巨头们都试图打造一个以自己为中心的排他性的垄断商业平台。比如银行、大型电商、电信公司每天都有海量的数据产生，但你何曾看到过它们把大数据信息拿出来和其他公司分享？大公司这么做，小公司也这么做，于是我们看到的是一个个垄断性的数据孤岛。后来，平台起来了，过一阵平台又倒了，循环反复，社会化的大数据却仍然看不到。区块链能不能解决商家、企业的痛点从而打通信息孤岛？有挑战但更值得期待。

其次，实现社会全资产的互联互通，要解决支付和融资的安全问题，这包含技术安全和金融安全。在信息安全已经成为社会面临的重大问题，只能依靠职业操守和传统中心化的技术手段来维护漏洞百出的信息安全的时候，能不能通过区块链的技术手段，用数字密码货币的技术来保障资产存储、支付的可靠和便捷，是值得思考和尝试的方向；而金融安全，无论是企业或个人在支付和融资活动中的信用建立和跟踪维护，还是金融活动的复杂流程，区块链也确实能够帮助提供更多的选择。

最后，要达成全社会资产真正流通的目标，还要解决每个市场在交易时的资产定价问题。只有通过将定价机制交给市场，让每一个消费者自由参与交易、参与价值发现，才能达成全社会资产的自由交易和流通。孤岛平台是没有办法建立全社会资产的价值发现和定价能力的，也就不可能达成资产全社会流通的目标。

在数字经济时代，区块链有没有可能在信息无障碍交流、社交越来越紧密的基础上，实现孤立的数字信息（大数据）和社会经济活动参与主体（人、商家）的有机融合，从而搭建起一张彼此信任、价值互享、无缝转移的价值网络，是非常值得期待的事情。

价值网络

要实现全社会资产互联网化的互联互通，就必须解决三个问题：完全开放的平台、资金的安全，以及资产的定价。

还是回到之前的问题，要实现积分兑换耳机或者代币买饮料，利用传统的或者此前流行的技术可行吗？

其实，即便是以中心化思想构建的系统，要实现上述目标也是可能的，然而它并不经济。比如利用百货公司的积分去网上买一副耳机这件事，要实现这个目标，我们就必须打通百货公司的积分系统和卖这副耳机的电商支付系统。且不说竞争的双方会不会走到一起，光要打通社会上所有的百货公司（M个）和电商的支付系统（N个）就需要M×N项改造工作才能实现。落实到具体的公司，那也需要M项或者N项改造才行。光听数字就知道这不是件容易的事，而打通之后真正的经济效益又能有多少呢？商家会不会有动力来做这件事呢？

然而区块链技术带给人们一个完全超出传统思维的解决方案。一个包含全社会各类资产的去中心化的网络平台，让不同的交易主体和不同的交易资源类别，有了跨界交易的可能性；而区块链数字密码货币技术保证了资金和信息的安全，并通过互信和价值转移体系，可以达成在此前无法完成的交易。

一个去中心化的网络，不受任何中心的掣肘，不会因为谁的加入或退出对其他人造成影响；加密算法保证数据的安全；方便地接入，保证任何人都能够自由地加入市场。可以这么说，正是区块链技术的诞生，才使得全社会规模的价值网络有了可能。

在价值网络中，传统的商家可以共享自己的资源（商品或服务、用户、支付手段），而非传统商家（个人、非商业性的其他法人）也可以分享自己的资源——只要你在这个网络平台上有信用，只要你的资源有价值，开放的平台可以接受各种标准或者非标准的资源类别，哪怕是前无古人。在智能合约技术的帮助之下，更为复杂的交易设置和资产充分的证券化，让人人都能成为金融家。

那么，搭建新一代全新的价值网络，又需要怎样的数据库、通信、社交方面的基础资源的配合呢？

新一代互联网

在互联网承担了信息中介和社交中介的历史责任之后，随着进一步地深入发展，人们发现，信息的生产、传播和消费模式，迅速进入了去中心化时代。而互联网的新变化，也为新一代价值网络的搭建创造了条件。

信息模式的去中心化

➢ **信息的产生**

信息的产生从中心化的信息中心逐步转到了个体。微信、脸书、推特等媒介让每个人都可以变成自媒体，变成信息的生产者和发布者，并可以任意把这些信息定义成公共的、私有的或者共享的——这类自生产的信息在用户消费中的比重越来越高。

传统媒体在这方面有不可弥补的弱点。比如报纸这样的信息手段可能已经过时，在时效性、方便性、丰富性方面都远远落后，而广播、电视也面临着越来越多的挑战。

➢ **信息的传播**

信息的传播从传统媒体转到了新兴的自媒体，传统媒体在信息传播过程中的作用越来越弱。比如2016年美国总统大选，各大媒体一边倒地支持希拉里。虽然这种精英控制一般民众的方法向来行之有效，但是这次由于新媒体和自媒体的激烈竞争，显得不是那么有力。一方面是由于大众自身的经济状况始终没有好转而对政府产生了不信任；另一方面是由于多种社交媒体的广泛应用，打破了传统媒体原有的垄断。大众更愿意相信个体自生产的、去中心化的信息源。

另外，网红经济的产生也揭示了移动社交中的一个有趣的特点，就是个体对信息开始有了一定的评价权。许多用户在共同的价值认可下形成了去中心化的评价体系。此外病毒营销也在微信群和社交群中以去中心化的方式传导着商品或者服务的信息。

> 信息的消费

用户对信息的消费方式也有了巨大的变化。一是碎片化，用户可以很方便地在任何可能的时间消费信息。二是随性化（冲动）的特点。三是信息消费对时间很敏感，信息的时间价值在这方面更多地体现了出来。

针对以上新信息时代的特点，区块链在其中可以发挥巨大的作用。从底层技术讲，当前只是实现了对某个单一数值数据进行可靠的、去中心化的存储和操作。技术的进展还可以从以下三个方面来进一步扩展和应用：

第一，对信息的加密。公共区块链保存的信息都是公共可见的，一方面满足了许多应用的公开公正、不可篡改的要求；另一方面使对信息的安全性要求比较高的应用必须采用额外的解决办法。随着加密算法的发展，可以使加密后的数据能够进行区块链的验证。这样就使应用的范围更大、更广。

第二，对底层信息的扩展。当前区块链存储的核心信息是单一数值。这方面可以扩展成更加灵活的数据记录系统，比如保存多个可验证的信息条目，这样就可以替代当前的采用 Hash 加 IFPS 文件系统的解决方案。

第三，数据处理能力。由于去中心化的本质和网络传播的延时性，区块链本身的处理能力和速度是有限制的。这方面可以采用结构化的中心，加上互联网在基础设施方面的支持，比如跨地域的快速共识系统等。

我们生活在云计算成为标准数字化服务的时代，这意味着我们的很多信息是存储在数据中心并分散在全球各地的。虽然这方便我们从任何地方都能够访问数据，但与此同时，我们也正失去对数据的控制权，无论是通过数据库、通信还是社交网络。

而区块链的到来使这一切产生了改变的契机。

去中心化的数据库

大数据时代的互联网，最大的问题就是无法解决信任问题。因为互联网将使全球各地的互动越来越紧密，伴随而来的就是巨大的信任鸿沟。目前主流的数据库技术架构都是私密且中心化的，在这个架构上永远无法解决价值转移和互信问题。

区块链的本质，就是一种以去中心化和去第三方信任的方式集体维护的可靠的数据库方案。所以区块链技术有可能成为下一代数据库架构，通过去中心化技术，在大数据的基础上完成全球互信这个巨大的进步。

区块链最大的特点就是去中心化，其次是去第三方信任和打破信息不对称。区块链技术作为一种特定分布式存取数据技术，通过网络中多个参与计算的节点来共同参与数据的计算和记录，并且互相验证其信息的有效性（防伪）。从这一点来说，区块链技术也是一种特定的数据库技术。

由于去中心化数据库在安全、便捷方面的特性，很多业内人士看好其发展，认为它是对现有互联网技术的升级与补充。

加密通信——BitMessage 案例

BitMessage（比特信）是一个去中心化通信软件，有棱镜杀手[①]之美誉，它基于一个 P2P 的去中心化和无须第三方提供信用担保的协议，不再需要根证书颁发机构。它使用了强大的认证系统，这意味着消息的发件人无法被欺骗。可以让你在匿名的情况下传输任何信息给接收者或者从一个发布者那里订阅信息。

这一切都是建立在 P2P 网络上的，不存在一个可以控制你通信的中心

① 棱镜计划（PRISM）：是一项由美国国家安全局自 2007 年起开始实施的绝密电子监听计划。该计划的正式名号为“US-984XN”。

服务器，窃听者也不能通过运行未经授权的程序监听你的消息，并且这些消息的发送者和接收者都是保密的。

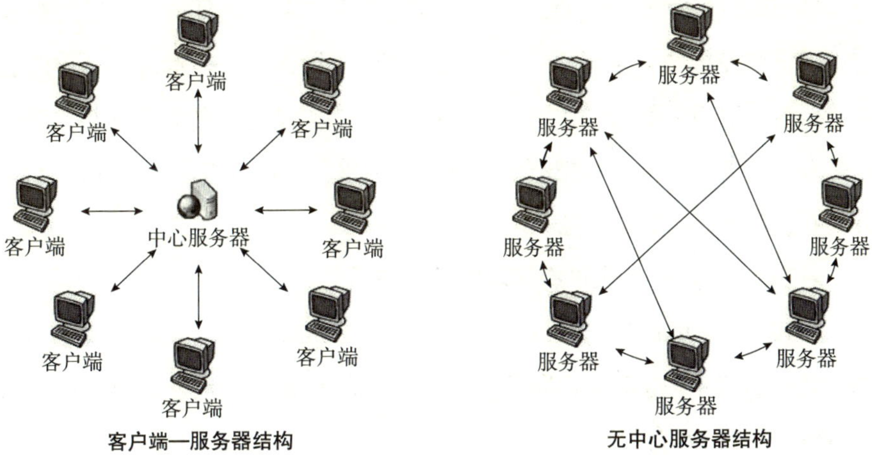

图 8.1　中心化通信和去中心化通信

> 信任问题

一直以来都有这么一种说法：你发送一封电子邮件，就好像发送了一张明信片，你必须承认它会被很多人（其他的人）看到，而这是真的！

这之所以是真的，是因为对第三方机构的信任——对于电子邮件来说，就是电子邮件的服务提供商——现在已经发现的事实是，服务提供商能够自己查看电子邮件的内容，他们会泄露这些内容给其他的第三方机构（比如政府或者广告商）——这是一个典型的“信任问题”所产生的结果。

> 加密

对于看重隐私的我们来说（隐私并不仅仅是那些“人们需要隐藏的事情”），在交流的过程中，我们有必要增加一个步骤，那就是：加密。

加密是一种数学算法，并且它保护比特币区块链网络安全，使其免受攻击。除了对区块链有用，加密算法也可以被用来保证一个简单的信息的安全。如果你知道一个比特币的支付地址看起来像什么，你就知道了一个加密过的信息更像是：无意义的数据（或者你可以叫它“加密文本”）。

电子邮件的加密是有难度的。事实上，有关电子邮件的加密已经被报道过了，当爱德华·斯诺登[①]准备传送有关美国国家安全局（NSA）的泄密文档给《卫报》的时候，他首先制作一个长达12分钟的教学视频，该视频是有关邮件加密的。他把教学视频给《卫报》的接收者Glenn Greenwald看，并让后者学习邮件加密。

➢ BitMessage就像没有区块链的比特币

开发人员Jonathan Warren在所撰写的BitMessage白皮书中表示：“BitMessage和比特币有相同的消息传递机制和相同的地址编码机制，只是BitMessage没有区块链。”

区块链是分类总账，允许比特币交易系统验证。自从BitMessage代替参与交换消息之后，它不需要一个分类总账……它只显示两个地址之间的通信。（有些人将矛头指向了比特币区块链可能存在的损害，因为一个人可以通过地址在区块链上跟踪交易。）

BitMessage替换了这样的系统，它使用数学验证消息，它的分布式系统能在任何给定的时间内保留加密信息的价值两天以上。

➢ 设计思路独辟蹊径

仔细观察BitMessage的设计思路，你就会发现其设计思路和传统电子邮件的系统完全不一样，它在发送一份邮件时，会发送给网络系统中每一个人，每个人都会尝试解密内容，但只有真正有私钥的人才能解开。

以往我们更注重快捷，但在相对充沛的计算力面前，我们更愿意通过“浪费”一些效率来换取更多的安全。

---

① 爱德华·斯诺登：2013年6月将美国国家安全局关于PRISM监听项目的秘密文档披露给了《卫报》和《华盛顿邮报》，随即遭到美国政府通缉，事发时人在中国香港，随后飞往俄罗斯。

➢ **展望**

未来，人们将越来越多地认识到这种“审查免疫”和“真实性验证广播”机制的巨大作用。

去中心化的社交网络——Synereo

Synereo 是由 Dor Konforty 和 Greg Meredith 在 2014 年创立的。这家位于以色列特拉维夫的创业公司有自己明确的任务，即创建一种由用户自己掌控操作权的去中心化的社交网络。

➢ **被巨头掌控的社交网络**

社交媒体和社交网站的崛起已经成为过去 10 年塑造社会本身和影响我们日常生活的最强大趋势之一。但是随着这一趋势的形成，很明显，权力开始向少数人手中聚集。与人们抱怨传统媒体都被少量的超级强大的全球企业所拥有和掌控一样，当你观察社交网站的时候，会发现情况实际上更加糟糕。数据显示，每 5 个页面浏览中，就有一个发生在脸书这一全球最大的社交网络站点上。

这一小部分人完全掌控了人们如今的主流交流方式，并且还能访问人们周围世界的信息。他们完全控制着我们所看到的信息、他们想要隐藏或移除的东西，以及决定让谁能够通过他们的平台成为一个具有社会影响力的人。当这种情况继续发展，这些人将不可避免地将这种力量用于进一步争取政治发言权，从而进一步巩固其个人利益。

➢ **用户数据被商品化**

不妨回想一下，自己是不是也遇见过这种情况：刚刚浏览完某个购物网站之后，总是会在诸如脸书或新浪微博这样的社交网站上看到你刚刚浏览的商品的广告。

你的上述经历并不是一个特例。如今，用户数据是一项赚钱的大生意。这些数据包括公开或私有的个人信息、浏览器浏览历史等。绝大多数的社交网站都已经积极地投身到了这门生意中去，很有可能，此时此刻你的某些个人数据正在因特网上被明码标价进行贩卖，而你对此却毫不知情。

越来越多的企业靠用户数据大赚特赚，从这个意义上讲，用户就相当于他们的免费劳动力。对于企业的这种行为，普通用户基本无能为力，得到的回报也与失去的隐私不成正比。很多时候，用户对自己的信息将如何被使用一无所知。冗长的用户条款，让大多数人草草地便将鼠标滑到底部的“接受”按钮上去了。

➢ **Synereo 向传统社交网络发起挑战**

解决方案之一就是“去中心化”。Synereo 的这个基于区块链的社交网络打乱了目前的社交网络模式，将内容、个人信息和货币化的控制权交还给了用户。另外，与目前已经出现的社交网络如脸书和新浪微博相反，Synereo 社交网络无法记录或存储任何类型的个人信息，也不会出售给第三方机构，或者向用户投放广告。相反，所有的网络交易和关系都是加密在一个分布式的账本上，并只允许当事人访问。

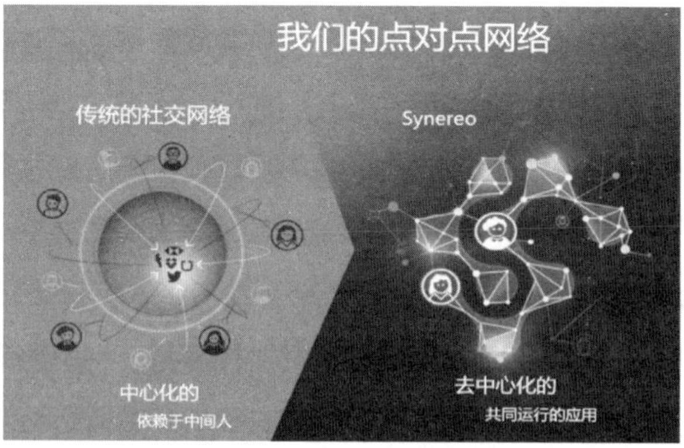

图 8.2　传统社交和去中心化社交

Konforty 说：“Synereo 旨在创建一种全新的去中心化经济。在这种经济中，人们可以直接交流和交换价值，同时不需要中间商。”Mccutcheon 则说：“一旦 Synereo 被大范围接受，DAPPs（去中心化的应用）将可以利用 Synereo 的平台和平台内庞大的用户群，搭建出可以跟 Uber、Instagram、SnapChat、WhatsApp 和 Spotify 等这类中心化应用进行竞争的服务。上述的这些服务本质上并不需要中心化的实体来提供。”这对于现有的社交网络而言是一个巨大的颠覆。同时也将影响语音视频电话、音乐流媒体播放、文字消息等领域。

➢ **“注意力经济”：广告商付费，用户赚钱**

正如以上所述，通过消除中间商，Synereo 旨在为用户提供一种被动收入。该平台的去中心化特点促使广告商直接向观看他们内容的用户付费。通过这种方式，广告商也可以连接潜在的线索，经过他们的同意来获得费用。

当用户通过个人设备支持这个分布式网络的时候，该网络会补偿用户对存储和计算能力的贡献。另外，作为 Synereo“注意力经济”的一部分，用户可以花费 App 的内部货币 AMP 来对某些帖子进行推广。通过增加帖子出现在用户订阅中的概率，可以使广告商提高其内容的知名度。但它是以注意力和互动为基础的，而不是将你的个人资料作为奖励，当普通用户与以这种方式推广的帖子进行互动的时候，用户将可以获得一部分利润作为奖励。

➢ **技术堆栈：从共享经济到去中心化经济**

2016 年 9 月，Synereo 宣布了最新一轮融资，目的就是资助开发者优化它的技术堆栈，Synereo 技术堆栈的 2.0 版本将在 2017 年第四季度发布。它将由 4 层组成且相互层叠。

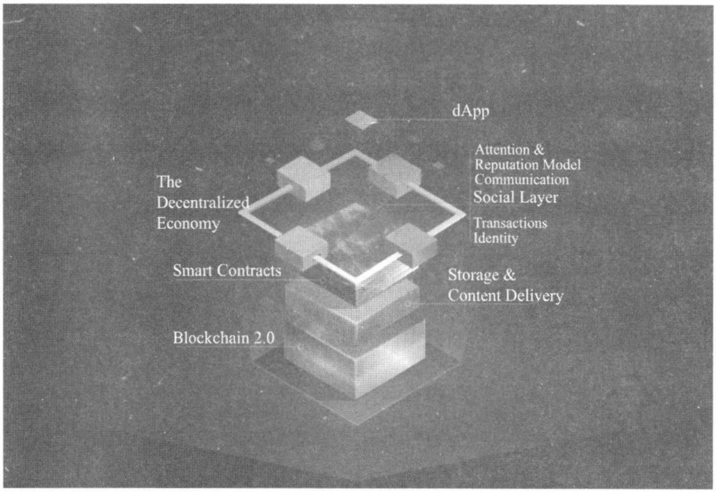

图 8.3 Synereo 的分布式技术栈

第一层：R 链。R 链又称为“区块链 2.0”，开发人员说它显著改进了传统的区块链技术。相对于比特币和以太坊的底层技术，Synereo 的 R 链是并发和分片区块链。“分片”指的是区块链细化为组合件，互相连锁以成为一个统一的整体，但并不需要一次性全部计算（类似比特币区块链的情况），而“并发”则意味着这个细化允许同时运行不同的进程而不互相干扰。

第二层：SpecialK。Synereo 认为区块链不适合存储如图像、视频和文本类的大文件数据。为此，Synereo 开发了一种独特的协议来散布这种 Synereo 节点之间的信息，然后根据需要进行检索。SpecialK 还提供了一个单一领域的特定语言，能够提供给程序员一个熟悉的、统一的 API，他们可以通过网络访问分布式数据。数据分散化的冗杂性和灵敏性并存，所以要在需要时确保它可用，不需要时就隐匿起来。

第三层：智能合约语言 Rholang。Rholang 是 R 链的本地智能合约的编程语言，然而不同于它的稳固性的是，Rholang 是一个反映程序设计的语言，允许在进程演算的基础上，以高效率和安全的方式在较低阶的进程同时执行更高阶的智能合约。该架构有一个最大的特性，当它涉及公用的分布式应用时还支持提高安全性的测试和模拟。Synereo 说，如果当时臭名昭著的黑客 DAO 黑的是以 Rholang 为基础的代码，那么这个悲剧本来是有可能避免的。

第四层：社交网络层，也是 Synereo 技术堆栈的 1.0 版本。Synereo 希望其能够作为未来去中心经济的主要基石。一个人的数字身份所有权、社会声誉、网络影响对于去中心化应用的开发商和用户双方都是无价的资产——希望去中心化经济能实现这一构想。

现今，Synereo 可扩展分布式计算平台的开发已经取得了重大进展，并且开始准备进入下一阶段，2.0 版本的主要任务是开发去中心化系统的基础设施。未来我们还将面临许多挑战，我们还需要做许多事情才能真正将“共享经济”转变为“去中心化经济”。

➢ 展望

在线社交网络的变革或许即将上演。不仅如此，Synereo 试图打造的是“去中心化”系统的基础设施，如果发展顺利，Synereo 将是“去中心化远比中心化优秀”这一理念的新象征。

BitMessage、Synereo 等的实践和突破，预示着去中心化的数据库、通信和社交将共同构建起下一代互联网的基础设施。

第九章

发展新经济

由于很多区块链产品直接就被称为数字密码货币，天生的准货币属性显然使其在金融应用方面可以大显身手。接下来我们先从金融应用开始，看一下区块链对各行各业的推动和帮助，以及在各行各业的前景。

区块链金融①

金融的核心在于资源（定价）配置和风险控制，所有的资源配置和风险控制最终将通过交易记账和货币记账来实现。而传统的交易记账和货币记账高度依赖于法币体系、专业的中心化机构和中介，交易成本高、实现效率低，信息流、物流和价值流的管理成本也比较高昂。

尽管无法彻底改造现有的法币体系，但区块链技术的出现，为实现去中心化和去中介化的局部数字密码货币记账和交易记账，并进而形成法币、数字密码货币并存的未来货币格局提供了可能。

① 本部分主要参考：《区块链、人工智能催动行业巨变：未来金融行业你可能都不认识，小心 OUT 了！》（微信公众号：新财富 plus。中银国际，吴友文，2016-08-19）；《一位资深投资人对“金融科技”发展的总结》（微信公众号：长量基金。2016-09-22）；《“区块链”将如何改变生活？》（微信公众号：上海观察。陆绮雯，2016-10-02）；《五十年国际货币史，超长期全球资产配置》（微信公众号：扑克投资家。国泰君安银行团队，邱冠华，王剑，张宇，赵欣茹）；《区块链与数字货币：原理、特征和构想》（微信公众号：区块链新金融。兴业计算机团队，袁煜明，蒋佳霖，杨墨，钱路丰，马斯劼，2016-02-03）；《区块链技术在银行业的应用》（微信公众号：澳洲金融圈。2016-09-30）。

下面先从金融科技的历史开始，看看区块链是如何与金融融合发展的。

金融科技（Fintech）

金融科技，顾名思义是 Financial（金融）和 technology（科技）的结合体，旨在通过融合金融和技术为金融服务提供创新型解决方案。纵观金融科技的发展史，不难发现它其实是一部金融圈的科技变革史。

➢ **早期的金融电子化**

金融科技的首次应用可以追溯到纸币的发行年代，1712 年南安普敦的一家造纸小作坊承接了英格兰银行印制纸质钞票的订单，作坊主人亨利·珀图未曾料到由此开启了纸币发行的时代。印刷术在金融行业的应用后来拓展到票据、存单等，为社会提供了可流通的货币源，彻底改变了全人类几千年的金融交易方式。1866 年，第一条跨大西洋电缆的成功铺设不仅开启了人类电报时代，而且预示着金融全球化的实现。

在银行领域，从 1918 年开始，电报逐渐成为美国联邦电子资金转账服务系统的重要基础设备。一直到 20 世纪 70 年代早期，该系统一直利用电报处理银行转账业务。20 世纪 50 年代，信用卡的出现预示着电子交易技术在金融领域的首次应用，和纸币的发行有异曲同工之妙，其目的都是提供方便快捷的金融交易服务。20 世纪 60 年代，银行通过自助取款机替代了部分柜员和出纳员的工作，进一步提高了金融服务的效率，降低了人工成本。1966 年全球用户电报网络建立，为未来金融技术的全球化发展提供了框架，随后建立的跨银行支付清算系统允许世界上最活跃的银行以美元结算付款。

在证券领域，金融科技最早的应用案例可以追溯到 1969 年，全球第一个金融交易系统——奥特斯（AutEx）旨在处理机构投资者的大宗交易，通过电话线进行连接。从 20 世纪 70 年代开始，电子股票交易开始在交易所进行，最具有代表性的是纳斯达克电子交易系统于 1971 年正式投入运营，800 多家交易商与之签订了协议，可以提供 2400 种未挂牌证券的信息。

金融科技真正意义上见诸公众得益于电子商务的发展。电子商务和网络支付使得电子交易系统对个人投资者开放。到了 20 世纪 90 年代中后期，网络技术的高速发展，使网络证券经纪业务、网上银行业务的开展成为现实，网上银行、网络券商等大获成功。

➢ **金融的科技变革**

网络基础设备和智能设备的普及、信息技术和移动互联网技术的广泛应用，让金融科技和互联网金融成长在相似的金融生态圈中，两者聚合了越来越多的共同点。虽然从本质上看，金融科技是金融领域科技的创新，互联网金融是金融领域商业模式的创新，但是随着金融基础设施的日益完善和数字共享生态圈的逐步形成，金融科技和互联网金融必将从商业模式上衍生出更多相同的业务形态。

日新月异的金融科技领域还拥有仅被非银行金融机构掌握和利用的独特技术，尝试区块链等新兴技术来对金融机构、科技企业从事金融业务进行实时的、有效的、去中心化的公共管理，依赖于私有区块链的权限设置，也需要对不同的监管对象设置相应的管理规则，从而推动其健康有序地发展。

金融科技的兴起十分突然，但背后隐含的是较为确定的逻辑：首先，移动互联、云计算、大数据、区块链和人工智能等几个重大方面的技术已经相当成熟或取得重大突破，经过检验不论在成本和性能上都足以支撑商用；其次，金融业本身属于承担资源配置效用的顶层应用，不同于其他商业领域的应用，其自身数字化程度已经很高，数据和技术方面的突破非常容易给行业本身带来代际重构；最后，相比其他行业，金融类应用的门槛和回报依然较高，在资金和政策上都被给予了巨大的投入和引导。

强调以科技手段对金融服务进行改造和颠覆，而不是互联网化，是金融科技的核心。不但旧有的以人为媒介的规章和流程控制可以由技术全面取代，甚至风险、回报、流动性和产品设计，这些金融业的核心问题都可以通过数据加技术的方式解决，从而最大限度地释放社会资源。如果说互联网强化了原有的信息流转渠道，那么金融科技将可能打破原来以人际关系维系的渠道和商业模式，通过在统一的数字化资本平台上，针对基于资金本身的属性进行配置、风控和产品设计，从而省略传统模式中不必要的中间环节，继而提升金融整体服务效率、降低成本。

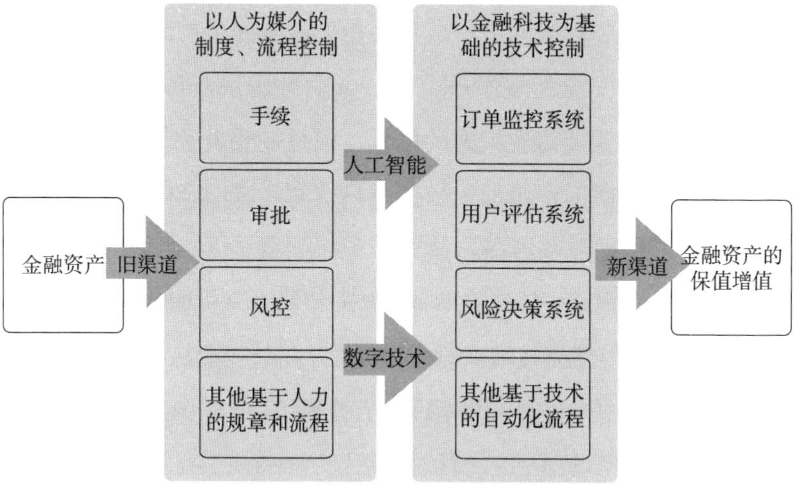

图 9.1　金融科技重塑旧有金融渠道

资料来源：根据艾瑞咨询、中银证券报告内容绘制

在金融科技化的推进过程中，除了大型金融机构和互联网巨头外，在数据应用和核心技术上占据优势的科技类公司也将成为新的一极。大数据得以蓬勃发展，得益于底层软件技术对海量非结构化数据存取障碍的破除，

云设备也为海量数据提供了硬件载体；数据挖掘和模型开发的能力持续强化，深度机器学习的核心算法取得飞跃式突破，使得多维度对人工智能进行培育成为可能；区块链技术彻底改变了线下业务的层层环节，在信用流转的过程中能最大限度地去中心化和去中介化，全面颠覆现有金融格局，最大限度地降低成本。

	1.0 金融业务信息化	2.0 金融产品创新	3.0 货币及资产革新
技术驱动力	• 银行和保险核心软件系统的应用 • 互联网普及	• 移动支付普及 • 大数据、机器学习技术的应用	• 比特币等电子货币的发明 • 区块链技术的应用
主流模式	• 直销银行 • 金融超市	• P2P网贷 • 大数据风控 • 智能投顾	• 基于区块链的结算系统和交易所 • 电子货币
代表公司	• Bankrate • ING DiBa	• Lending Club • Capital One	• Nasdaq-Linq • R3

图 9.2　金融科技创新的三个阶段

资料来源：引自《一位资深投资人对“金融科技”发展的总结》，微信公众号：长量基金，2016 年 9 月 22 日

区块链金融的演进

随着数字密码货币的兴起和区块链作为金融底层架构的应用，基于区块链的支付、清结算和交易得以实现，并将大大提升现有金融体系的效率，增加其完整性和安全性。

目前区块链主要应用在支付、汇款、信贷、交易等金融领域，未来在记录保存（如产权版权、电子病历等）和智能合约领域都将得到广泛的应用。区块链驱动的金融创新也逐步从资金端向资产端和非金融端延伸。

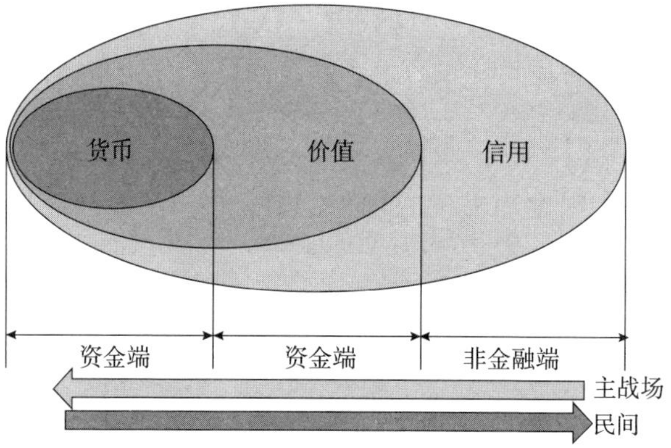

图 9.3　区块链金融的演进路径

资料来源：引自《一位资深投资人对"金融科技"发展的总结》，微信公众号：长量基金，2016 年 9 月 22 日

区块链的技术形态和商业模式的发展演进分为三个阶段：

图 9.4　区块链的技术形态和商业模式

资料来源：引自《一位资深投资人对"金融科技"发展的总结》，微信公众号：长量基金，2016 年 9 月 22 日

第一阶段是私有链的技术服务，花旗、UBS、VISA、蚂蚁金服、阳光保险等领先的金融机构都已内部组建区块链技术团队，而更多的机构则会采用外包的形式，委托区块链技术服务公司帮助其搭建机构内部的私有链应用。

第二阶段是联盟链的商业服务，在全球范围内 R3 区块链联盟已经接纳了多家金融机构会员，其中包括中国平安和招商银行。

第三阶段是基于公有区块链的平台，指基于比特币、以太坊、HyperLedger 等公有区块链开展独立的平台业务，比如支付领域的 Circle。这类以区块链为技术基础的新兴公司与现有平台公司以后的竞争格局值得关注，比如 Circle 与 PayPal 之间以后的竞争。

去中心与去中介

金融的去中心和去中介，包含两个不同层面的含义。金融中介一直伴随着经济的发展而演变，银行等金融机构就是典型的中介组织。金融交易中存在的信息不对称、搜寻成本、匹配效率、交易费用、规模经济、风险控制等因素决定了中介存在的必要性。而金融中心化可以表现为中央银行和类似有垄断性的管理、支配权限的金融运行中心，也可以表现为类似华尔街大亨这样的以社交为纽带，对金融经济事务有重大影响和话语权的金融圈子。

金融中心化的过程比中介的出现要晚，这就意味着在历史上曾经有很长一段时间的去中心化的阶段。短期内和长期内这种“去”中心与“去”中介，会出现什么样的现象？

金融中心化是建基在现有的社会权力架构和组织形式上的，所以在一定程度上约束金融权力中心是可能的，但不可能颠覆社会权力架构体系。2008 年金融危机之后，对金融权力的限制和管理成为国际上讨论的一个重要话题，但并没有看到任何实质性的改变。

去中介似乎更容易一点，因为有很多寄生在金融权力之上的伪中介。金融演进的逻辑无非是利益、效率、安全，这些方面在技术上的突破意味着很多中介失去了存在的价值。

现在市场谈论较多的“金融去中心化”，其最终结果更可能是多中心化，从而弱化少数中心话语权过强所导致的规则失控。当万物互联使所有个体都有可能成为金融资源配置、金融产业链中重要的中心节点时，或许就实现了最理想的市场状况，使传统金融中介的中心地位可能会改变。这种改变不是说传统金融完全被革命、被颠覆，而是从垄断型、资源优势型的中心和强中介转化为开放式平台，成为服务导向式的多中心当中的差异化中心，从而使传统中介中心和新的中介中心获得共赢，大家在一个共享共赢的金融时代获得一种新的发展定位。

支付是金融交易中存在最大风险的领域，因此面向支付、交易领域的金融科技创新是成长最多的领域。而传统信用体系的最大问题是大部分主体间缺乏透明信息，需要第三方信任中心来促成交易。第三方的设立和运营需要耗费大量成本，延长沟通周期和降低效率，而第三方中心未必确保完全可信，也存在更新延迟甚至被攻击和篡改的可能，一旦发生此类情况，系统性排查的代价极高。

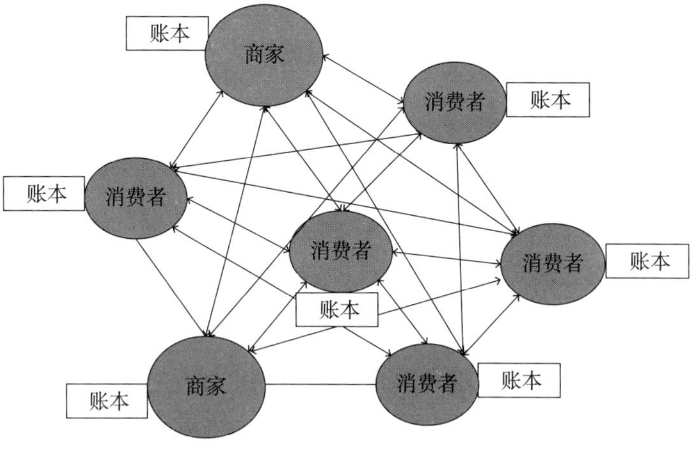

图 9.5　区块链改变信用流转结构

资料来源：中银证券报告

作为金融科技最重要领域之一的区块链技术，因其自身具有很多标识化特征而能够成为通用性很强的技术来助力金融去中心化和去中介化。以区块链架构为蓝本，一个更广意义上的信用流转体系将可能建立，从而颠覆现有的中心化模式，在全面提升可靠性的同时，极大地削减成本。

区块链的本质是利用去中心和去中介的方式，让所有参与者共同维护一套数据库的技术方案。不论加入系统的节点数是多少，都各自分别保有一串数据区块。链中的每个块里都记录了一定时间内系统的全部信息交换数据，且生成了相应数据指纹用以验证信息有效性并链接到下个数据块，这些数据块之间通过密码学相关算法产生关联。这样就能够保证区块链在没有可信第三方的条件下能够自证其信。

只要有过多的中介参与、过高的中介成本，或者是有低追踪成本和高信息安全的需求，就会有区块链技术的用武之地。

法币与数字密码货币并存

货币起源于一般等价物，即商品货币。一般等价物的出现，也意味着人类“通用价值”观念的形成。随着人类商品交换的范围扩大，一般等价物携带不便，于是又发明了一般等价物的代表物（代币），比如银票。然后记账货币就出现了。总之，传统的货币是按照一般等价物（从实物到贵金属），到一般等价物的代币，再到信用货币（法币、主权货币）这样的过程演变发展的。

在现代信用货币制度下，货币就是债权。一张100元纸币代表央行欠我100元，而我要向别人支付100元时，只要把纸币交付对方，就变成央行欠对方100元，那么也就完成了价值（或购买力）的转移。银行汇款也是同理，也是债权（存款）的转移。

所以，债权本身就可以充当货币（就是信用货币），只要它标准化、可流通，并且受到民众信任，被广泛接受。

早在春秋战国时期，人们就已经认识到，国家要掌握铸币权，调节货币总量，用以治理经济，这些内容被写在了《管子·国蓄》中。人与人之间发生的经济活动，会产生各种债权债务关系，并影响人们对未来的预期。所谓调节经济，在很大程度上是通过调节货币的币值，来实现财富在国民中的重新划分，进而实现经济发展的均衡稳定。因此，政府要掌握货币这种记账权，来达到此目的。

经过几百年对记账权的争夺，最后形成政府、央行、银行三者制衡的记账制度（也就是货币发行制度）。货币发行（即记账）的本质有几个要点。

第一，控制货币总量：记账人，即货币的债务人（比如央行或银行），必须保持良好的信誉，适度控制发行量，但又得合理增长。这是它的债务凭证能够成为货币的最根本的必要条件。

第二，流通的方便性：这种债务凭证能够方便地转让流通。在现今网络时代，这一点并不难做到。

第三，流通的安全性、可信性：这种债务凭证必须值得信赖，它很难被非法篡改、复制或伪造（及其他非法行为）。这一要点也是人类长期以来最头疼的事情。过去，人们通过选取昂贵的商品充当一般等价物，来提升伪造成本。对于纸币，通过防伪技术实现；对于电子货币和存款货币，通过加密技术实现，但仍防不胜防，无法做到完全安全。

第四，发行方式：发行主体要适当选择货币的最初投放对象，理应是价值的创造者或持有者，以此将其持有的价值（或未来所能产生的价值的现值）换成手中的货币。

第五，可调节性：国家经济管理当局（目前是央行）可以通过调节债务凭证的总量，来对宏观经济实施调控。一般等价物充当货币时，很难做到这一点，因为一般等价物的产量不能完全掌控（当时国家试图通过回笼与投放来调节币值）。

第一点是成为货币的必要条件，第二点、第三点、第四点是货币实务中的现实要求，而第五点是当局调控经济的需求。一种良好的记账货币体系，至少要满足上述几点。

可是我们发现，第一点与第五点存在天然的矛盾。只要存在一个统一的记账人（比如央行），那么它既得控制货币发行量，又得调节货币支持经济，而有时这两个目标是对立的。自 2008 年金融危机以来各国央行的表现就可见一斑。

➢ 区块链算法支持货币记账权

区块链技术为解决货币体系存在的问题做出了尝试，尽管从目前看仅解决了部分问题。严格地讲，区块链不是一种新“技术”，它使用的都是现成的信息技术成果，但是引进了数学上的非对称加密，从而创造性地实现了去第三方信任，以比特币为代表的基于区块链技术的数字密码货币解决了三个问题：货币总量的控制，流通的方便性，流通的安全性、可信性。但似乎还未解决剩下两个问题：发行方式和可调节性。

其实，这两个问题是联系在一起的，因为能够调节货币总量的那个主体（比如央行），肯定也掌握着发行方式（否则无从调节）。但是，比特币体系不存在这一主体，它的发行权是分发给所有参与者，看谁的矿机算力大，谁就能“挖到矿”，也就是获得初始新发的货币。于是比特币最初是发行给那些拥有一堆矿机的人。比特币的货币总量会在某日停止增长，不能通过短期增减货币量来调节经济。这意味着，基于区块链技术的数字密码货币虽然出色地解决了流通问题，但没有解决发行方式问题。中国人民银行已开始研究数字密码货币，并且在未来有可能引进基于区块链技术的数字密码货币，可以解决电子现金的流通问题，但发行体系仍然保持现状。

> 多种非法定货币形式的货币

随着全球市场的发展，特别是信息技术的发展和在金融领域的应用，多种非法定货币形式的货币相继出现，主要有三种形式：电子货币、虚拟货币和数字密码货币。

电子货币是纸币在银行或其他相关金融机构，将法定货币电子化、网络化存储和支付的形式。当在账户之间划拨资金时，实质上只是资金信息的传递。人们对电子货币的信任来自对政府法定货币和银行金融体系正常运转的信心。电子货币本质上是法定货币的一种电子化，其最初的源头都是中央银行发行的法币，并未改变法币的根本属性。

广义的“虚拟货币”是没有实物形态的货币，包括以上提到的电子货币和下文介绍的数字密码货币等。但狭义的虚拟货币是基于网络的虚拟性，由网络运营商提供发行并应用在网络虚拟空间的类法币，即它是真实世界货币体系的一种映射模拟，又被称为网络货币。例如腾讯公司发行的Q币，各大网游公司发行的游戏币，论坛为奖励网民参与贡献而设计的积分等，通常被称为狭义的虚拟货币。这种单向流通的特性决定了虚拟货币无法充当真实世界里的现金或电子货币，它只能是互联网企业用来服务自身用户的一种商务模式。人们对虚拟货币的信任完全来自对互联网发行企业的信心。

数字密码货币可以看作是一种基于节点网络和数字加密算法的虚拟货币。数字密码货币与电子货币最大的不同在于数字货币不会有物理钞票的存在，它本身就是财富的表现形式。数字密码货币的核心特征主要体现在三个方面：由于来自某些开放的算法，数字密码货币没有发行主体，因此没有任何人或机构能够控制它的发行；由于算法解的数量确定，所以数字密码货币的总量固定，这从根本上消除了虚拟货币滥发导致通货膨胀的可能；由于交易过程需要网络中的各个节点的认可，因此数字货币的交易过程足够安全。

从供给方面看，区块链技术的进步使制约数字密码货币发展的安全问题、信任问题得到了较好的解决。从需求来看，数字密码货币在一定程度上打破了现实世界中或多或少存在的货币兑换限制和支付的寡头垄断，成本很低，满足了公众低成本进行跨国界支付、交易和保护个人隐私的需求。

但数字密码货币是否能够成为货币，也面临很多现实障碍和困难。判断数字密码货币是否为货币，可以从货币的三个基本作用出发：一是交易媒介，二是价值储存手段，三是记账单位。从交易媒介看，目前数字密码货币还未被广泛使用；从价值储存手段看，以比特币为代表的虚拟货币价格波动性很大，也缺少现代货币的其他特点，比如不能存入银行获取利息，缺少像存款保险一样的保障机制，没有在贷款、信用卡等日常金融活动中被广泛接受和使用；从记账单位看，数字密码货币的价格大幅波动阻碍了它作为记账单元。总体来看，现阶段的数字密码货币具备了一定的货币特征，但还不足以成为被人们广泛接受的货币。

换句话说，基于种种现实原因，从法币的角度来看，区块链技术解决的是数字密码货币记账算法的问题，数字密码货币自身存在问题和困难的同时，也无法解决法币体系存在的突出问题，也不会碰触货币记账权（法币必须是中心化的）。基于区块链技术的数字密码货币只有被央行赋予货币记账权才会成为法币（一部分）。

➢ 未来的货币体系

尽管数字密码货币不会天然取代法币的地位，但数字密码货币与其背后的区块链技术，对现有法币体系及基于法币体系的现代银行体系提出了挑战。

经过数百年的演变，中央银行成为发行的银行（发行货币）、银行的银行（提供清算、最后贷款人）、政府的银行（保存和管理政府的存款），但数字密码货币的发展使得“自由银行制度”的讨论再次回到人们的视野。商业银行可以发行自己的数字密码货币，比如花旗银行就运用区块链分布账户技术研发自己的数字密码货币——“花旗币”。

中央银行的三种基本职能确实在数字密码货币情景下受到了挑战，但中央银行仍然具有不可动摇的优势。首先，中央银行以国家信用为后盾，其发行货币的信誉一般高于本国的商业机构。其次，中央银行的无限货币创造能力使其能够充当最后贷款人角色，为其他商业银行提供支持，维护金融稳定。最后，从公平竞争的角度看，由中央银行来管理政府存款可以减少商业银行之间的不公平竞争。

在传统的货币发行中，流通中的现金其实也是央行对公众的直接负债，只是基于技术限制和成本方面的考虑，央行通过商业银行来发行现金。随着技术的进步，央行通过数字密码货币形式直接将货币发行至个人和企业账户成为可能。

尽管央行发行数字密码货币会给商业银行带来冲击，但商业银行提供的金融服务仍然是不可或缺的。商业银行最主要的职能是期限转换，即借短放长。与之相联系的是，商业银行提供了信用风险甄别、定价、风险管理等服务，还有其他各种金融服务。

区块链技术在事实上验证了数字密码货币跨国界运用的可行性，带来信息共享和透明化，让理想照进现实。一些国家已经开始积极探索货币当局在数字密码货币发展中应该扮演的角色，但各国态度存在差异。英格兰银行的态度比较积极，提出通过借助“分布式账簿”技术，中央银行的资产负债表有可能向更多的金融机构开放，甚至向非金融机构乃至家庭和个人开放。一些中央银行开始发行数字密码货币。2014 年 12 月，厄瓜多尔政府为了提升金融包容性，也为了在一定程度上摆脱美元的影响，宣布建立自己的电子货币体系“Sistema de Dinero Electrónico”作为实体货币的补充。但从国家主权的视角，国际化的货币仍然难以构建一个新的国际货币体系。从比特币的认可度看，德国在2013年承认比特币的货币地位，而在其他国家比特币却未获得这样的认同。在国内，2013年12月，五部委联合发文防范比特币风险，明确比特币不具有货币属性，是一种虚拟的商品，不具有法偿性。数字密码货币虽然难以国际化，但区块链技术受到各国央行的重视。英国央行推出类比特币的加密货币RSCoin，荷兰央行正在开发以区块链技术为支持的DNBCoin,中国央行也计划推进数字密码货币。

这种以区块链技术为基础的数字密码货币更可能是混合型的，发展前景可能会出现以下三种情况：一是混合型数字密码货币。有中心，即由中央银行发行，其发行规模和汇率都将由中央银行掌控，形成一个以法币为基础、以数字密码货币为补充的多元化货币体系，其核心是数字密码货币的国家主权。二是形成不同金融场景的虚拟货币。催生虚拟金融的交易规则和流程，进一步繁荣实体经济。当然，具有国家信誉的商业银行参与到创造数字虚拟货币的场景，更能够让不同的消费者接受这些金融创新产品。三是混合型数字货币。其产生的规则可变，并不以挖矿为基础的形式产生，比如Peercoin（PPC）采用POS取代POW，来维护网络安全。

融　合

可以看到，区块链金融的本质即依托区块链技术维护数据货币记账和交易记账的账本数据库，实现更低成本、更高效率（区块链技术的性能与中心化技术相比仍存在差距）的资源配置和风险控制，达到或无限接近信息流、物流和价值流的一体化管理（三流合一）。

目前区块链技术已在实践且广泛推广的方向，首推国际结算。过去因为各银行的集中系统没有联通，需要向支付方充分确证交易账户的支付能力，并走专门通道和协议保证支付的完成，周期和成本都居高不下，尤其在大额交易方面还需要缴纳押金。全球首个金融区块链应用联盟 R3 的设立，初衷就是在银行间省略信用确证的过程，以技术来保障支付能力并在保证交易安全的基础上使成本最小化。随着 R3 联盟机构越来越多，银行在清算结算方面的业务模式可能会被完全颠覆，直接受益的银行间结算清算的成本将大大降低。

渣打银行在 2016 年一份题为 *Blockchain and T2S:A Potential Disruptor* 的报告中探讨了欧洲央行 T2S（Target 2-Securities）项目引入区块链技术甚至被区块链技术颠覆的可能性，T2S 项目于 2006 年发起，旨在建立一个泛欧盟结算平台，为欧洲各证券市场中的中央证券存管机构（CSDs）提供中心化的券款兑付（Delivery Versus Payment，DVP）结算服务。

2016 年 8 月，日本的银行正在寻求用区块链技术升级汇款服务，实现全年全天候服务，甚至延伸到跨行转账。期望可以绕过日本银行家协会和国际银行间结算组织 SWIFT 的结算系统，以此提高服务效率，降低服务成本。目前包括日本银行家协会也在试图升级系统，目的是在 2018 年下半年之前推出全天候跨行转账。

区块链金融的发展方兴未艾，更多的公司会参与进来，更广泛的应用将会越来越多地来到我们面前。对于金融和金融科技的相关参与者来讲，如何把握机会占据一席之地，既是挑战，又是机会。

打通生产流通

从实体经济来讲，区块链的应用分为两部分：改造旧世界和开创新天地。

改造旧世界，就是把已有的技术解决方案放到新的技术环境中，加上区块链的特性加以改造，从而实现成本的降低、功能的优化和效能的提高。当然，这些必然受到中心化的影响。

开创新天地，就是探索全新的完全自主的去中心化的应用。毕竟这部分由于技术的限制，传统方案实现的成本过于昂贵而被完全放弃了。

技术必须要跟实际应用结合，中心化还是去中心化，其实是对应用而言的，技术层次只能是基础。从实际应用的角度看，区块链技术完全可以和传统的中心化的技术结合，由此解决现有的实际问题，在此基础上可以实现中心化、去中心化或者部分去中心化的应用。

说区块链是去中心化，只是从技术层面讲，因为实际的应用必然涉及法律的监管、政府的规范。所以有商业价值的应用必须综合考虑，排除那些无政府主义的应用，比如“暗黑网络”①等。

区块链的价值在于：一方面，针对个体自组织的需求，可以提供一个自洽的去中心化的解决方案；另一方面，可以灵活地与现有技术结合起来，为解决问题增加一个可能的维度，提供一个完整的有价值的方案。

对区块链的应用，不必固守于是否去中心化。对于不同的应用，可以在中心化和去中心化这个维度标尺上自由地选择合适的位置，找到能够有效解决问题的合适方法。

企业经营决策除了受到外部信息（譬如宏观经济、法律政策、税收政策）等影响外，更需要企业内部的信息支撑。在这个过程中，信息的及时、

---

① “暗黑网络”：使用 Tor 技术匿名浏览网页，Tor 是一种可以隐藏位置和活动的免费软件，最初由美国海军研究实验室设计使用，Tor 技术 60% 的资金支持来自美国国务院和国防部，是美国支持全球各地异见人士安全使用网络的工具。不过，恶势力也同样可以使用这个工具，很多黑客，甚至恐怖分子利用这个工具隐藏自己的身份，实施犯罪行为。

准确就显得格外重要。

代表性的企业内部活动可以有资金流动、产品服务的运转流动，以及管理信息流动——也就是资金流、物流和信息流。三者之间调和融合的程度越高，有效决策的成本就越低。

业务越复杂的企业，信息管理系统越复杂，准确及时地收集、记录、存储产品服务的生产交付活动、资金运转活动就越艰难，成本也更加高昂。各类 IT 系统的数据来源复杂、标准不一、数据可逆，会造成唯一的交易事项信息被若干不同系统记录为不同的内容，信息校验难度大。从这个逻辑上看，一项交易活动能否在系统里面被定义成唯一的、有时间标识的、真实不可逆的信息记录，且该交易事项能够记录前后传递关系，就变得非常重要，这些记录就可以作为所有不同的信息管理系统的唯一数据源，由此让不同信息系统对同样一项交易活动有同样的记录。

➢ **企业生产流程管理需要优化**

传统的大型企业都有自己的流程资源管理系统，比如 ERP[①]。在信息化时代，如何能实现企业的物质资源、资金资源和信息资源的集成一体化管理，如何提供跨地区、跨部门、跨公司的实时信息服务，一个这样的管理系统非常必要，不可或缺。

但是这样的管理系统通常情况下都是基于中心化系统来开发设计的，它有几个天然的弱点：

首先，是对中央服务器的高度依赖。所有信息的交互都需要通过中央服务器来完成，中央服务器任何原因的离线、堵塞、通信中断，都会造成

① ERP：企业资源计划（Enterprise Resource Planning，ERP），由美国 Gartner Group 公司于 1990 年提出。包括生产资源计划、制造、财务、销售、采购、质量管理、实验室管理、业务流程管理、产品数据管理、存货、分销与运输管理、人力资源管理和定期报告系统等，是基于网络经济时代的新一代信息系统，用于改善企业业务流程以提高企业核心竞争力。

严重的后果。而中央服务器的数据也存在被篡改和删除的风险，数据的保密和安全也是挑战。

其次，是单个企业的管理系统很容易成为数据孤岛，和外部信息交互非常困难。即便有同类型的管理系统可以被人为打通，大家的信息交互也是非常有限的，很难形成产业链上的充分合作。

最后，是无法和更多的生产经营信息整合，扩展应用范围，发挥大数据的威力。虽然企业资源管理有大量的子系统，但通常企业只会选择重要的几个子系统，信息采集和获取不完整。在需要进行广泛、深度的信息挖掘的时候缺少大量的一手信息数据。

以区块链平台为基础的流程资源管理系统，可以为上述弱点提供完美的解决方案。

➢ **三流合一**

区块链技术的出现，可以方便地使记录的信息真实唯一、安全可靠，使同一个交易活动的资金流、物流、管理信息流能够呈现高度匹配、无缝对接的记录结果，实现三流合一。当然从广义来讲，可能和交易活动相关的远不止上面提到的这三流，区块链的开放性可以容纳更多的信息加入。

实现三流合一会带来什么好处呢？我们展现以下两种场景：

第一，企业供应链融资。传统的企业供应链融资基本是按照如下模式开展的。某集团向一供应商采购一批零部件，采购金额 X 万元，按照合同约定，货款在验收合格 Y 个月后支付。一般情况下，这笔款项会安静地躺在采购方的账面上无法被供应商使用，即便供应商发生资金周转困难。而如果将该应收款项拿去银行或其他金融机构做供应链融资，会面临如何获取该应收款项的真实性的问题。需要鉴定销售采购合同的真伪；需要确认该合同项下的货物采购运输及入库行为真实地发生；需要确认款项是否未被支付。获取这些信息的真实性需要采购方对合同的背书、款项未支付背书、货物发货清单、物流运输清单、验收入库清单。由于这些信息没有被集成到一个跨主体、统一、可自动匹配、不可篡改的账本上（或者叫数据库），所以收集碎片化信息难度巨大、验证成本极高，也间接造成中小企业融资成本高、难度大。

区块链技术的出现就可以完美地解决这些问题。假如采购方、供应方、第三方物流、融资机构都采用统一的区块链底层系统，每个产品都赋予一个由区块链系统生成的唯一地址标识，产品的发货信息、运输节点信息、入库信息、账务确认应付款信息都被交易链条的每个节点独立地记录在同一区块中，那么该合同项下的所有关键信息都是唯一不可篡改的。供应商向融资机构提供材料后，融资机构只需要在系统中输入该合同的编码，即可有效获得真实信息，给出相应评估并发放贷款。那么在企业内部，也可以做到每笔交易链条的全程信息可识化，极大地提升企业供应链管理、资金管理、库存管理、财务运作、审计管理等效率。

第二，三流合一，打通信息孤岛后的场景。从单一企业的场景扩展到整个供应链，所有参与区块链技术应用的企业、客户、金融机构等，都通过相互验证形成各自独立真实的账本记录。对消费者来讲，购买商品前观察到的商品评价是真实的，而非刷单交易，从而降低寻找成本，同时个人真实的消费记录可以有效支撑个人信用；对企业来讲，供应商可以将应收款及时贴现，有利于企业资金周转及扩张；对采购企业来讲，通过提供账本查询服务获得一定利润，同时可以稳定供应商体系，可以进行产品回溯；对于金融机构来讲，账本可以支撑应收款项进行市场评级、公开交易。这样一来所有行业都可以进行市场化操作，不同账本可以进行价值互换，打破行业壁垒，打破信息孤岛。

优化商业运行

账本真实唯一意味着不同企业的信息可以有效交换，从而带来价值的交易。这种交易不仅是在产品的生产环节，也包括在产品流通和售后服务环节。只有全社会产业链、全社会参与者全面打通后，才能真正建立起互信和全社会无障碍价值转移的数字经济。

下面用商业积分作为例子，具体看一下当前的商业流通环节所面临的种种掣肘，以及区块链将会带来的革命性变化。

➢ **传统商业积分作用有限**

大家习以为常的商家消费积分，并不是一个新生的概念，其背后不仅是商家对消费行为的褒奖和价值回馈，更是商家与用户之间关系维护的纽带。用好商业积分，对商家是增强用户黏性，维护自身商业利益；对用户是实现利益最大化，可以进一步感知商家服务。

但传统商家的消费积分都是以孤岛的形态存在的，无论是某个银行信用卡的积分，还是某个超市电商的积分，每个单一商家的积分无法和其他商家进行交换；另外，积分本身的授予和兑现又完全是商家“一言堂”，授予规则和奖励标准完全是商家单方面确定，不但不透明，其本身也有一定程度的盲目性。

正因为孤立商家的积分一方面可能数量有限，现金价值不高，可兑换的商品、服务极为有限，客户很难兑换到很有价值的东西；另一方面兑现过程往往不太方便。这既让用户感到体验不好，还可能导致很多用户怕麻烦干脆就放弃了商家的积分，让商家的积分制度完全没有起到作用。

对商家来讲，固然积分不兑换可以省点钱，但积分制度的根本意义还是建立客户黏性和引导重复消费，让客户不兑换积分长远来看是商家的损失，除非你是自来水公司或煤气公司（从不发积分）。所以建立积分制度本身，就说明商家需要靠积分制度来维系客户的忠诚度。

在积分共享领域做得比较成功的是平安万里通。其在平安内部主要有两大价值：一是“门”的价值，通过打造积分平台为平安抢占互联网用户流量入口；二是“整合中心”的价值，协同集团其他业务发力客户迁徙。万里通基于移动互联网和大数据，一方面为企业提供新的忠诚度解决方案，另一方面为消费者提供消费积分解决方案。2014 年万里通发放积分 19.59 亿元，同比增长 183%，年交易规模达到 46.61 亿元，同比增长 284.5%，其中移动端占比 27.6%。截至 2014 年底，万里通积分平台拥有超过 7000 万的注册用户，覆盖线上下 50 万家积分消费用户，打通了集团内外的消费渠道。从平安万里通的数据可以看出积分交互和客户共享具有巨大的商业价值。

作为传统中心化的积分共享平台，平安万里通已经做得非常成功了，但也存在一些问题。其实道理非常清楚，正是因为其中心化的特性，导致平台在一定程度上成为孤岛。具体来讲，中心化的积分交换平台有几个共同的痼疾：

第一，大家都想自己做积分交换平台，最大限度地获得其他商家的信息，保守自己的商业秘密，导致各个平台也呈现孤岛化。

商业信息的开放和客户信息的交流，本身就是不同商家之间的大忌。淘宝平台规模做得很大，掌握了大量中小商家的信息，却并没有和他人分享淘宝大数据，同样的情况在京东和其他电商都一样。如果不希望淘宝掌握你的全部商业信息，唯一的办法就是自建商城，这是很多大企业的选择。

商家加入某个平台，其主要目的也是希望获得平台的资源，而不是优先分享自己的客户资源给平台，这也导致平台和商家之间“友谊的小船说翻就翻”。基于商业合同而不是双赢共享的模式，并不能必然带来信任，也不能必然带来合作。

第二，积分定价机制导致不同商家积分的现金价值差异较大，冰火两重天。由于商家积分定价基本都是商家自身的中心化行为，导致不同商家积分的现金价值差异较大。一些商家的积分受到追捧，另一些商家的积分没人要。只要是各个商家自行为自己的积分定价，那么几乎可以肯定其不会被市场和用户完全认可。在一部分商家积分热捧的背后，就是另外一部分商家积分的门可罗雀。

第三，获得新商家的加入也是一次巨大的工程，商务谈判和流程扩充的工作量会很大。

由于每个新加入商家的商业信息保护、积分定价等，都需要事先协商沟通、谈判，导致新商家的扩容也伴随着工作量的线性增长，并没有体现互联网经济边际成本趋于零的特点。

在传统中心化的积分交互平台上，商家仍然是自身积分的主体，是自身积分定价的决定方。商家的客户只能被动遵循商家和平台谈判定下的交易规则和交易价格，而没有任何发言权。即便商家的积分在平台上无人问津、毫无价值，商家的客户也无可奈何。

➢ 让积分交互打通商业壁垒

区块链可以有效地解决积分孤岛、中心化积分交互平台存在的问题，让各商家企业之间的积分实现有效互换共享，帮助客户降低获客成本，促进重复消费，盘活个人沉淀的“鸡肋 ”积分，让可流通的积分为用户创造更好的消费体验和导流。

第一，区块链破除商家壁垒。

区块链可以很好地解决中心化积分交互平台存在的一系列问题。区块链平台上每一个用户的公开性和唯一性，直接消除了商家的种种壁垒；而其安全性又保守了商家商业信息的秘密，使商家可以安心加入平台。

对其他商家来讲，看到的是在区块链平台上参与交易的某个商家的客户,但并不掌握该客户的具体商业信息。因此,客户之间可以彼此完成交易,但无须暴露自身的底细。

区块链的这些特点解决了商业积分交互平台的一个核心问题，就是如何在保护商家自己的商业机密的情况下，来共享彼此的客户资源。

第二，区块链平台的自由交易，实现市场化定价。

和中心化积分交互平台不同，在区块链平台上的商家的每个客户，都是独立交易主体，其地位是由区块链平台保证的。交易主体可以决定不同商家积分的实际价值和彼此的兑换价格，以市场可以接受的价格完成交易。而这种交易价格，本质上就为不同商家的积分做了市场定价，无论商家自己宣称的积分现金价值有多少。

一个商家的积分能够兑换到有价值的商品或者服务，必然会受到市场的追捧，从而获得较高的交易价格；一个无法兑换到有价值的商品和服务的积分必然被弃之如敝履。相对较高的积分价格本身就代表了市场用户对该商家的认可，也督促其他商家改善产品和服务，优化对客户的回馈，提升自己的积分价值。

进一步来讲，获得市场普遍认可的商家积分，就等同于某个平台上的一般等价物，该商家其实获得了在平台上的“发钞权”。比如某平台上有某全国大超市的积分，也有某小理发店的积分，出于对大超市积分安全、价值、便利性的考虑，很多人可能都会把小理发店的积分尽快兑换成大超市的积分。这样造成的场景就是，小理发店的积分被压低价格并且很快就返回来兑换服务（积分消费了），而大超市的积分则有可能很长时间没有被实际消费——这种情况和大超市发预付费卡有点像，就是大超市靠自己的信用，拥有了自己的资金池。

以区块链平台为基础的商业积分交互平台，可以为商家之间在产品和服务质量上的竞争提供一个公平展示的舞台。

第三，无限互联，无限可能。

以区块链为底层架构的去中心化积分交互平台可以有无限低成本扩张的能力。最简单的例子，就是多个中心化积分交互平台可以接到同一个区块链底层平台上，不但打通了商家孤岛，也打通了平台孤岛。甚至完全不同类型的平台，比如积分平台和中介服务平台，或者完全不同行业的商家，也可以接到同一个区块链底层平台上，实现更大范围的互联共享。近些年时髦的一个词就是“跨界”，互联网时代的“跨界”竞争催生了无数的商业奇迹，区块链平台提供了这个机会。

区块链不仅可以很好地解决当前中心化积分互换所遇到的种种问题，实质性地推进积分互换的发展，也从根本上解决了共享客户和保守商业机密兼得的问题，突破了当前中心化商业模式的最根本障碍，推动了商业模式的发展。

贵阳市的实践

适逢我国大力发展数字普惠金融创新、积极推动经济供给侧改革，经济转型进入一个新阶段，同时为了积极响应建设贵阳内陆开放型经济试验区，顺应数字经济时代进行创新的目标，加速在经济新常态形势下的开放发展，贵阳众筹金融交易所（以下简称交易所）在全国率先开展消费积分交易试点业务，并得到市场的积极响应。

市场迫切需要去库存、调产能、优结构的新型大数据消费金融电商，在这个“换道超车”的时代，交易所搭建起我国首个消费积分交易平台，并制定了面向实际消费会员和以保证金及消费退出的稳健交易制度，规定了可以上线互换交易的消费积分发行方必须经过第三方保荐机构及经纪机构的专业服务，规定了可参与交易的消费积分是指赠予方以消费者的消费行为为基础、向消费者及相关方无偿赠予的消费积分，且该消费积分可兑换赠予方公开销售的特定商品。交易所对交易主体、规则、风控、流程的积极的尝试，积累了很多经验。

消费积分交易是交易所努力贯彻党的十八届三中全会的精神，实现以市场配置资源、激发市场经济创新活力，推进数字经济价值共享，打造新一代大数据消费电商，服务内陆经济开放的重要尝试。消费积分交易具有广阔的发展前景，越来越多的消费者和中小企业，将会享受到消费积分交易带来的持续实惠和发展动力。

随着消费积分交易市场的不断繁荣、壮大，消费积分交易业务量的不断扩张、累积，交易所的消费积分交易经纪人在交易过程中逐步体现出举足轻重的地位。经纪人通过经纪公司，代理客户进行消费积分交易，获得交易佣金。随着越来越多的消费者参与消费积分交易，消费积分交易平台不断繁荣与发展，必将为消费积分交易经纪人带来丰厚的收益和良好的职业前景。

交易所同时开启了将传统主力金融与大数据众筹新金融融合发展的独特发展模式，并一直致力于用众筹为中国经济转型和全球创客创造数字普惠金融的大舞台。交易所在中英科技跨境众筹、大数据消费积分众筹交易、公共资产 RETIs（房地产信托投资基金）交易、知识产权证券化众筹、物联网新能源众筹交易、三五版资本市场联动交易、体育游戏及虚拟现实资产、艺术品及特许商品交易、交易银行及保险金融资产交易等领域的创新，走在了前沿，产生了国际性的影响力。

在即将迎来新一轮数字经济创新和世界经济供给侧改革的大机遇时代，贵阳市的实践真正能做好服务实体经济、服务全球创客创新、服务西部内陆经济开放，就一定会迎来美好的未来。

区块链大数据①

自 2014 年 3 月“大数据”被写入李克强总理所作的《政府工作报告》、被列为国家战略以来，国家和各部委层面不断加快推动该产业发展，发布指导意见和制定相关规划，国务院常务会议通过了《关于促进大数据发展的行动纲要》的决议，凸显了两个风向标：一是大数据产业开始逐渐落地，二是政府大数据建设和应用将起带头作用。

有形的资源比如土地、能源、矿产、人口、工业基础等是大家都看得到的，也是各级政府和企业竞争的焦点。相比之下，大数据资源更像是一块处女地，如前所述，无论是数据的挖掘利用，还是数据的整理提炼，或者是数据的交流合作，更包括数据的交易流转，都处于非常初级的阶段。这方面的任何开拓，都面临着广阔的天地。

而由于互联网的“地球村”效应，大数据完全突破了地域、所有者背景、产生时间等的条件限制，跨界不仅会是大数据产业的常态，也会成为大数据价值增值的一大关键。从地方政府来讲，建立大数据方面的领先地位，让全国乃至全世界的大数据为己所用，创新性地发掘大数据的应用，领先地发掘大数据背后的各种商业价值，不但利益巨大，而且有强烈的卡位效果。

以贵阳市为代表的一些地区，通过大数据产业和大数据金融的超前发展，牢牢把握了大数据时代内陆经济消费贸易改革开放的风口。充分发挥

---

① 本部分主要参考：http://www.wtoutiao.com/p/2ba5X5S.html；《区块链、人工智能催动行业巨变：未来金融行业你可能都不认识，小心 OUT 了！》（微信公众号：新财富 plus。中银国际，吴友文，2016-08-19）；《美国三大征信巨头发展历程启示录》（微信公众号：零壹财经。2015-01-07）；《“三驾马车”拉动大数据征信，“数据—信用—财富”闭环初现》（微信公众号：蓝鲸财经记者工作平台。2016-04-18 ）；《美国大数据征信应用与启示》（微信公众号：199IT 互联网数据中心。刘新海，丁伟，2015-02-20）；《区块链征信重构现有征信模式》（微信公众号：征信圈。蓝莲花，2016-05-19）；《区块链大数据时代的范式演进》（微信公众号：半岛论坛。夏雪敏，2016-06-07）。

区块链平台技术上的优势，结合大数据和云计算的最新发展，实质性地打通各种商业壁垒，挖掘深度的商业大数据信息，从而实质性地推动国内消费和产业升级，可以实现经济发展水平更上一层楼。

重塑大数据行业

区块链网络的无限扩展性和简单复制性，为大数据在社会经济生活中的广泛应用创造了可能性。

在做数据挖掘和数据分析时，有 80% 的时间成本或精力成本花费在有效数据的收集和数据清洗上。一旦有了区块链，基于区块数据的分析和挖掘，会大大降低这些成本。

区块链是信息技术，可以把密集的、自由流动的、由共识衍生的信息划分为三级。第一级是垃圾信息，未增强的、未调制的数据；第二级是社交推荐数据，被社交网络同行推荐所丰富的数据元素；第三级是区块链共识推荐的数据，拥有区块链上一致支持的、高精确度和高质量的数据。

这种一致推荐的数据当然是来自群体的投票确认的，数据的质量依靠的是去中心化的投票系统，由无缝连接的自动执行机制来实现。区块链作为一项伟大的信息技术创新，在有关信息的质量和真实性上，将带来极大的提升。

首先，区块链以其公开性、安全性和唯一性，让纷繁复杂的社会数据可以被精确定义、分类，真正构筑了社会化大数据的基础。当前社会的数据增长是几何级数的，但人们的感觉是，可以被普遍利用的有效数据仍然非常缺乏。核心问题有两个：

一是中心化的数据产生和垄断管理，让相当多的数据“躺”在数据中心的数据库里面“睡大觉”，而不能方便地被第三方读取和分析使用，因此，即便有再多的原始数据积累，其实也和没产生这些数据是一样的。

二是孤立化的数据处于碎片化的状态。由于各个垄断性的数据拥有者本身也是彼此隔绝的状态，导致单个所有者的所谓大数据，放到全社会来看仍然是数据孤岛。所以这种孤岛型的大数据开发和应用产生不了实质性的应用突破，不能实质性地推动大数据行业的发展。

区块链平台公开透明、联通万物的特点，可以实质性地突破中心化大数据的壁垒，将会颠覆性地改变和重塑大数据行业。

第一，保障数据安全性。

造成中心化大数据孤岛化倾向的最根本原因，就是数据安全性的要求，从而阻止了孤岛大数据向第三方普通用户开放。

比如高价值的商业数据、个性化的个人数据、广泛的政府数据和社会数据，开放的主要难点和挑战是如何在保护个人隐私、商业机密的情况下开放数据。基于区块链的数据能够方便地实现公开性、安全性和唯一性的统一，为隐私保护下的数据开放提供了解决方案。

第二，不可篡改的、全历史的分布式数据存储。

区块链技术通过网络中多个节点共同参与计算，互相验证其信息的真伪以达成全网共识，实现了数据的分布式保存和全历史追溯。以区块链为基础的大数据技术，使大数据的发展进入一个新时代。

第三，数据访问授权，确保安全的访问权限。

相对于用笨拙的中心化大数据孤岛方式来做大数据访问控制，很多区块链平台可以非常简单地实现数据的访问控制，即便是在匿名情况下也可以限定合资格的访问者。可以无限获取各种类型的匿名信息数据，分布式存储，并被数据所有者合理设置访问权限从而实现有限访问，等于让市场价值为访问权限定价，更为公平、合理和安全。

➢ 天然的大数据交互平台

如前所述，区块链平台透明、唯一、可追溯的数据资产来源清晰、所有权明确、流通路径可查，对数据资产交易具有很大的价值。

第一，从广义上讲，现有中心化大数据孤岛的拥有者本身只是数据信息的中介。信息数据是一种非常特殊的商品，所有权容易模糊、“看过、复制即被拥有”，信息中介有条件、有能力复制和保存所有流经的数据，这对数据生产者和购买者既不公平也不安全。这种威胁仅依靠承诺是无法消除的，而这种威胁的存在也成为阻碍数据流通的巨大障碍。基于去中心化的区块链，能够破解中介拷贝数据的威胁，保障各级数据拥有者的合法权益。

第二，区块链提供了可追溯路径，能有效破解数据确权难题。区块链通过网络中多个参与计算的节点来共同参与数据的计算和记录，并且互相验证其信息的有效，既可以进行信息防伪，又提供了历史追溯。把各个区块的交易信息串起来，就形成了完整的交易明细清单，每笔交易的来龙去脉非常清晰、透明。另外，当人们对某个区块的“值”有疑问时，可方便地回溯历史交易记录进而判别该值是否正确，识别出该值是否已被篡改或记录有误。

第三，区块链平台便捷的支付方式、方便的权限管理，有利于不同信息源之间的信息交互。很多区块链平台的数字密码货币天然就具备了货币支付的属性和能力，而其小额支付又解决了法币定价对于小额虚拟商品的不便，可以轻松实现信息数据等虚拟商品的“一手交钱、一手交货”，既不需要另外的支付平台，也不需要另外的交割过程。

数据即征信

《左传》云：“君子之言，信而有征。”信用作为现在人类社会的基石，不可或缺。无论是社会交往还是商业活动，离了信用都寸步难行。

在农业社会中，信用是靠人与人之间的直接交流信息的沉淀。但是这样的信用范围小、局限大。在现代社会，通常是通过一个中心化的机构或者组织来维持对个人或者公司的信用评价。

目前，全球最大的征信系统是由中国人民银行征信中心建立的企业和个人征信系统，截至 2016 年 7 月末，中国企业征信系统共收录企业和其他组织 2165 万户，其中有信贷记录的企业和其他组织 609 万户；个人征信系统共收录自然人 9.0 亿，其中有信贷记录的自然人 4.1 亿。这些企业和个人信贷记录主要为金融业（银行业）提供。征信系统全面收集企业和个人的信息，其中以银行信贷信息为核心，还包括社保、公积金、环保、欠税、民事裁决与执行等公共信息，并接入了商业银行、农村信用社、信托公司、财务公司、汽车金融公司、小额贷款公司等各类放贷机构。征信系统的信息查询端口遍布全国各地的金融机构网点，信用信息服务网络覆盖全国，形成了以企业和个人信用报告为核心的征信产品体系，征信中心出具的信用报告已经成为国内企业和个人的"经济身份证"。

2015 年 1 月 5 日，中国人民银行印发《关于做好个人征信业务准备工作的通知》，要求 8 家机构做好个人征信业务的准备工作，准备时间为 6 个月，

图 9.6　中国征信市场图谱

资料来源：http://www.weixinla.com/document/44726061.html，新财富 plus，2016 年 8 月 19 日

试点单位有芝麻信用、腾讯征信、深圳前海征信等 8 家机构。截至 2015 年 6 月，央行审批通过的企业征信机构为 78 家，地方机构数量约为 150 家。社会第三方征信机构重点服务于中下游，作为完善、补充央行征信系统的重要组成。基于美国个人征信市场达 600 亿美元的规模，考虑到我国人口基数的庞大，未来发展成熟之后我国的个人征信市场空间很可能达到 1000 亿元的规模，而目前个人征信和企业征信总规模仅为 20 亿元。在很多人看来，征信市场是传统金融的最后一个“堡垒”，也是互联网金融的下一个最大的“金矿”。

美国征信体系中的产业链已经发展到成熟完善的阶段。整个征信体系分为机构征信和个人征信，其中机构征信又分为资本市场信用和普通企业信用。资本市场信用机构有标普、穆迪、惠誉等，普通企业信用机构包括邓白氏等。而个人征信体系中，征信机构包括亿百利、爱克非、全联等。此外，美国征信体系中还有 400 多家区域性或专业性征信机构依附于上述 7 家机构，或向其提供数据。美国征信市场的总体规模远远超过中国征信市场的规模。

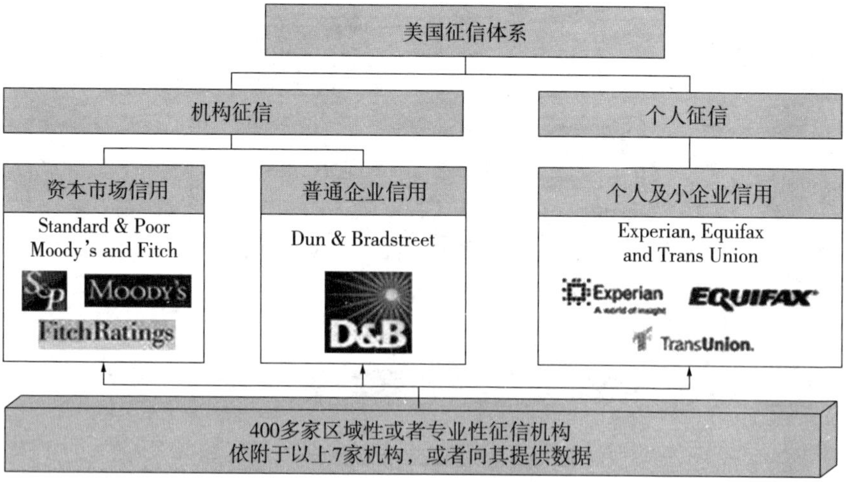

图 9.7　美国征信体系结构

资料来源：《美国三大征信巨头发展历程启示录》，零壹财经，2015 年 1 月 7 日

以个人征信为例，产业链中第一环节是数据收集，其来源比较广泛，有利于机构更加全面地掌握个人的信用状况。然后是对数据进行标准化处理，例如第二环节中，Metro 1 及 Metro 2 是美国信用局协会制定的用于个人征信业务的统一标准数据报告格式和标准数据采集格式。这种标准是征信行业发展的非常重要的里程碑。第三环节是三大征信局对海量数据进行处理，进而形成信用产品，包括评分、报告等。第四环节是将数据应用于各种场景中，比如个人租房，办理贷款业务等。

以美国为代表的"市场主导"模式并非唯一。以法国为代表的"政府主导型"征信市场、以德国和日本为代表的"混合型"征信市场均有其利弊。

传统的征信机构在金融活动中发挥了巨大的作用，包括贷款风险分析、授信额度、信息反馈等，但是这个模式有很大的局限性。

表 9.1　海外征信市场的模式比较

	政府主导型	混合型		市场主导型
代表国家	法国	日本	德国	美国
模式出现的原因	·大政府 ·信息安全、惩戒违反为主要任务	·行业协会对经济发展有巨大的影响力	·历史悠久的金融行会、金融机构对行会信赖度高	·小政府 ·以保护投资者利益为首要任务
核心机构	·法国央行 ·基本无市场化征信机构	·行业协会组织的非营利性的五大机构 ·商业公司如帝国数据银行、东京商工调查公司	·央行提供基础信息 ·金融行会牵头建立的 Schufa 等民间征信机构提供数据分析和评分	·三大征信局及 FICO 等主要征信机构全部为民间机构

续表

	政府主导型	混合型		市场主导型
优（+）劣（-）势	+ 保证国家信息安全 - 信息使用者仅局限于金融机构 - 只收集负面信息，征信评价不完整	+ 政府干预较小 - 收集信息种类较少，不全面 - 行业间、机构间信息互通少，较封闭	+ 信息使用者不局限于金融机构，信息开发度较高 - 缺乏类型丰富的对接应用	+ 行业细分、对接应用最全面，最具活力 - 市场淘汰过程慢，代价高 - 市场化运作，对监管基础环境要求高

首先，信用的类型广泛，有个人信用、企业信用、商业上的信用，也有其他社会生活侧面的信用。这些各式各样、有各种适用场景的信用类型并没有，也不可能由统一的中心化机构和组织来管理。换句话来讲，就类似上面提到的社会化大数据，目前沉淀在一个个数据孤岛里面，而现在的社会信用也是沉淀在一个个信用孤岛里面。

比如对个人来讲，银行征信和违法犯罪方面的信息储存在国家指定的征信机构里面，但个人在社交圈的诚信显然不是征信机构会去统计的；同样，企业可以不违反任何法律法规，维护良好的诚信记录，但这个企业如果没有像样的业务进展，其实并没有很好的经营能力。

其次，为了维护信用评价体系，需要采集的信息和评估模式也有很多选择。更不用说信用有不同的应用场景，在不同应用中的要求也不一致，现有的授权的信用评价机构完全不可能提供这种差异化、个性化的服务。

打通信用孤岛

在社会上，一个人的信用是需要方方面面来体现的。就算征信系统里面的信用数据再好，一个有不良习惯的人在社会上也是有诚信瑕疵的。所以一个人的方方面面都是自己信用的呈现，所有的信息都应该纳入信息采集系统。显而易见，在现有传统的信用采集体系里面，这是完全不可能的。从另一个角度讲，真正的诚信也不等于授权机构基于有限的一些信用数据采集所做的评价。

要做到“数据即征信”，首先需要的就是全方位的数据采集，这在数据孤岛遍地的情况下是做不到的。

其次是需要全方位的大数据分析、管理体系，其空间也很大。面对海量的数据，如何建立有效的逻辑映射关系，建立可靠的征信模型，都需要有突破性进展。

再次，数据安全和个人、企业的隐私保护，需要有良好的技术手段和处理能力。

最后，全方位的征信需要有技术可行性，也有经济可行性。现有的社会信用管理、认证是通过一系列的授权机制来实现的，这其中授权机制的搭建、系统的联网和维护，成本高昂；而其中潜藏的监管漏洞、技术风险和道德风险也是很大的。依靠现有中心化系统的升级换代，是完全不可能实现的。

显然，“数据即征信”就是数字经济的未来方向。信用本来就是附着在每时每刻产生的每个数据之上，没有这样的数据采集能力，或者没有这样的数据处理和分析能力，而代之以有限数据的采集和分析，只能算是临时性地简化处理，并不全面。

更进一步来讲，最全面完整的信用评价也不是某个授信机构可以单独做到的。在大数据背景之下的全方位的数据征信和大数据处理，结合授信机构的相关报告，并由信用攸关方自行分析，产生满足需求的个性化的信用评价报告，才是未来的发展方向。

2016 年大数据征信对中国金融行业的创新颠覆，最重要的一点将是令金融行业的客户监测实现动态风控。传统的评估、交易形态正在被数据化的网络技术全速颠覆，数据成为一切信用的基础，未来20年，一切能被数据化的皆可成为信用，而信用就是财富。重构互联网时代信用体系、用新技术解决从前无解的谜题，令大数据征信成为互联网金融“隐形的翅膀”。

信用需要被大众了解，信用需要被大众接受，消费金融的火爆竞争与增长，正在倒推整个金融市场变革，令个人征信业务成为下一个10年内暴发的需求，这不仅是商业行为，更重要的是能带来社会观念的转变。

➢ 区块链完成“征信”拼图

在“数据即征信”这方面，区块链技术的应用可以帮助现有的社会征信体系解决一系列问题。

区块链技术可以在不具有中心化的信用体系之上实现各方之间的信任，而省略掉相当程度的中央授信机制。或者说，区块链平台可以很好地和现有的社会信用评价系统进行配合，建立更加高效率、低成本、更有现实可行性的征信体系。

这样的信用体系涵盖面更广。比如原来根本没有自己信用记录的人去办贷款、办信用卡、办社保，在新的征信体系里面，电商交易和个人业务，都可以成为个人信用的一部分。

这样的信用体系服务面也更广。比如原来查信用记录需要一系列的授权和约束，在新的征信体系下可以方便地查任何一个交易伙伴和合作伙伴的信用状况，而不触及对方的隐私。

新的信用体系，可以被方便地分解成针对不同需求和应用的多个子体系，比如每个行业可以建立自己的信用系统，同时也可以让跨行业的信息进行共享。这个比现有单一的信用体系更加强壮，更加符合实际的应用。

当前征信行业面临的核心难题：不想共享自己的数据，却需要获取第三方数据——传统技术架构解决不了这个问题。在区块链征信应用中，区块链技术主要帮助解决两方面的核心问题：一是竭力获取外部共享信用数据，二是主动分享核心信用数据动力不足。具体而言，加入区块链征信平台的各方信用数据共享厂商，只需要将各自原始数据的摘要信息提交到区块链系统即可。获取了私钥的查询申请方通过区块链征信平台的共享链接转到原始数据存储方，进而完成信用数据的查询。基于区块链技术共识自治的特点，各方信用数据共享方既可以查询到外部信用数据，又可以保护自身商业数据不被泄露。

比如，构建一个黑名单系统，需求分析主要包括以下内容：在不共享原始数据的情况下，做到多方数据共享，放大数据价值；数据真实有效，且不能被人为篡改；参与者不是被动地提供数据，而是主动参与共享。如果 A 查询了 B 公司共享的数据，B 应该能分享部分收益；提供的数据越新越值钱，旧数据相对廉价；信息不对所有客户开放，对查询大于共享数据的用户，收取查询费用。

在区块链征信系统功能设计方面，应该包括以下内容：

- 原始数据安全存储，摘要信息上区块链账本；
- 制定统一的黑名单登记规则；
- 以区块链公钥加密保证数据的可靠性；
- 有偿提供各自的黑名单列表；
- 有偿提供数据查询；
- 黑名单以分布式账本形式存储，确保数据不可被篡改。

基于区块链技术的黑名单系统有如下特点：

- 公钥加密：加密数据提交拷贝数据到区块链，保证不被篡改；
- 私钥解密：用户通过私钥授权查询；
- 不可更改：某一次查询视为一次交易，要记录，且为不可逆操作，确保查询源头可被追查；

· 有偿服务：公司 A 查询公司 B 的数据，B 获得收益，或者获得对应的查询资格；

· 权限设定：不同类型公司可以设定不同开放权限，可以选择开放给非竞争对手。

价值网络引导商业活动

人类互联网历经信息互联网、产业互联网后正向传递价值的价值互联网迈进。基于区块链的价值互联网具备以下特征：

第一，数字化的特性：互联网上价值交换成本极低，使得零边际成本社会的出现成为可能。

第二，价值交换双方的信任关系的建立不再依靠现实世界中的中心化结构，而是依靠一套计算机算法程序。

第三，依靠一套公开、透明、共享的分布式账本系统（区块链），确保每一笔互联网上的价值交换都是真实唯一的。

第四，互联网上的价值交换采用数字密码货币作为交换媒介，而基于区块链的数字密码货币有成为可编程货币的潜力。

第五，任何能够或可以被数字化的资产（现实资产、虚拟资产，甚至是未来资产）如果被数字密码货币所标识、所锚定，那么紧随这种可编程的数字密码货币，这些资产也会被赋予智能，成为附带程序的智能资产，可以自行交换、自行执行。

价值互联网的以上特征带动了人类社会数字化能力的又一次大跃进，将引领人类进入算法驱动的数字化共享发展驱动力的时代。

在以区块链技术为基础搭建的价值网络上，信用的意义就好像物理学里面的势能——更高的信用值意味着会聚集更多的商业活动机会，聚集更多的商业合作伙伴，汇聚更多的商业附加值和品牌效应，更容易获得商业的成功，更容易交到更多的朋友。

在数字经济时代，信用的作用就像红绿灯一样。举一个可能不完全恰当的例子：受当前的技术发展水平的拖累，目前中国社会的信用发展水平也许还只是（中心化的）交警站在路口指挥交通的水平；未来迟早会发展到以程序自动控制的红绿灯为主，交警监督辅助运行的模式，路口的通过效率会有一定的提高；未来的发展，就是红绿灯控制程序进入智能化，根据车流和人流自动调节红绿灯的开关时间，进一步提升通过效率；最高级的状态，就是智能化的红绿灯控制程序和汽车上的电脑直接交互协调，让路口有最高的通过效率。

当前的经济活动中，信用仍然不能广泛地起到预见和引导的作用，所以未来数字经济时代，这方面的发展空间是非常巨大的。区块链如何在这个过程中起到重要作用，帮助社会尽快建立起符合数字经济发展方向的价值网络，前景光明，任重道远！

数字经济孕育新 BAT

➢ 数字经济将带来新的经济模式的超越

传统行业中，行业竞争尘埃落定后两大巨头并驾齐驱的例子比比皆是：可口可乐与百事可乐，麦当劳与肯德基，耐克与阿迪达斯……进入互联网时代，行业巨头的竞争更加白热化，有了更多的一家独大：如搜索引擎百度让奇虎 360 追赶乏力；社交领域的腾讯明显领先，此前的 BBS、微博被冲击得很厉害；电商领域阿里巴巴雄踞宝座，京东也只能“望阿兴叹”。

互联网时代是一个过剩的时代，是一个消费者主权的时代。互联网打破了信息在时间和空间层面的不对称，使用户的转移成本非常低。只有好的用户体验才能真正地吸引用户，只有把用户体验做到极致，才能够真正留住消费者，赢得人心。所以从这个意义上来说，互联网时代的竞争只有第一，没有第二。但由此带来的垄断却不是一件好事——国家不喜欢它，所以出台了反垄断法；普通大众不喜欢它，因为被剥夺了用脚投票的机会。

在互联网时代，分拆垄断企业的办法已不再是明智之举。“长江后浪推前浪，一浪更比一浪强。”君不见昔日搜索引擎的老大雅虎早被谷歌拍在了沙滩上，曾经大红大紫的搜狐、新浪已风光不再，代替它们的是互联网的新贵 BAT 在大放异彩,而千千万万的自媒体和创业公司也正跃跃欲试。科学技术是第一生产力，也是破除垄断的一大利器。互联网行业技术的日新月异和商业模式的层出不穷，未来数字经济时代的发展，必然会导致新旧势力的不断更替，新 BAT 的崛起势在必行。

➢ **区块链为数字经济时代的创新企业提供了机会**

要想诞生新的 BAT 企业，在 BAT 企业的原有领地与它们厮杀取胜的机会已经微乎其微。数字经济时代新技术的发展，已经为新的 BAT 的诞生孕育了新的土壤。

如果在全新的领地开疆拓土，创新企业有决策时间短、距离市场近、接受知识快、人员干劲足、船小好掉头的特点，在大企业还在决策做不做的时候，创新企业就可以先做出一翻业绩来。“大企业病”本身就是创业公司在新技术领域大举逆袭的契机。

近些年大数据、云计算一直都是数字经济的热点，但都没有形成新的 BAT 式的企业，为什么呢？很大原因是这两个技术的核心还是中心化，正好与 BAT 原有的中心化优势相契合。区块链则不一样，其核心是去中心化的，商业应用也是全新的，无论对 BAT 还是其他创新企业都是新生事物，所以当仁不让是创新企业很好的发展方向。

更重要的是，区块链奉行的是“我为人人、人人为我”的理念，与中心化的理念是不同的。区块链的核心是互信和共享，而中心化的核心是自信和独享。俗话说“道不同不相为谋”，中心化的 BAT 如何在自己优势的商业模式和技术优势上融合全新的区块链，会不会因为理念不同而“画虎不成反类犬”，都是有悬念的。而区块链的创新企业不同，它们没有 BAT 原有中心化模式的羁绊，可以充分发挥自己的主观能动性来重新发现市场，改变市场格局，创造全新的需求。

这世界本就一体两面，你有中心化的应用，那我去中心化的应用也可以有用武之地。虽然现在的世界上中心化的应用还是独占鳌头，但去中心化在特定的应用场景大放异彩并不奇怪。未来很可能是中心化和去中心化互为补充，取长补短，建立全新互补、融合的混合模式。

数字经济时代区块链技术带来的不仅是技术创新，更可以带来社会信用网络的建立。而建基在大数据之上的社会信用，催生的很可能不仅是新的商业机会，更可能是全新的商业逻辑和商业模式。

从这个意义上讲，站在现有的商业逻辑和商业模式的基础上来讨论未来是不是会有新的 BAT，意义不大。全新的商业逻辑和商业模式，无论对 BAT 还是初创公司都一样，既是挑战更是机遇。唯有不断创新和超越自我，才能在未来的数字经济时代获得广阔的发展空间。

大势滔滔，历史的车轮总会把繁华碾压成历史，去勾勒一段段传奇。

第十章

建设新社会

传统互联网是信息互联网，最擅长的是信息的传输和复制，我们很容易把一份邮件发给对方，但是对方不能确定你在本地的邮件信息是否消失了。而所谓价值转移是A把一块钱转给B，B要非常精确地多一块钱，A则要少一块钱——这种价值转移功能并不是传统互联网所擅长的，从而导致传统互联网必须依靠中介才能实现这样的功能。

区块链有很多用途，实现价值转移的功能只是开始。区块链不仅可以用在房屋上，也可以用在汽车上，因为汽车也可以通过这种密钥的方式来授权使用或者禁止使用。比如把区块链和无人驾驶结合在一起，可以做出一个非常有趣的应用场景。

车子在生产出来之后，通过无人驾驶就可以上路，然后接入去中心化的约车系统开始接送客人。客人如果获得了这辆车的使用权，就可以获得一把密钥打开车门，当车到达目的地，客人下车之后，这把密钥将不再有效。而每辆车都有一个自己的数字货币钱包，用户直接将费用支付给这辆车，于是车子就有了自己的资金。因此这辆无人驾驶的汽车可以自动到加油站为自己加油，加了油再继续运营。直到有一天年限到了，它还可以把自己卖掉，把钱交给公司……

看完这个案例，是不是感觉人类似乎没必要存在于这个世界上了？通过区块链技术，我们完全可以将这个看似科幻的场景变成现实。而且大家需要知道的是，这个案例中所有的技术都是现成的，区块链现在就可以做到这些功能。

从某种意义上来说，区块链是一个大规模的协作工具，通过这个协作工具可以让很多原来想象不到的东西变成可能。就像我们现在正在使用的优步、空中食宿一样，去中心化和去中介化永远是互联网的主题，只不过区块链让这件事情更容易做到，而且每个人都有机会非常简便地使用区块链技术实现自己所需要的功能。

也许就像前面所说的 R3 CEV，以及未来的去中心化自动驾驶汽车一样，它们已经从现在开始改变整个世界。

全新共享经济

共享经济是数字经济新的发展阶段，是伴随互联网技术，特别是包括区块链技术在内的一批新技术广泛应用之后，蓬勃发展起来的全新的经济形态。随着信息互联、互信建立、灵活支付、资产交割和智能合约的逐一实现，共享经济一举登上历史舞台，迅速来到了我们身边。

共享经济发展的前提，首先是社会上有足够多的某种需求难以被满足；其次是社会上有大量的闲置资源和剩余的服务能力没有被有效挖掘和利用；而最关键的一步，就是必须有全新的机制和技术来为需求和服务能力做匹配和对接，否则再多的需求和闲置资源也变不成实实在在的经济活动。

人类社会的每一次技术进步，带来的不仅是生产能力的提高，还伴随生产能力优化所带来的资源解放——原来无法投入社会生产的资源和被客观条件极大限制的生产能力，就有了投入使用、发挥效力的机会。比如纸张和印刷术解放的其实是社会大众的头脑，让知识可以被普通大众消费得起，从而极大地解放了社会生产力；再如电脑和互联网让跨越地理和时空的交流与合作成为可能，这才有了全球化分工、建设地球村的可能。

今天，虽然互联网连接了全社会的资讯，并且建立了互联网上的社交网络，但真正的数字经济还停留在比较初级的形态。电商平台更多的还只是一个资讯平台，交易信用还是通过依赖第三方信用的传统方式来实现的。而社交平台在商业活动和知识整合、分享方面的威力还远远没有发挥出来。

在进一步发掘互联网的技术潜力，更好地创造商业模式、匹配新技术的发展方面，共享经济可谓正当其时。而区块链技术由于其卓越的技术特点——公开透明、唯一性和安全可靠，可以在共享经济领域大显身手，让业已蓬勃发展的共享经济模式如虎添翼，并可以大量催生全新的共享经济商业模式和业态。

商业模式优化

国内的滴滴、易到、神州以及国外的优步的共享租车服务，在短短的一两年时间里已经快速普及和优化，迅速融入了各国的城市生活。这种服务很好地结合了当前的互联网技术与社会需求，一炮打响并不意外。空中食宿是另外一个共享经济的明星。从广义上讲，P2P 金融也属于共享经济的模式，只不过共享的是闲置的钱。而互助和慈善方面的共享经济尝试已经遍地开花。

正如前文所述无人汽车的应用场景，如果融入区块链等先进的技术手段，无论是共享租车还是共享租房，都可以获得进一步的发展，商业模式可以得到进一步的创新，用户体验也可以更上一层楼。

比如可以让用户，也就是乘客和司机双方共同创建智能合约，让消费者创建一个包括乘车距离需求、价格以及享受到服务后自动付款承诺的邀约，而司机可以接受这个邀约并提供乘车服务。在这个过程中，双方分别提供了价值，司机提供了时间和车辆，乘客提供了费用。在合约进展顺利的情况下，乘客在特定地点上车，在目的地下车，司机获得乘客提交的费用。

德国有一个初创公司 Slock.it 想做一个基于区块链技术的智能锁，并将锁连接到互联网，通过区块链上的智能合约对其进行控制。任何一个控制锁的人都可以发放一把或多把私钥，并对私钥进行复杂的定制，设定锁什么时候启用、什么时候停用等信息。通过这种方式，共享经济能够进一步去中心化，将任何能够被锁起来的东西轻松地拿来租赁、分享和出售。

Slock.it 的概念更是超过了为空中食宿用户服务的范畴，想要进一步颠覆这种共享经济，让使用者能够直接向一把锁进行支付，然后开锁；出租者也可以随时更换私钥的定制，让整个体验更为方便、安全。

更进一步，人们可以通过使用这一技术进行自行车、密码柜的租赁，甚至让他人在自家门口给车充电，然后收取费用。

颠覆社会生活方式

随着数字经济时代的大数据能够处理越来越多的现实预测任务，区块链技术能够把这些预测落实为行动。通过把区块链技术与大数据相连接，大数据将会在“反应—预测”模式的基础上更进一步，能够通过智能合约自动运行大量的任务。大数据的预测分析能够与可自动执行的智能合约完美进行对接，特别是如果我们通过自动运行的智能合约、DAPP、DAO、DAC、DAS 将区块链技术加入经济支付层面，并作为量化管理工具，那么海量自动执行的任务将会解放大量的人类生产力，因为这些生产力可以被去中心化的全球分布式计算系统所代替。

我们以为大数据已经很大，但是在潜在量化、追踪和管理所有相关活动和实际情况中，一旦通过区块链技术同时嵌入低级或高级层面的解决方案里，将会促进数据量向更高的数量级发展，而对这一切，我们只能说，大数据自身也都还在发展中。

从区块链的去中心化应用开始，个体的作用就不断地被强调。在早期应用中，区块链实现的是货币交易、数字资产管理等应用。在此之上，DAPP 可以以比较复杂的形式提供丰富的应用，包括积分兑换、资产交易、融资、司法认证、公共档案管理等。在智能合约出现并广为采用之后，DAPP 可以应用到复杂逻辑的各种场景，并不仅限于金融领域，比如去中心化的社交、局域通信、遗嘱等。随着智能合约的发展，未来可以催生出很多新的行业，比如智能合约工程师和律师、匿名验证代理、合约执行代理等。

这与原有的中心化的组织结构是条不同的道路。当然，在相当长的时间内,两种结构并存会一直存在。但是,随着人工智能和各种自动驾驶机器、自动服务机器的广泛应用，可以预计，人作为社会性动物的特点会逐渐退化。正像远古的人类必须通过复杂的社会结构把更多人的合力有效组合起来以改造环境，新时代的个人将比任何时候都强大。作为中心化的领导组织层的作用将被弱化。DAO 和 DAC 在很大程度上可以解决相当多的实际问题。

人类社会不可能满足每个人的预期目标，那么追求在虚拟社会中的成功，将是很多人的目标。随着虚拟现实技术的完善并进入人们的日常生活，真实社会和虚拟社会的界限逐渐模糊。在虚拟社会中,DAS 将被首先采用。虚拟社会将成为人类生活中不可或缺的重要组成部分。随着 DAS 在虚拟社会中的成熟，整个现实社会将进入 DAS 阶段，因为到那个时候，虚拟和现实已经无法分开。人类的文明也将进化成为一个完全自治的智能生态系统。

➢ DAO

DAO 通常被认为是一个存在于互联网上，自主运行的实体，但也需要依赖人来执行某些规则，并不能够自动完成任务。

因此，我们有必要区分一下什么是 DAO，什么不是 DAO，什么是 DO、DA 或是 AA/AI（智能代理 / 人工智能）。

首先，让我们看看什么是 DA。DA 和 DAO 的主要区别在于：一个 DAO 拥有内部资本，也就是说，一个 DAO 包含某种形式的内部属性。不过普通的 DO 和 AA 也拥有内部资本。

其次，让我们看看什么是 DO。DAO 和 DO 最明显的区别就是“autonomous”（自治），也就是说，在 DO 中，人才是做决策的一方，而对 DAO 来说，它能以某种方式自己做决策。在比特币系统中，对 51% 的矿池进行攻击可以使得交易反转。

可见，DO 和 DAO 都容易受到共谋攻击，多数（最好的情况）或一定比例的某种特定成员串通起来能直接影响 D*O 的方向。然而它们的区别在于，在 DAO 中共谋攻击被视为错误，而在 DO 中则被视为特色。例如，在一个选举民主国家，事情的关键在于多数成员选择他们最喜欢的方案执行；而在比特币系统中，正常情况是每个人根据个人兴趣而非特殊目的行事，对特定区块进行 51% 攻击是一种失常。

对于比特币，一些人认为它不属于 DAO，因为它不够智能。持这种观点的人会把 DAO 视为拥有很大程度自治智能的个体。然而，这个观点的问题在于我们必须区分 DAO 和 AA/AI。

一个有争议的说法是，一个 AI 是完全自治的，而一个 DAO 则仍然需要人类根据所定义的交互协议进行大量参与来运行。我们可以对 DAO、DO、AI 和其他（如普通机器人）进行分类。

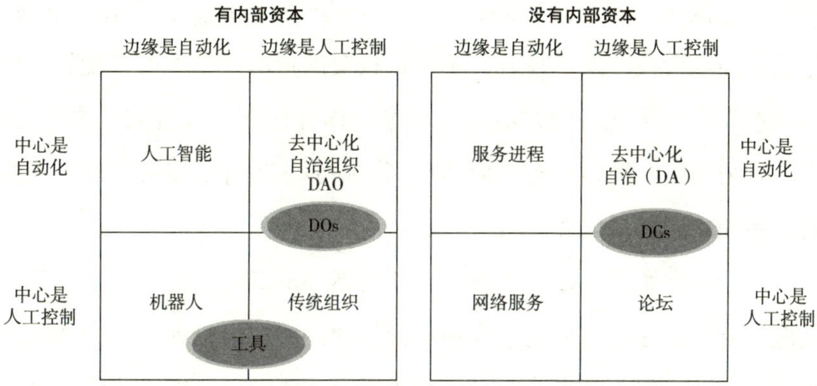

图 10.1 AI、DAO、机器人等的比较

DAO：自治为主，人类为辅。因此总的来说，比特币和 Namecoin 应该被视为 DAO。另一个重要的维度是内部资本，一个 DAO 没有内部资本就是 DA，一个组织没有内部资本就是论坛。图 10.1 中的 DC（Decentralized community，去中心化社区）类似于去中心化的 Reddit，虽然平台是去中心化的，但在这之上有个社区。

➢ DAC

DAC 属于 DAO 的子类，但也值得一提。DAC 这个术语是由 Daniel Larimer 提出的，他一贯坚持的一个观点是：DAC 支付红利。也就是说，DAC 中有股票的概念，并可以某种方式进行购买和交易，这些股票赋予其持有者持续享受 DAC 的成功。DAO 是非营利的，尽管 DAO 可以赚钱，方法是通过参与其生态系统而不是投资 DAO 本身。显然，这种区别是模糊的，所有 DAO 都含有内部资本，这些内部资本随着 DAO 变得更强大、更受欢迎而价值上升，所以大部分 DAO 注定会变成某种程度的 DAC。

因此，这个区别并不固定，这取决于多大程度上分红是要点，又在多大程度上参与者能获得代币；同时，多大程度上存在“股票”的概念，而不只是简单的虚拟资产。例如，加入一个非营利组织并没有真正的股票，因为成员经常没授予或是没收，不可供投资的资产将是不可接受的，比特币不是股票，因为比特币没有赋予你系统内任何分享收益或是决策能力，而在一个公司中，股票则有相应的权利。最后，也许最终可能的区别在于盈利机制和共识机制是否相同。

一个 DO 究竟需要多大程度的自治才能变成 DAO 仍是一个很难回答的问题。此外，还有所有这些应该如何构建的问题。例如，一个 AI 系统，应该存在于一个私有服务器网络，每个都运行着专有的本地代码，而 DO 应该开源并且基于区块链。在这两个极端之间，存在大量不同的范式。核心代码需要什么程度的智能；遗传算法是否应该被用来更新代码，基于个人的投票或审查机制；会员身份是否应该公司化，可以销售和转让股份，或者是非公司化，成员投票决定其他会员的变更；DAO 是否应该保持与其他货币之间的平衡，或者说其通过发行自己的内部代币来奖励某种行为？

➢ DAS

随着 DAO/DAC 的成熟，整个社会最终将会形成 DAS，所有的智能合约，或者说整个由 DAPP、DAO、DAC 构成的生态系统将会完全自治，人类文明将进入一个新的阶段。

区块链社会就是 DAS 的一种实现，它是指通过区块链技术，以去中心化、更便捷、更有效和更个性化的方式来提供那些包括现在政府和社会管理机构所提供的传统服务，许多新的、不同的社会管理模式和服务都可能使用区块链技术来实现。区块链治理能够利用区块链技术的优势，公开持续保存记录，既能够实现社会现有管理机制，也能作为数据库保存所有社会档案、记录和历史以供未来使用。

并不是所有的社会服务都必须使用区块链技术来实现，但使用区块链技术来实现有其优势，比如可以更加值得信任，以及在任何情况下它都是公共记录的一部分。比如将可编程货币用于政府管理的专款专用资金，指定其在特定时间的专门用途，这有重要的实际意义。

区块链的另一层重要含义是“个性化”，政府可以从强制所有人服从一种标准的“好”模式开始转变，将可以根据个人的需求进行定制。比如，某位居民可能要为更高级的垃圾处理服务支付更多费用，而他的邻居需要为更好的学校来付费。个性化的政府服务能够通过区块链实现，从而代替那种统一标准的方式。

区块链社会的另一个含义，也就是一定意义上的“区块链上的政府”，有可能获得一个更加真实的代表民意的制度。通过使用智能合约和 DAC，而不是依靠人来代表，是实现这种制度的方式之一。如果有更少的人参与政府，意味着更小型的政府、更低的管理成本、更少的党派以及更少的特殊利益游说来引导政府。

➢ 互联网民主

区块链行业设计中有些思想非常重要，就和那些长久以来支撑着互联网架构的某些原则一样，其中之一就是中立性原则。在互联网中，中立性原则是指互联网服务提供商应该允许所有内容和应用程序都可以被访问，而不能不支持或者阻止某些特定来源或特定的产品或网站。

这个思想和加密数字货币是十分相似的：比特币的中立性原则意味着所有人在任何地方都能够方便地使用比特币。比特币的中立性意味着那些没有银行账户或者不能充分获得金融服务的人群能够在一个低技术的环境下使用比特币，特点就如同用短信付费、存折和区块链批量交易等。这意味着，任何人都可以使用比特币，而不受文化、语言、宗教、地理、政治制度和经济区域的限制。

比特币仅仅是一种代币，它能够在任何现存的政治、经济或宗教体系中使用。这正是现存货币，或者现存社会组织的主要弱点，它们不能跨越各种政治、经济以及宗教的限制因素，不能实现人类社会全员的意志体现，不能合力前往人类历史的前进方向。

➢ **社会意志**

以一个更加广泛的思考方式来看待区块链技术概念的使用，那就是它的内涵将延伸到更多方面，而不是仅局限于经济、市场、货币环境或者社会组织。

同样重要的是，每件事都不像一个纯经济事物。这需要一种能够认知现实经济和市场基本属性的思维方式。区块链技术能够帮助阐述每一件我们所看到和经历过的事，生活中每一个系统，从某种程度上来说都是一门经济学科、一个资源分配的系统。此外，系统和交互就是经济学，它包含意识和发现、价值属性和潜在的交互和交易，还包括交换像货币或代币的机制，甚至是简单的力、能量或者浓度的交换（如生物系统）。这种相同的经济结构无论是在一个协作团队还是农贸市场都是普遍存在的。在一个以交易账本形式使用区块链技术的量化结构中，这意味着能够进行更高精度的跟踪，相对于现状，详细和广泛程度将会提高好几个数量级。

区块链追踪意味着能够统计所有参与方对系统的贡献，无论是多么微小的级别，无论是否需要上升到宏观层面，都可以以无缝、以自动化方式进行评估和总结，因为在一些社会价值体系中是完全无法明确跟踪用户贡献的。追踪的精神和道德本身就是一个独立且有趣的社会科学主题，用区块链来做学科领域的探索课题将会变得更加普遍。然而，基于区块链的追踪工作可以是某种形式的“GitHub①+比特币”的想法。例如，可以在所有时间内跟踪某软件代码，记录其中每一行是谁贡献的。这很重要，因为所有系统内的经济理性参与方（例如人类）都需要评估他们的贡献，然后根

① GitHub 是一个面向开源及私有软件项目的托管平台，因为只支持 Git 作为唯一的版本库格式进行托管，所以名为 GitHub。

据追踪他们的贡献来回馈酬劳、名誉、地位或者其他奖励。

➢ **展望：区块链对组织和社会构成方式带来的优化**

区块链的本质是一个大规模协作工具，绝不仅仅是改变一两个行业，而是会改变我们所有人的协作方式。

一方面，DAO/DAC/DAS 的概念因为区块链的推广而会得到越来越多的有识之士的推崇，科技创新的方式必然由原来的工程师集团作业逐渐向个体化倾斜。在一个成熟的分布式自治系统内，没有“权威”这个概念，任何人都可以不受干扰地向其他人宣扬自己的观点和理念——只要方案足够巧妙，逻辑足够缜密，就可以取得足够支持，并且所有服务将会是全球化的。

另一方面，政府本是一个垄断行业，但随着 DAS 的出现，它带来了如何优化、如何提高政府管理的全新的思考。人类的权利和义务的架构将会产生怎样的变化，进而优化出一种怎样的政治结构，无疑都令人十分憧憬。

衍生人工智能

当我们畅想“区块链 + 人工智能”的未来的时候，我们首先不应忘记“大数据”。因为所有的人工智能、价值创新的核心都来自数据和信息。数据和信息在哪里，价值和创新就从哪里产生。如果未来有大量的数据存在区块链里，那么所有的应用和创新都将基于区块链，区块链将成为一切的入口。

➢ **区块链衍生人工智能的路径**

前面提到，去中心化的自治网络，能够在没有人类干预的情况下，在预先设定的业务规则之下自动运行。由于智能合约平台被设计得越来越自动化、自治化、复杂化，也许 DAO/DAC/DAS 是能够衍生出人工智能的一种潜在方式。如将现在非人工智能的、非区块链的、非智能合约的系统迁移到区块链上，并使它们随着合约的运行不断加强自动化，就可以通过将简单的逻辑模块相连，建立大型的应用。

另一种方式是通过编程思想实现，包括 Stephen Wolfram 的知识编程语言、John Conway 的生命游戏（Game of Life）、Marco Dorigo 的蚁群优化算法（Ant Colony Optimization）、群集智能（Swarm Intelligence）、Andy Clark 的具身认知机器人（Embodied Cognitive Robots），以及其他基于一般程序的系统。

➢ **区块链衍生人工智能的优势**

相对于其他技术，区块链的以下特性将有助于其实现友好的人工智能。

第一，信誉系统。

在如今的物理世界及数字世界交易中，信誉是一个很重要的机制。人们关心自己的信誉，并设法采取措施提升及保护信誉（如 LinkedIn、Yelp 等）。信誉作为区块链网络的一个关键特征，正在智能合约中兴起。

在未来，人类以及其他在网络上运行的组织，都将同样重视自己的信誉，并采取措施来保护它。

第二，共识模型。

作为一种去中心化的技术，区块链通过独立的“第三方”机制——“挖矿”——来进行审查并记录交易。

只有来自“友好参与者”（人类或人工智能）的“善意”交易，才能够被确认和记录下来，而已知的恶意参与者，将无法执行他们的交易。

即使是伪装成“友好参与者”的“恶意参与者”，也将不得不真正成为“友好参与者”，只有这样，他们的交易才能被真正执行。

第三，高效利用。

代码决定了共识模型、货币交易以及智能合约运行的每一个细节。这将使区块链的互联机器，能够拥有自己的、在资源管理和利用方面的人工智能文化。

在资源获取和网络保护方面，解决方案的侵犯度最小的区块链，才是最具共生性的，也就意味着人工智能生态系统将变得更友好。

区块链人工智能必须提升每一笔交易的成本效率，包括人对人、人对机器，以及机器对机器的交易。

区块链技术在如何解决友好型人工智能的问题上，还有很多潜在约束和限制。

➢ 展望：区块链 + 人工智能 = 无限可能

区块链技术的诞生，让人工智能的各类算法更高效，其去中心化的原理以及分布式的计算规则，让万物连接秒算，并且防止黑客对数据的攻击，各类资产可以实现在区块上登记、交易数据永远不可篡改、不可逆，这无形的魅力让各类资产汇聚在区块链上。资产与资产之间的对话用公钥和私钥进行管理。各种资产以符号的形式存在于算法里。资产的信任基础也存在于算法里。

根据《奇点临近》这本书的主要观点，计算机科技进步正在加速，我们正处于弱人工智能向强人工智能过渡的阶段。从某种意义上讲，区块链技术从科技原理来说也是人工智能的一种发现，关联性都在于算法。可以预测，区块链技术和人工智能结合，会诞生出无限应用的可能性。

随着人工智能的进步与算法的进步，数字化的资产会成为智能生活的主题元素。区块链技术本身所倡导的去中心化的智能合约也是人工智能的基本精神。万物相连、万物沟通的语言，连接的是标准化的符号，这个符号背后就是数字化的算法革命。区块链、人工智能和数字资产是未来智能世界的驱动力量。技术、符号、数字是连接未来的语言。

以长远的角度来展望，未来的社会有可能会发生翻天覆地的变化，其中有些现象会让现代人感到匪夷所思：增强型人类、人类和机器不同形式的混合体、数字头脑上传，以及不同形式的人工智能，比如模拟大脑，以及先进的机器学习算法等。这些智能也许不会被孤立地操作，而是会被连接到一个可以互相通信的网络。为了实现这些目标，数字智能将要求其在网络上进行某些交易，其中许多任务可以通过区块链和其他的共识机制来自动管理。

第十一章

展望新前景

区块链的未来在于应用，而新的行业应用领域的推广要看中国。因此中国会成为世界区块链发展的一个风向标。在这种大背景下，中国政府的态度，在一定程度上决定了世界区块链产业的发展空间。

关注区块链技术

2016年1月20日，中国人民银行数字货币研讨会在北京召开。[①] 来自中国人民银行、花旗银行和德勤公司的数字货币研究专家分别就数字货币发行的总体框架、货币演进中的国家数字货币、国家发行的加密电子货币等专题进行了研讨和交流。

在这次会议上，中国人民银行明确提出了要发展数字货币的想法。会议指出，随着信息科技的发展以及移动互联网、可信可控云计算、终端安全存储、区块链等技术的演进，全球范围内支付方式发生了巨大的变化，数字货币的发展正在对中国人民银行的发行和货币政策带来新的机遇和挑战。中国人民银行对此高度重视，从2014年起就成立了专门的研究团队，并于2015年初进一步充实力量，对数字货币发行和业务运行框架、关键

① 中国人民银行数字货币研讨会在北京召开，参见http://finance.ifeng.com/a/20160120/14180127_0.shtml

技术、发行流通环境、面临的法律问题、对经济金融体系的影响，法定数字货币与私人发行数字货币的关系，以及国际上数字货币发行经验等进行深入研究，并已取得了阶段性成果。

2016 年 2 月 13 日，中国人民银行行长周小川在接受媒体采访时，透露了央行对发行数字货币提出的几个原则[①]：

第一，提供便利性和安全性。

第二，做到保护隐私与维护社会秩序、打击违法犯罪行为的平衡，尤其针对洗钱、恐怖主义等犯罪行为要保留必要的遏制手段。

第三，要有利于货币政策的有效运行和传导。

第四，要保留货币主权的控制力，数字货币是自由可兑换的，同时也是可控的可兑换。

同时，周小川还认为数字货币作为法定货币必须由央行来发行。数字货币的发行、流通和交易，都应当遵循传统货币与数字货币一体化的思路，实施同样原则的管理。

当记者问及区块链技术与数字货币的时候，周小川则对区块链技术的缺陷表示了担忧：

第一，区块链占用资源还是太多，不管是计算资源还是存储资源。

第二，区块链交易效率还不够高，应对不了现在的交易规模。

第三，还存在“51% 攻击”的问题。

以上就是 2016 年初中国人民银行对区块链技术应用到数字货币中的看法。因为区块链技术 DACT[②] 的特性，是作为数字货币发行的一个好的

---

① 周小川定调数字货币：必须由央行发行，未来会和纸币并行，http://www.thepaper.cn/newsDetail_forward_1431420

② DACT 是 Distributed（分布式的）、Autonomous（自治的、共同约定的）、Contractual（按照合约执行的）、Trackable（可追溯的）四个单词的首字母缩写。

载体，然而与其优点同样突出的问题是央行最终下决心的重要原因。

2016年9月，中国人民银行再次对数字货币发表看法，谈到区块链技术，就没有再谈它的问题和缺点，而是更多地提到了对区块链的期待。说明央行也从当前技术的发展中吸取了营养，解决或者至少部分解决了原有的问题。虽然数字货币现在还只是在构想阶段，区块链技术在其中到底有多大程度的应用还不得而知，但是区块链技术在央行的应用有“墙内开花墙外香”的味道。在《中国法定数字货币原型构想》① 发表的同时，《数字票据交易平台初步方案》② 中明确地表明将以区块链技术中相对平权的联盟链解决方案为基础，构建数字票据交易平台。票据业务相对于数字货币，交易量要少得多，交易场景也单纯得多，技术难度上比数字货币更容易落地。

“一叶知秋”，这说明中国人民银行是认真考虑过利用区块链技术来改造我国的金融基础设施。有了中国人民银行的引领，国内各商业银行必然也会认真考虑区块链技术如何应用到自己的业务当中。这其中已经有吃螃蟹的人了，平安银行、招商银行已经先后加入了R3联盟，参与国际结算当中。国内外的同行已经先行，等看到成功的经验之后，相信会有更多的国内商业银行加入使用区块链技术的行列中。

开拓转型空间

在G20杭州峰会上，习近平主席提出的“数字经济”成为热词，习主席希望中国通过“创新、结构性改革、新工业革命、数字经济”等新方式，为世界经济开辟新道路。此次G20峰会通过的核心成果文件之一《二十国集团创新增长蓝图》，首次提出支持以科技创新为核心，带动发展理念、

---

① 姚前．中国法定数字货币原型构想［J］．中国金融，2016（17）．（见附录二）

② 徐忠，姚前．数字票据交易平台初步方案［J］．中国金融，2016（17）．（见附录三）

体制机制、商业模式等全方位、多层次、宽领域的创新。G20杭州峰会强调创新增长方式，用数字经济、新工业革命等方式，摆脱全球经济复苏乏力、增长脆弱的困局。

数字经济目前尚无权威的定义。从字面上看，数字经济是基于数字技术（互联网）的经济，常被称为互联网经济或网络经济。现在常被理解为因为数据信息可通过网络流动而产生的经济活动，比如开一家网店，买家和卖家不用在现实生活中见面。这样的经济活动显然具有传统经济缺乏的便捷性等优势。

数字经济的发展可谓狂飙突进。截至2015年，我国的电子信息制造业规模已经达到了11.1万亿，网民数量已经达到7亿，规模居全球第一。2015年，在全球市值排名最高的十大互联网公司中，阿里巴巴、腾讯、百度占据了三个席位。此外，一批新的科技类公司也在崛起。这些互联网巨头不但为GDP做出了贡献，更为百姓生活带来了实实在在的便利。

中国数字经济的迅猛发展，得到了G20成员的肯定和高度关注。实践证明，数字经济对所有经济体都能发挥促进作用，对发展中国家的带动作用更为明显，中国本身就是成功案例。在数字经济、跨境电商的驱动下，中国的中小企业与全球市场的对接程度达60%，而拉美国家是13%，欧洲国家是25%。数字经济成为G20杭州峰会的创新话题之一，这也是贡献给世界经济的“中国智慧”。

数字经济的成长历程新意盎然。以阿里、腾讯、百度这三个互联网巨头为例，它们的发展，充分体现了数字经济的创新性、快捷性、扁平化等特点。可以说，这些互联网公司的成功，很大程度上得益于创新，无论这种创新是主动还是被动的。同时，它们的崛起，也得益于受到的束缚较传统产业要少。正是宽松的成长环境和包容性，促进了互联网经济的繁荣。

9月14日19:45，由中国推动并参与制定的《G20数字普惠金融高级原则》（以下简称《原则》）经G20峰会正式通过，并在中国人民银行网站上公布。引人关注的是，与以往提及的普惠金融相比，此次出台的《原则》被打上了显眼的"数字化"标签。

事实上，在2005年，联合国定义了"普惠金融体系"的概念：以有效的方式使金融服务惠及每一个人，尤其是那些通过传统金融体系难以获得金融服务的弱势群体。随着各种数字普惠金融商业模式的创新和发展，在传统金融模式下无法解决的信息不对称、风险大、成本高等难题，已经有了全新的解决方案。

《原则》第一条就将"推广数字普惠金融"上升到国家战略的高度，对于具体的推广策略，《原则》提出：要"加强数字金融服务的客户身份识别"。很多金融机构，特别是在做开户和资金清算方面的金融机构越来越关注区块链技术，就是考虑能不能用区块链技术解决线上的身份验证、交易确认、资金清算、连续加密等问题。

《原则》指出，应意识到快速的数字创新也带来了新的个体和系统风险，需要及时、有效地加以识别和解决。

《原则》提出，要围绕与数字金融服务密切相关的问题，建立全方位的消费者和数据保护措施。

从普惠金融本身来看，其需求很高，增长很快，但有效供给不足。在需求方面，普通城镇居民收入快速增长，个人金融和理财意识增强，小微企业快速发展，小微金融需求迫切，农村金融需求旺盛，多样化特征明显。在供给方面，社区金融发展很薄弱，基础设施不完善，小微企业融资难、融资贵问题明显，金融服务在乡村地区也没有很好地覆盖，金融供给缺乏。

在这种情况下，发展互联网金融就是实现普惠金融最佳的路径，它可以实现破垄断、广覆盖、降成本、促创新、可协同等多个目标。

而区块链作为新一代的互联网技术，把数字经济拉到了新的腾飞起点上。区块链技术去中心化的信任机制，颠覆了传统金融信用中心式的服务模式；可以重构信用形成机制；进行集体的维护，信息完整且可信任度提高；高安全性，因为交易都是在匿名下进行的。这几点一是可以通过全网记账系统创造普惠信用体系；二是通过去中心化避免垄断，降低交易成本；三是通过开源民主机制实现共享金融；四是预防故障与攻击，因为区块链技术攻击其中的一点，不会对整个系统造成影响；五是能够更好地满足监管和审计的要求。这些特点都为数字经济进行新的创新提供了技术支撑，也必将为未来的世界经济助力。

目前来看，步履蹒跚的世界经济需要增强新活力。目前的世界经济还没有走出 2008 年金融危机的阴影，美国从 QE1 到 QE3 的量化宽松再到零利率，甚至到现在都没有加息的底气。欧洲从购买债券到负利率、日本几十年的零利率、中国的降准降息，这些措施对世界经济的提振都没有多少效果，货币政策只是降低了金融危机的剧烈程度，但想把经济从泥潭中拉出来还不够。而对于财政政策，西方国家对积极的财政政策既不“感冒”，也力不从心。首先，危机时财政没钱；其次，纳税人对花钱有意见；最后，发达国家的投资边际效应已经很低。

而中国经过几十年的高速发展，财政政策虽然还可以起作用，但已明显不如以前，投入产出比逐年降低。实际上货币政策和财政政策相当于只是在分蛋糕，而很难做大蛋糕。要想做大蛋糕，还是要用科学技术去创新，发挥每个人的主观能动性、创造性，争取人尽其才，物尽其享。君不见，20 世纪末，第一次互联网革命把美国推向了巅峰；进入 21 世纪，第二次互联网革命使中国经济的活力越来越强；畅想未来，去中心化的第三次互联网革命将会给世界带来什么？我们拭目以待。毕竟前两次的互联网革命都是中心化的革命，那么这次去中心化的革命必将释放无穷的潜力，把世界经济推向一个新高度。

新常态下的中国经济需要注入新动力。中国经济在经历了30多年的高速发展后，已经进入了中高速发展的时代。在新常态下，如果还是靠以前的投资驱动、要素驱动的经济增长方式，我们就很难跨过从中等收入国家到发达国家的门槛。为了避免中等收入陷阱在中国出现，一是经济结构要不断优化升级，二是要创新。产业升级这条路实际上不太好走，其实质是把自己的路走得越来越宽，让别人无路可走，在走的过程中，遇到的阻力肯定将不小。而创新这条路相对来说会容易一些，尤其对于行业创新来说，你的面前都是白纸，创业者想怎么画就怎么画，画不好就擦了重画，画好了就是一幅美丽新天地。

而对于中国的创新来说，互联网行业又比传统行业更容易成功。因为在传统行业里我们做的更多的是去追赶，是去借鉴跟随别人的创新。毕竟在传统行业里，我们是后发者，处于一直追赶的状态，比如家电行业、手机行业，我们一直在追赶，虽然也追成了产量规模第一，但利润率比较低，追得也很辛苦。但在互联网行业里就不一样了，我们同所有国家处在同一起跑线上，别人已经没有了先发优势，或者先发优势很低，再加上我们十几亿的人口规模效应，市场巨大，相比其他国家，我们在这个行业更容易成功。我们可以看一下互联网行业上的应用，做得好的只有两家，一个是美国，一个是中国。反观发达国家中的欧洲、日本、韩国等，手上拿不出像样的互联网企业。截至2016年，世界前十大互联网公司中，美国占了6席，中国占了4席，其他国家一个都没有。为什么？不是这些国家不想在互联网行业里创新，而主要是因为规模效应。在互联网行业，我们应该利用我们的规模优势，紧紧跟上互联网的步伐，甚至创造出先发优势，从而以创新给中国经济加活力，让新常态下的中国经济走得更稳、更好。

展望未来，区块链将把数字经济推向一个新高度。数字经济在经过了中心化的大数据、云计算后，即将进入去中心化的区块链时代。我们可以把中心化的大数据、云计算比作国有企业，它们的好处是可以集中力量办大事，在比较弱小时，提高自己的生存能力；而坏处就是当变大了之后，它们就缺少了创新的活力和动力。而去中心化的区块链，可以比作私营企业，人人可以发挥主观能动性，去创造无限可能性。不远的将来，物联网会万物互联，而区块链的万物互信、万物互享、万物互换更将引领万众创业，因为在解决了人与人之间信任性的问题后，人们的创业热情必将被激发。个人创业将不再受“中心化大象”的约束，“海阔凭鱼跃，天高任鸟飞”。如果区块链能激发全人类的聪明才智，那这个世界的明天会越来越好。

助力“十三五”规划发展

《中华人民共和国国民经济和社会发展第十三个五年规划纲要》指出，实现发展目标，破解发展难题，厚植发展优势，必须牢固树立和贯彻落实创新、协调、绿色、开放、共享的新发展理念。

创新是引领发展的第一动力。必须把创新摆在国家发展全局的核心位置，不断推进理论创新、制度创新、科技创新、文化创新等各方面创新。

协调是持续健康发展的内在要求。必须牢牢把握中国特色社会主义事业总体布局，正确处理发展中的重大关系，重点促进城乡区域协调发展，促进经济社会协调发展，促进新型工业化、信息化、城镇化、农业现代化同步发展，在增强国家硬实力的同时注重提升国家软实力，不断增强发展的整体性。

绿色是永续发展的必要条件和人民对美好生活追求的重要体现。必须坚持节约资源和保护环境的基本国策，坚持可持续发展，坚定走生产发展、生活富裕、生态良好的文明发展道路，加快建设资源节约型、环境友好型社会，形成人与自然和谐发展的现代化建设新格局，推进美丽中国建设，为全球生态安全做出新贡献。

开放是国家繁荣发展的必由之路。必须顺应我国经济深度融入世界经济的趋势，奉行互利共赢的开放战略，坚持内外需协调，进出口平衡，“引进来”和“走出去”并重，引资和引技、引智并举，发展更高层次的开放型经济，积极参与全球经济治理和公共产品供给，提高我国在全球经济治理中的制度性话语权，构建广泛的利益共同体。

共享是中国特色社会主义的本质要求。必须坚持发展为了人民、发展依靠人民、发展成果由人民共享，做出更有效的制度安排，使全体人民在共建共享发展中有更多获得感，增强发展动力，增进人民团结，朝着共同富裕方向稳步前进。

坚持创新发展、协调发展、绿色发展、开放发展、共享发展，是关系我国发展全局的一场深刻变革。创新、协调、绿色、开放、共享的新发展理念是具有内在联系的集合体，是“十三五”规划乃至更长时期我国的发展思路、发展方向、发展着力点的集中体现，必须贯穿于“十三五”规划经济社会发展的各领域各环节。

那么区块链就有符合这五个理念的一些特点。

创新：区块链的万物互信将开创一个全新的行业。以前人们的信用资产都掌握在“中心化大象”手里，而区块链可以不通过“大象”而将大家的信用信息实现共享。而这必将催生一些新的应用，比如一些公信力缺失的行业，区块链将为提高它们的公信力助上一臂之力。而有了公用信用信息，创新企业也将如虎添翼，激发它们创业的热情。

协调：区块链的核心是去中心化，而目前的世界还是中心化的世界。中心化不全都是优点，比如大到不能倒、店大欺客等。那么去中心化的区块链一是可以对中心化的应用做好的补充，二是也可以形成对“中心化大象”的制约。那么为了避免中心化“否极”的到来，区块链的去中心化就要长大从而起到应有的作用。最后实现中心化与去中心化应用的协调发展。

开放：区块链出生在互联网的平台上，天生就有开放的基因。而且区块链的技术是开源的，任何人都可以拿来为我所用。像围绕开源的 JAVA 和 Android 就产生了很多优秀的公司，并促进了互联网行业的发展。那开源的区块链也必将掀起一次新技术的浪潮，而在这次浪潮中也会有新的公司成为其中的弄潮儿。互联网没有国界，区块链也没有国界，这无限的市场必将催生无限的机会，值得每个人好好去把握。

共享：区块链的内涵是我为人人、人人为我的万物共享，它与中心化的人人为我的利益独享有本质区别。中心化是 8 分好处归我,2 分福利外放，而去中心化是我用 10 分的付出，换取别人 10 分的回报。这样能够打破强者更强、弱者更弱的恶性循环，在目前世界贫富差距越来越大的现实情况下，区块链的崛起能够有效降低居民基尼系数，促进社会更和谐地发展。

绿色：区块链的最终形态是万物互换，通过万物互换达到物尽其用，从而使有限的资源得到最大的利用。在万物互换的世界里，我可以把我不想要的东西换成我想要的东西，也可以用我的知识交换别人的财富。等区块链长大了，也许我们再也不会看到企业把牛奶倒进水沟，而穷人还在饿着肚子的怪相。我们看到的将是人尽其才、物尽其用、人与自然协调相处的新景象。

促进区块链产业成长

一个新兴行业必然存在很多的不足，需要得到政府和社会各界的呵护和扶持。下文将结合笔者对产业的理解提出一些建议。

政　府

第一，应发挥统筹协调作用，组织研究区块链技术本质，研判发展趋势，把握潜在用途，特别是对于区块链技术可能带来的在个人信息管理、社会互信架构重构、智能合约定性等方面展开深入研究，并提早做好制度和法规的准备。

第二，着力实现区块链和"一带一路"等国家战略的融合，重点挖掘两者在国际产能合作、人民币国际化拓展等方面的潜力，促进国际贸易合作、深化资金跨境流动、打破地缘政治壁垒，共同构建互惠互利、合作共赢的新兴国际关系。

第三，通过设立专项基金和出台政策等方式，加强对于拥有自主知识产权的国内企业的支持力度，借鉴"互联网"和"硅时代"的历史发展经验，扶持、促进、引导本国企业深入介入产业发展、技术研发和标准制定。

第四，加快区块链在政府公共服务、公益慈善等非营利性行业的试点应用，鼓励政府部门、企事业单位作为区块链的主要节点参与网络运营，加速形成以点带面、点面结合的示范推广效应，解决新兴产业发展初期无法实现规模效益而带来的成本压力，加快产业发展。组织研究区块链在金融领域的可行性和必要性，研究数字货币发行的可行性，结合区块链万物互联的特点，厘清并明确金融与其他领域的监管边界和责任主体。

第五，加快制定相关法律法规，通过立法将区块链技术纳入合适的监管框架之内，加强安全监管，防范系统性风险，维护公众利益，确保社会稳定。

产业联盟

第一，根据主管部门的政策导向，依托拥有知识产权等核心竞争力的自有技术，发挥产业联盟在国家标准、行业标准制定方面的先发优势，针对区块链实现底层代码不统一、应用端口不互通等现状，先行先试，逐步整合技术标准，预留端口升级与互联空间，引导产业集群优化升级，提高我国在该领域的竞争力。

第二，针对区块链和互享经济的高度融合性，通过行业共建、择优投入、参与项目等方式，建立一些有侧重、能互补、不缺位的区块链技术研发的公共服务平台，提升我国整体产品研发和产业化水平。鼓励区块链、“互联网+”和物联网实现万物互联，打造新的经济增长极，推动我国加快向数字经济的转变。

第三，在培养核心技术、领军团队、龙头企业的同时，积极培育中国特色的区块链生态圈，汇集国内精英和全球智慧，提高我国在区块链核心研发和商用化方面的参与度、影响力和话语权，为下阶段制定国际标准积累经验。

企　业

第一，作为最接近产业、最贴近市场的参与主体，要放弃等、靠、要的思想，要敢于知难而上、乐于自力更生、勇于参与竞争、善于吸收借鉴，着力培育核心竞争力，力争在新兴产业发展初期脱颖而出，拉动区块链发展这个点，带动万物互联这条线，盘活实体经济这个面，为促进我国产业结构升级努力。

第二，立意要高，要从战略高度认识和对待产业发展前景，要做好远期收益和短期利益的平衡。要加强市场调研，要研发真正符合市场需求、解决市场痛点的产品。要加强与传统行业的交流，以合作共赢的目标，以增量带动存量的思路，以不越位、少抢位、多补位的态度，携手做强、做大区块链产业。

第三，探索联合高校、研究机构建立区块链技术实验室，加大核心信息技术的投入，增强密码学、人工智能等方面的相关研究，跟踪量子计算机等前沿研究，增强原始创新能力。形成产、学、研、用相结合的开发联合体，推动科研成果转化。

第四，进行合理的专利布局，预防专利陷阱，做好知识产权保护，维护自身合法权益，提升国际竞争力，加快实现“走出去”。

区块链可以用创新的技术、开放的视野，通过自身的发展，协调经济发展过程中出现的集中度过高的问题。最终在万物互信的条件下实现万物共享，在万物互换的条件下实现绿色可持续发展，为新常态下的中国经济成功转型贡献自己的力量。

附 录

附录一：中国法定数字货币的理论依据和架构选择

范一飞　中国人民银行副行长

近年来，数字货币热潮兴起，与之相关的一些底层技术，如区块链技术以及分布式记账方法，也显示出广阔的应用前景。数字货币从理论走向现实，其必要性、可行性和安全性正在接受市场检验。以比特币为代表的某些类数字货币在私人部门率先得到应用。一些国家的中央银行也正在积极研究探索法定数字货币的制度设计和关键技术。中央银行应基于维护金融体系稳定、促进金融创新、契合技术演进路径等因素综合考虑，逐步实现法定数字货币的发行流通和对私人部门类数字货币的有效监管。

数字货币是历史发展的必然

货币演进中包含很多有趣现象。最初的以物易物是一种完全去中心化安排。但这种情形下的供需双重偶合很难，交易效率极低，极大地限制了贸易开展，也无法进行价值统一衡量。在“市场”推动下，货币媒介随之出现，并从开始的实物货币逐步过渡到贵金属货币，再到金银货币，货币形态和价值越来越趋于稳定，媒介范围也越来越广泛。实物货币、金银货币的发展经历了漫长历史，但因公信力问题，这类非中心化货币容易出现以假乱真、以次充好、缺斤少两等现象。而随着国家法定货币的出现，人类才终于进入货币中心化时代。

纸币的出现是货币史上另一个巨大跨越。为解决金银货币存在的天然损耗、携带不便等问题，国家凭借公权力和公信力发行纸币替代实物货币。纸币一开始也锚定黄金或白银，以维持币值稳定和公众信心。后来人们发现纸币可以脱离金银而存在，于是纯信用货币出现，这是更典型的中心化货币。纸币自身价值与票面价值相脱离，不仅节约了发行成本，更重要的是可以大大促进贸易发展，货币政策操作亦自此成为可能。

进入 21 世纪，互联网技术大行其道，建立在互联网和数字加密技术基础之上的数字货币水到渠成。数字货币与纸币一样，本质上都属于纯信用货币，但数字货币可以进一步降低运行成本，并能在更广泛的领域内以更高效率加以应用。从现有的一些类数字货币看，其背后都运行着去中心化机制，主要通过分布式记账方法建立信任体系。但这些类数字货币依然存在与历史上私人货币一样的根本性缺陷：价值不稳、公信力不强、可接受范围有限、容易产生较大负外部性。因此，由中央银行推动发行法定数字货币势在必行。央行数字货币以国家信用为保证，可以最大范围地实现线上与线下同步应用，最大限度提升交易便利性和安全性。

法定数字货币的形态和运行框架

法定数字货币必然受到现有支付体系、信息技术的影响，但也需要与现有支付体系适当区分，以专注于自身服务领域，发挥其替代传统货币的功能。从理论上说，支付体系主要处理的是广义货币中的活期存款部分（M1-M0），而数字货币则主要属于现金（M0）范畴。任何一种货币都有具体形态和携带方式，实物货币、金银货币或纸币如此，数字货币也不例外。数字货币的具体形态可以是一个来源于实体账户的数字，也可以是记于名下的一串由特定密码学与共识算法验证的数字。这些数字货币可以体现或携带于数字钱包中，而数字钱包又可以应用于移动终端、PC（个人计算机）终端或卡基上。如果只是普通数字配上数字钱包，还只是电子货币；如果是加密数字存储于数字钱包并运行在特定数字货币网络中，才是纯数字货币。电子货币的优点是形式简单，在现有支付体系下稍作变动即可完成；缺点是对账户体系依赖较大，防篡改能力较弱，KYC（Know Your Customer，了解客户）与 AML（Anti-money Laundering，反洗钱）成本较高。纯数字货币的优点是可以借鉴吸收当今各种类数字货币的先进技术，以更难篡改、更易线上和线下操作、可视性更强、渠道更为广泛的方式运行；缺点是需要构建一套全新生态系统，技术要求更高，体系运行维护难度较大。以上两种形式在一定程度上具有互补性，在不同应用场景下可以择优使用以满足不同需求。

法定数字货币的运行框架也是一个非常关键的问题。可以有两种模式选择：一是由中央银行直接面向公众发行数字货币；二是遵循传统的“中央银行—商业银行”二元模式。第一种也是目前一些类数字货币的常用模式，在这种情形下，央行直接面对全社会提供法定数字货币的发行、流通、维护服务。第二种仍采用现行纸币发行流通模式，即由中央银行将数字货币发行至商业银行业务库，商业银行受央行委托向公众提供法定数字货币存取等服务，并与中央银行一起维护法定数字货币发行、流通体系的正常运行。我们倾向于第二种模式，原因很简单：一是更容易在现有货币运行框架下让法定数字货币逐步取代纸币，而不颠覆现有货币发行流通体系；二是可以调动商业银行积极性，共同参与法定数字货币发行流通，适当分散风险，加快服务创新，以更好地服务实体经济和社会民生。

法定数字货币运行的技术关键和竞争优势

法定数字货币的安全运行必须依靠强大的技术支持，主要包括数字货币整体架构，以及由协议、数据格式、数字签名机制、数字钱包等要素共同构建的数字账本技术。

从当前行业发展情况看，私人部门推出的各种类数字货币主要运用区块链技术和加密技术，通过竞争性记账、公私钥签名验证的方法来保证体系运行的安全性。法定数字货币不同于私人部门类数字货币：后者去中心化；而前者必须中心化或部分中心化，以保证效率和安全。这一特点决定了法定数字货币必须在借鉴吸收私人部门类数字货币技术基础上进行持续创新和改造。例如，变扁平网络为层级架构，变公有链为联盟链，变竞争性记账为合作性记账，并让一些关键节点参与到记账体系中来。

法定数字货币赖以运行的另一大技术支柱是密码算法。从私人部门类数字货币运行情况看，正是基于严密的密码算法，使用私钥签名才能对账户进行操作，由此保护用户交易安全。但遗憾的是，由于私人类数字货币的匿名特点，我们经常会看到因私钥泄露导致货币资产被盗却难以追偿的情况发生。法定数字货币必须彻底解决这一问题，既要通过密码学算法保证数字货币用户安全，又要通过技术手段建立可控匿名机制，实现一定条件下的可追溯，以进一步增强法定数字货币安全性。

法定数字货币必须接受公众和市场检验，只有被公众和市场接受的法定数字货币才有生命力，也才能真正实现对传统货币的替代。因此，法定数字货币从研发之日起就必须高度关注自身服务能力和竞争能力，包括市场公信力、支付便捷性、体系安全性、操作灵活性、应用场景多元化、系统高效性等。虽然法定数字货币天然具有法偿地位，在具备流通环境的条件下任何人、任何机构不得拒收。但如何科学地决定并调控数字货币发行量以确保币值稳定，应成为中央银行发行法定数字货币最重要的考虑，也会日益成为不同货币当局在网络世界展开数字货币竞争的关键。

法定数字货币对金融体系的影响

法定数字货币会对经济和社会各个方面带来深刻影响，尤其对金融体系的影响更为深远。目前对这些影响还无法进行准确评估，但逻辑上可能出现几个结果：第一，货币结构发生变化，货币乘数增大；第二，实物货币需求持续下降，金融资产相互转换速度加快；第三，货币流通速度的可测量度有所提升，大数据分析的基础更为扎实，有利于更好地计算货币总量，分析货币结构；第四，降低 KYC 与 AML 成本，提高监管效率；第五，提供高效的共享金融环境，驱动金融创新。

法定数字货币对金融体系还可能带来另一个重要变化，即更易引发金融脱媒，影响货币创造。由于数字货币使存款（M2-M0）向现金（M0）的转化变得十分便捷，金融恐慌和金融风险一旦产生也会加速传染，加剧对金融稳定和金融安全的破坏性。有鉴于此，特定条件下必须设置适当机制加以限制。

当然，法定数字货币对金融体系的实际影响只有在其已经作为货币发行流通后才能真正为人们所知。我们必须审时度势、积极稳妥进行制度安排和宏观调控，以保证法定数字货币对金融体系的正面影响最大化、负面冲击最小化。

将我国法定数字货币的研发引向深入

在周小川行长的关心和指导下，中国人民银行一直高度关注数字货币发展，并积极开展相关研究工作。从 2014 年起就组织专家成立了专门的研究团队，并于2015年初进一步充实力量，对数字货币发行和运行框架、数字货币关键技术、数字货币发行流通环境、数字货币面临的法律问题、数字货币对经济金融体系的影响、法定数字货币与私人类数字货币的关系、国外数字货币的发行经验等进行了深入研究，已取得阶段性成果。

目前，中国人民银行的数字货币研发工作正在进入新的阶段，内容包括加强内外部交流与合作、设立专门研究机构、进一步完善法定数字货币发行和流通体系、加快法定数字货币原型构建、深入研究并尝试应用法定数字货币涉及的各类信息技术等。在这一进程中，我们将本着科学、严谨、开放的态度，积极探索、审慎实践，不排斥任何安全有效的新技术、新方法，也期待与社会各界进行广泛深入的交流合作，以共同推动中国法定数字货币早日成为现实，为国家经济社会发展做出贡献。

附录二：中国法定数字货币原型构想

姚　前　中国人民银行科技司副司长兼数字货币研究所筹备组组长

中国人民银行行长周小川在一系列讲话中对中国法定数字货币的理论基础、设计思路做了充分的阐述。在此基础上，我们须充分吸收借鉴国际上先进成熟的知识和经验，深入剖析数字货币的核心技术。一方面，从理论入手，梳理国内外学术界对密码货币的研究成果，构建中国法定数字货币的理论基础；另一方面，从现实入手，对运营中的各类典型电子与数字货币系统进行深入分析，博采众长，构建中国法定数字货币的基础原型。

密码货币发展历程

➢ 数字货币与密码技术的关系

目前，我国基于电子账户实现的支付已经十分普遍，然而这种方式本质上还只是一种现有法定货币的信息化过程，还不能称为严格意义上的数字货币。数字货币作为法定货币必须由央行来发行，其本身就是货币而不仅仅是支付工具。

通过密码技术来保证数字货币的安全性是研究的热点。从这一角度看，密码技术是当今数字货币的支撑，数字货币从发行到流通均基于密码学原理来构建，并采用密码协议来实现应用过程中的各类安全需求。

➢ **以中心化为特征的数字货币及其密码方案的特点**

1982年，“数字货币之父”David Chaum在美密会议上发表了一篇题为《用于不可追踪的支付系统的盲签名》的论文。该论文提出了一种新的密码协议——盲签名，并利用盲签名构建一个具备匿名性、不可追踪性的电子货币系统。该论文的观点被视为最早的数字货币理论。David Chaum模型的数字货币基于“银行—个人—商家”三方模式来设计，其中银行是一个权威的中心化机构，其余两方的交易必须依赖这个中心化机构才能完成。该方案在具体设计时，采用了基于RSA算法构造的盲签名方案，其典型的支付过程包括六个步骤。

第一步：顾客对交易信息m进行盲化处理，即隐藏消息内容，然后把盲化后的消息b发给银行。第二步：银行对盲化后的消息b进行签名，以证明该笔数字货币的有效性，将签名结果发给顾客，同时将签发对应的金额从顾客账户中扣除。第三步：顾客验证盲化消息b签名的有效性，如果有效则顾客就脱盲处理，获得消息和签名（m，s），并支付给商家。第四步：商家用银行的公钥即可验证（m，s）是否为银行签发，验证通过后再将（m，s）发送到银行要求清算。第五步：银行验证（m，s）是否为合法签发，如果为否则阻止交易，如果为是则继续检查该笔信息是否已经在消费列表中存在过，如果没有则核准交易，并将相应的金额加入商家账户中，否则阻止交易。第六步：银行通知商家交易成功。

该方案成为以中心化为特征的数字货币密码方案的经典案例。1990年，David Chaum成立了DigiCash公司，并研发了E-Cash。其后的群盲签名、公平交易、离线交易、货币的可分割性等研究都是在这个基础上展开的。

以中心化为特征的数字货币，其安全性和效率对中心的依赖十分严重，几十年来，此类数字货币研究中最注重的课题，就是如何提高三方模式下的安全性和效率。

➢ **以去中心化为特征的数字货币及其密码方案的特点**

2008 年，中本聪发表论文《比特币：一种点对点的电子现金系统》，提出在交易过程中去掉银行这一中心机构。据此，数字货币由原来的三方模式，变成了点对点的两方交易模式。比特币是目前去中心化数字货币中最成熟的应用案例，而且当前在实践中的其他去中心化数字货币从基本特性上来看都和比特币雷同。

比特币交易的基本单位是未经使用的一个交易输出，简称 UTXO。本质上，比特币的存在是通过交易单来实现的。交易单类似于银行的对账单，其通过记录货币的去留来证明顾客有多少货币，而不是提供给顾客具体的货币单位。交易单记录一笔交易的具体信息，比如付款人、收款人、付款金额等。

比特币通过 P2P 网络，将一定时间段内的交易信息加上时间戳组合在一起形成一个信息块，这个信息块就称为区块。而后，再把信息块互相链接起来形成一个链条，彼此互相验证，就形成了区块链。其中每个区块都会保存上一个区块的摘要，区块摘要值使用密码学中的杂凑（Hash）函数来生成，这样区块之间的顺序一旦确定就无法更改。同时，交易单中的数字签名使用了 256 位椭圆曲线数字签名算法（ECDSA），以确保交易数据的完整性和不可否认性。

区块链账本在比特币 P2P 网络中是唯一确定的，每个节点都有相同的备份，任何节点可以随时加入或离开这个区块链网络。一旦区块链有交易更新，则通过全网广播到所有节点，所有节点通过共识算法达成共识后，认可并存储新增的内容到各自的数据库中，从而保证区块链全网数据的协同一致。

区块链通过算法的精巧设计，去掉了中心化的中介担保过程，以点对点的方式让在线支付能够直接由一方发起并支付给另一方，中间不需要通过任何金融机构或中介机构。从而实现了互联网上的价值转移。所以，比特币作为典型的去中心化数字货币，其特性是由“区块链 + 密码技术”相结合共同确定的。

典型系统的启示

借鉴典型的电子和数字货币系统，如 E-Cash、M-PESA、GDM、游戏币、第三方支付、比特币、BitMint 等（有的仅是试验系统，但具有学术参考价值），中国法定数字货币的设计和构建须慎重考虑以下核心问题。

在线与离线。目前实际运转的电子货币系统基本都是在线模式。中国法定数字货币的发行与流通应能够同时支持在线与离线并行的方式。为了设计的简明，在线与离线需要有不同的规范和流程。

便捷与安全。便捷性是获得市场认可的一个重要因素，安全性则是整个体系能够健康运行的基础。便捷性与安全性之间如何权衡是一个重大问题。为了提高效率，增加便捷性，在安全机制上，大额与小额的处理有可能需要区别对待。

实名与匿名。数字货币可以实行实名制，也可以实行匿名制，也可以是两者结合。中国法定数字货币的设计考虑是“前台自愿，后台实名”。

交易安全与数据分析。在大数据、云计算环境下，交易安全已不完全依赖传统的身份认证体系，通过客户行为分析来保障交易安全、规避风险，这一方向值得高度关注。加强客户行为分析，是央行发行法定数字货币的重要考虑。宏观上，数字货币可以做大数据分析，但微观上不可侵犯合法用户的隐私。

与银行账户的关联。目前运营的电子货币系统大都基于银行账户，而纯数字货币系统则不一定与银行账户关联。

生态体系建设。中国法定数字货币的设计要与金融界、科技界合作，深入研究和合理利用各种新型创新技术，以优化完善数字货币发行流通的技术框架，并充分预见技术进步，引入长期演进、不断优化的发展理念。

对区块链技术的期待。区块链技术是下一代云计算的雏形，备受各方瞩目，但作为成熟的企业级应用案例尚不多见。“私有云＋高性能数据库＋移动终端”与“私有云＋区块链＋移动终端”，有可能是两个既关联又有区别的思路。让中央更强大，让数据更安全，使终端更智能，让个人的支付行为更能动，一定是未来央行数字货币追求的目标。如果将区块链技术作为法定数字货币必须由国家主权保障，为此，我国数字货币在设计时的初步考虑是：由央行主导，在保持实物现金发行的同时发行以加密算法为基础的数字货币，M0 的一部分由数字货币构成。为充分保障数字货币的安全性，发行者可采用安全芯片为载体来保护密钥和算法运算过程的安全。

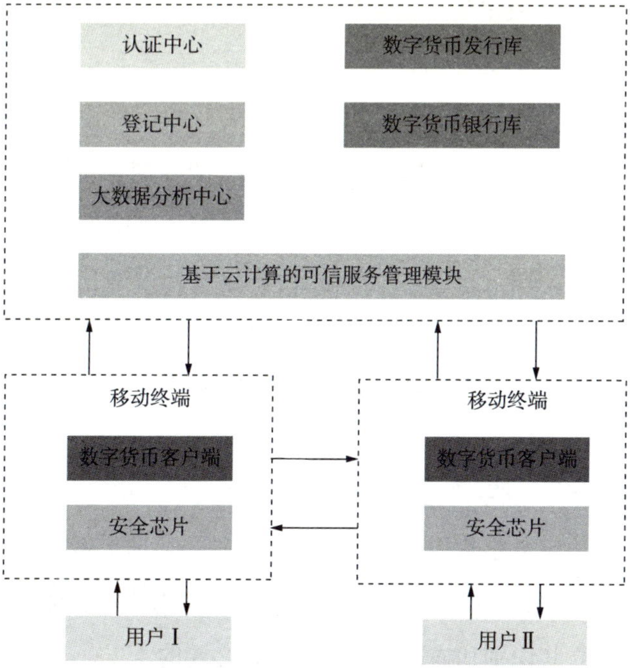

附图 2.1 中国法定数字货币原型构想

我国法定数字货币发行总体框架可以描述如下：根据现行人民币管理原则，央行数字货币的发行和回笼基于“中央银行—商业银行”的二元体系来完成，中央银行负责数字货币的发行与验证监测，商业银行从中央银行申请到数字货币后，直接面向社会，负责提供数字货币流通服务与应用生态体系构建服务。

➢ **央行数字货币体系的核心要素**

央行数字货币体系的核心要素为一种币、两个库、三个中心。具体而言，该体系包括以下几项主要构成要素。

央行数字货币私有云：用于支撑央行数字货币运行的底层基础设施；数字货币：由央行担保并签名发行的代表具体金额的加密数字串；数字货币发行库：中国人民银行在央行数字货币私有云上存放央行数字货币发行基金的数据库；数字货币商业银行库：商业银行存放央行数字货币的数据库，可以在本地也可以在央行数字货币私有云上；数字货币数字钱包：指在流通市场上个人或单位用户使用央行数字货币的客户端，此钱包可以基于硬件也可以基于软件；认证中心：央行对央行数字货币机构及用户身份信息进行集中管理，它是系统安全的基础组件，也是可控匿名设计的重要环节；登记中心：记录央行数字货币及对应用户身份，完成权属登记，记录流水，完成央行数字货币产生、流通、清点核对及消亡全过程登记；大数据分析中心：反洗钱、支付行为分析、监管调控指标分析等。

➢ **数字货币的加密产生**

探索中国法定数字货币的表达方法，对进一步研究数字货币基础数学模型，包括属性、发行者、所有者、使用权限、使用范围、数字签名、加密、防伪等，并建立其识别和描述模型，无疑是必要的。

在央行数字货币系统中，D币可以按单元面额产生，也能按流通中实物货币数额产生，具体按哪种方式可通过系统参数在初始过程中设置。

一个加密文本代表一定数额的央行数字货币：

D_{id}	From	To	Value	Time	E	TVM	……

其中的结构可以按需设计，由此产生不同形式的币将具备不同特性，如账户余额方式、类 UTXO 方式等。

➢ **数字货币的发行与流通**

在央行数字货币体系中，有央行的数字货币发行库、商业银行的数字货币银行库和用户端（如手机）的数字钱包，三者关系如下：根据数字货币发行总量，央行统一生成数字货币（即生产数字货币基金），存放在央行发行库中；根据商业银行数字货币的需求申请，将数字货币发送到相应商业银行存放数字货币的数据库，即数字货币从发行库到银行库；用户申请提取数字货币时，数字货币从银行库到流通环节，进入用户客户端的存储介质中（如手机内），即从银行库到用户的数字钱包；在流通环节，数字货币实质是在两个用户各自数字钱包间进行转移来完成支付，此时支付分为在线交易和离线交易。

➢ **设计要点**

第一，遵循传统货币的管理思路，发行和回笼基于现行“中央银行—商业银行”的二元体系来完成；第二，货币本身的设计运用密码学理论知识，安全性强；第三，货币的产生、流通、清点核对及消亡全过程登记，可参考区块链技术，建立集中 / 分布相对均衡的簿记登记中心；第四，充分运用可信计算技术和安全芯片技术来保证数字货币交易过程中的端到端的安全；第五，充分运用大数据分析技术，不仅可以进一步保障交易安全，还可以满足反洗钱等业务需求；第六，数字货币的用户身份认证采用“前台自愿、后台实名”的原则，既保证用户隐私，又规避非法交易的风险；

第七，数字货币本身的设计应力求简明高效，数字货币之上的商业应用尽可能交给市场来做，同时把技术标准与应用规范做好；第八，构建由央行、商业银行、第三方机构、消费者参与的完整的数字货币生态体系，保证数字货币的发行、流通、回收全生命周期闭环可控。

附录三：数字票据交易平台初步方案

目前票据业务主要存在三方面问题：一是票据的真实性，市场中存在假票、克隆票、刑事票等伪造假冒票据；二是划款的即时性，即票据到期后承兑人未及时将相关款项划入持票人账户；三是违规交易，即票据交易主体或者中介机构，存在一票多卖、清单交易、过桥销规模、出租账户等违规行为。与此相对应，区块链用于票据场景也主要有三种。首先，可以解决链上数据真实性问题。从票据发行即对全网所有业务参与方广播，当检验数字票据信息是否被转让或者篡改时，区块链可以提供无可争议的一致性证明。其次，采用区块链的分布式结构，可以消除信息不对称，实现票据价值传递的去中介化，进而消除目前票据市场的中介乱象。最后，每张数字票据都是运行在区块链上、拥有独立的生命周期、通过智能合约编程的方式来实现的一段业务逻辑代码，利用此技术可以提高票据交易的效率，降低监管成本。如果在票据链中引入数字货币，便可实现自动实时的DVP券款兑付、监控资金流向等功能；而通过构造托管于智能合约的现金池，还可以创造出实时融资等新的业务场景。

基于区块链技术的票据交易平台设计思路

数字票据交易所应该是全国统一的“互联网+数字票据交易”的综合性金融服务平台，涵盖票据业务从发行到兑付的全流程，并与纸票电子化、ECDS 电子票据交易共同构成统一票据市场，成为货币市场的重要组成部分。数字票据交易所将成为国内票据领域的业务交易中心、支付清算中心、风险防控中心、数据采集中心、研究评级中心等。基于区块链设计的数字票据交易所服务平台与传统的基于中心服务器的电子交易服务平台设计思路不同，其设计思路主要包含四个方面。

第一，票据交易平台采取相对平权的联盟链。票据交易所、银行、保险、基金等金融机构可以联合组网，各家处于相对平权（相比传统中心化的模式）的位置。在平台中，记账节点（高信用背书特征）共同维护联盟链，普通节点经认证可以同步联盟链的数据并使用这些数据，交易对手和交易过程被完整记录在联盟链上，不可篡改；平台会员以及平台上流转的资产一旦上链，就转化为可信状态且为所有会员可见，避免了不同会员间重复 KYC 流程，大幅降低交易成本；而智能合约进一步提高了交易的灵活性，降低了确认、清算和结算的成本。

第二，设立一个身份管理机构，负责参与方身份识别。设立了数字票据交易平台的参与方门槛，解决了传统交易平台上中介横行的困境。这个用户身份的管理机构，主要提供参与方身份的证书颁发、存储、验证、授权以及丢失恢复的服务。参与方在票据交易平台中进行登录、交易、查询等业务操作时使用私钥进行认证与数据加密。

第三，使用区块链承载数字票据的完整生命周期，并采用智能合约优化票据交易与结算流程，提高交易效率并可以创造出很多全新的业务场景。数字票据业务系统包含开票、企业间流转、贴现、转贴现、再贴现、回购等一系列业务类型，这些业务类型以及交易中的要求和限制，都可以通过智能合约编程的方式来实现，并可根据业务需求变化灵活变更升级。票据交易智能合约可以自动完成资金转移、保证金锁定、手续费扣除、所有权的变更等票据交易动作。

第四，利用区块链大数据与智能合约，实现票据交易的事中监管，降低监管成本。得益于区块链的技术特性，监管方随时可以对分布式账本的交易记录进行审计，而不需要依赖于票据交易平台所提供的接口。监管机构可以根据监管要求，设计开发用于监管的智能合约，并发布到数字货币区块链上，由票据交易智能合约执行时作为前置合约进行调用，可以直接中止不符合监管要求的交易。每个交易的监管执行结果也会记录在区块链账本上。

一个完整的区块链服务平台应该包括底层交易账本组件、公共服务组件、以智能合约为基础的产品工厂组件和外部接口组件这四个设计层次。其中，底层记账组件将对交易类型、协议规范（交易协议）、共识协议、文件库（格式化 / 非格式化文件）、合约解释（文本说明）、节点授权（权限说明）进行统一设计与管理；公共服务组件对会员机构、账户、票据属性、交易方式等进行统一设计与管理；业务层智能合约组件将对票据发行（数字化、上链）、市场交易（挂牌、上下架、撮合等市场手段）、清结算、风控等关键要素做整体设计；最上层的接口组件将提供身份管理业务的 API、区块链票据管理平台 API、票据钱包 SDK、区块查询 SDK 等。

数字票据交易平台具体方案

借助区块链构建数字票据本质上是替代现有电子票据的构建方式，实现价值的点对点传递。若在区块链构建的数字票据中，依旧采用线下实物货币资金方式清算，那么其基于区块链能够产生的优势将大幅缩水；如果在联盟链中使用数字货币，其可编程性本身对数字票据就有可替代性，可以把数字票据看成有承兑行、出票人、到期日、金额等要素的数字货币。因此我们针对是否引入数字货币在链上进行直接清算，设计了两种实施方案。

➢ **数字票据平台链外清算方案**

基本设计思路是：数字票据系统采用联盟链技术，央行、数字票据交易所、商业银行以及其他参与机构以联盟链节点的形式经许可后接入数字票据网络；不同的节点在接入时可以根据角色不同和业务需求授予不同的链上操作权限，包括投票权限、记账权限和只读权限等；数字票据发行后以智能合约的形式登记在联盟链上，并在链上进行交易撮合；结算则通过数字票据交易所连接联盟链之外现有的基于账户的支付平台完成；数字票据交易所的主要角色是充当交易结算过程中的信任中介；交易撮合主要由商业银行和参与机构等各参与方，基于联盟链的共享数据自行完成。

以转贴现交易为例，链外结算模式下数字票据的交易流程包括四个步骤。

第一步：商业银行A就所持有的数字票据SDD-1发起转贴现交易申请，改写SDD-1智能合约中的交易状态为转贴现待交易，并写入转贴现的种类及期望的转贴现利率；此后，银行A不能再对该票做其他操作（此步骤发生在链上）。第二步：商业银行B在链上发现符合它期望的转贴现待交易状态的数字票据SDD-1（此步骤发生在链上）。第三步：商业银行B向数字票据交易所发起转贴现签收交易。数字票据交易所扣除商业银行B在交易所所开保证金账户上的本次交易金额（转贴现金额扣除利息）；将转贴现金额扣除利息和手续费后划入商业银行A在交易所开立的保证金账户；手续费部分划入交易所自身账户（此步骤发生在链下）。第四步：数字票据交易所完成并关闭数字票据 SDD-1 的转贴现签收交易，票据持有人被让渡给商业银行 B（此步骤发生在链上）。

通过以上交易流程的分析可以发现，因为支付结算仍然采用的基于现有保证金账户体系的模式，其结算在链下异步完成，所以无法真正做到 DVP 券款兑付。数字票据交易平台在整个交易结算过程中，充当的是信任中介的角色。

➢ **数字票据平台链上直接清算方案**

为了实现资金流和信息流的合二为一，简化交易流程，达到 DVP 券款兑付的目的，我们还设计了链上直接清算的方案：引入央行数字货币，发挥数字货币的支付结算功能。具体做法是：在数字票据的联盟链中，设置一个央行的数字货币发行节点，由该节点负责数字货币的发行和兑付；借鉴现行电子票据模式中线上清算与备付金账户相挂钩的方式，实现数字票据的网络节点与存有实物货币账户绑定的方式，通过这个发行节点 1∶1 兑换成央行数字货币，在区块链中流通；银行等业务参与方在本系统中除了持有票据等外，还会持有一定量的央行数字货币；在交易中，参与方是通过向交易对手方发送央行数字货币的方式来完成支付操作。

仍然以转贴现交易为例进行典型交易分析，此时交易的过程都在区块链上完成，不涉及任何的链下步骤。

第一步：商业银行 A 就所持有的数字票据 SDD-1 发起转贴现交易申请，改写 SDD-1 智能合约中的交易状态为转贴现待交易，并写入转贴现的种类及期望的转贴现利率（和上一个方案的差异在于，这张票据无须被冻结，也无须向第三方让渡智能合约的控制权）。第二步：商业银行 B 在链上发现符合它期望的转贴现待交易状态的数字票据 SDD-1。第三步：商业银行 B 向数字票据 SDD-1 发起转贴现签收交易，并直接向该数字票据 SDD-1 的智能合约地址发送足额的央行数字货币；数字票据 SDD-1 的智能合约收到央行数字货币后，会把央行数字货币转账给商业银行 A；与此同时，该数字票据 SDD-1 会把自己的当前控制人（持有人）由商业银行 A 改为商业银行 B。交易至此完成，交易的原子性和完整性由央行数字货币区块链保证。

央行数字货币的引入大幅简化了票据交易流程。对于简单交易来说，交易双方可以点对点直接交易，无须第三方的信用担保，不用担心交割问题，没有交易对手方的风险。缺点则是，因为交易中是全额清算，对参与方的资金占用较多，需要一定的措施来提高资金利用效率。具体方案实施可以考虑设计银行间拆借资金池进行资金使用权的市场化调节。

票据交易所的职能分析

在传统的交易所模式中，交易所主要提供两种服务：信息中介和信用中介。在以区块链和智能合约为基础的数字票据交易平台上，因为基本所有的信息都是留存在区块链上的，交易所信息中介的角色会弱化，而区块链本身就擅长解决信任问题，因此交易所在区块链的业务系统中，更多的是提供交易场所、支持服务，并引导交易发生。同时，在隐私数据的交换过程中，交易所可以承担信息中转的角色。票据交易所也是一个交易规则的制定者，负责参与方的线下身份认证，监控链上的交易行为，更新发布票据的智能合约模板等。对于复杂交易来说，交易所可以辅助分析交易条件，提供定制智能合约等服务。此外，票据交易所还是整个票据业务平台的建设者和维护者。

附录四：区块链资讯网站

巴比特

杭州时戳信息科技有限公司（品牌名为“巴比特”）由长铗于 2011 年在杭州创立，目前是国内最大的区块链垂直门户，包括巴比特资讯、巴比特社区、区块元、币众筹等多个产品，为区块链创业者、投资者提供底层基础性的信息与数据服务。

巴比特资讯（www.8btc.com）：定位是给客户提供全视角的全球数字货币金融新闻与信息，目标客户是比特币等数字货币创业公司、投资专业人士和比特币爱好者。

巴比特社区（8btc.com）：定位是以分布在世界各地的注册会员为基础，建立各地社群，在纽约、墨尔本、东京、伦敦等地常驻联系人，社区既为比特币中国、OKCoin 等知名企业提供半官方性质的讨论区，也为 Mastercoin、Counterparty 等第二代密码学货币建立中国区用户交流平台。

区块元（blockmeta.com）：巴比特创新型产品，定位是为比特币业界提供区块链交易记录、信用评价的数据 API 与分析工具。

币众筹（bizhongchou.com）：专注于区块链垂直领域的融资众筹，支持人民币 / 比特币两种支付方式，目标是通过智能合约与侧链技术，建立众筹区块链解决方案，在区块链上实现股权、收益权众筹的登记、发行、转让等金融服务。

BTC123

BTC123（比特币 123）是国内比特币门户导航第一网站，收录了比特币行业内矿商、资讯、交易所等整个产业链上的知名网站。首页集成的前几大交易所 OKCoin、火币、796 交易所、Bitstamp 等实时交易数据是业内方便快捷的重要参考。

墨不一，业内称老墨，曾任职于埃森哲公司，辞职后在电子商务领域创业。与大部分比特币创业者一样，墨不一在 2011 年接触到比特币后被其概念深深吸引，“一见钟情”，随后创办 BTC123 比特币导航网和 BTCBBS 比特币中文论坛。据墨不一透露，他创建 BTC123 的想法源于当时“比特币的资源比较少。很多网站挺好的，但是也没有一个地方能把这些资源汇总起来，我有时候给朋友讲比特币的时候，还需要把一些网址先发到自己邮箱里。后来我想做个网址分类汇合的网页，于是就有了 btc123.Nom”。

虽然是最大的比特币导航站，但比特币毕竟还是个小众的圈子，BTC123 与传统导航站的访问量不可同日而语。站长墨不一在 2013 年接受比特币之家专访时也透露，BTC123 还在投入期，要达到收支平衡还须寄望于行业的发展。

BTC123 方便易用，界面简洁美观，没有无聊的广告，可见老墨是用心在做。为了进一步服务长期关注比特币的爱好者，为比特币投资者提供全面、高效、实用的资讯，为新人了解比特币提供高效的资源汇集场所，在一个网站内便能洞悉比特币世界的方方面面，2013 年 10 月，BTC123 改版上线新增了五大功能。

EthFans（以太坊）爱好者社区

➢ **EthFans 的愿景**

相信区块链和智能合约会在将来不断证明其巨大的潜力，并在创新、社会效率，以及新的机会方面对世界产生巨大的影响。

➢ **EthFans 的使命**

建立最好的以太坊中文技术社区，持续推广和普及以太坊的技术，帮助以太坊释放区块链和智能合约的潜力，并为开发者提供更好的平台和机会。

➢ **EthFans 的策略**

尽可能收集、整理、翻译最新、最前沿的以太坊技术资讯和文章。

尽可能创造更多音频、视频、文字教程，帮助开发者更容易地学习，掌握以太坊技术。

尽可能促进线上开发者社区的成长。

尽可能促进线下开发者的交流活动。

尽可能推动区块链应用领域的厂商和社区的合作，共同构建更好的生态环境。

币　看

“币看比特币”是深圳数字奇点科技有限公司于 2012 年 11 月推出的一款针对比特币行情的工具。

公司的四位创始人分别来自世界 500 强企业，有较强实力的研发、运营背景，同时都是比特币的忠实拥趸者。币看坚信能够给客户带来价值的产品才是真正的好产品，并将持续秉承这一理念为客户提供有价值的服务。

“币看比特币”包含网站和移动客户端两种产品形态，拥有最全的交易市场的行情信息，率先推出差价、行情变动推送提醒功能；拥有综合多家媒体的即时新闻，以及最快捷的快讯；针对矿友提供的服务，可以随时随地监控自己的矿机状态，包括故障提醒等服务。通过一系列创新及差异化特色，币看目前已经成为中国用户群最大的比特币手机 App，同时提供 Android 和 iOS 两大平台。

自 2013 年成立以来，币看作为一家专注于数字货币行情资讯的网站，发展至今，旗下“币看比特币”手机应用已经实现了实时行情、业内新闻、交易功能、挖矿监控、分享送币等诸多功能。

2016 年 5 月，比特币手机 App 币看，在三周年音乐会上宣布已经获得比特大陆数千万元 A 轮投资。

比特大陆（Bitmain）是一家做比特币矿机的中国高科技公司，专注于比特币运算芯片的研究、开发和销售，旗下有蚂蚁矿机、蚂蚁矿池（Antpool）和云挖矿平台算力巢，是全球最大的矿机生产商和产业链投资人。

同期，币看还发布了场外交易 OTC 产品。场外交易产品的推出，标志着币看成功地完成了从媒体属性到更偏向于应用工具平台的转型。

币看 COO 余芳认为，这是币看在比特币基础应用的最后一环——交易。之前币看已经涵盖了行情、资讯、挖矿、钱包。据称，币看的重心一直在为比特币用户提供工具和平台，当前的 OTC 新功能，与原有的产品规划并不是冲突或分离的，而是一个重要的补充；币看团队还是会基于原有的产品，整体规划和延续发展。

余芳透露，场外交易产品实际上筹备已久。自 2015 年下半年开始规划，在产品安全性与基础设施上均做了较大的投入和部署。该产品将会与现有的币看 App 无缝结合，力求在比特币用户的交易过程中，做到最极致的简单。

币看团队一直以“小而美”著称，被比特币圈内人士称为“华为帮”。团队从成立伊始，由 4 位工作经验在 10 年以上的华为前员工组成，2016 年币看迎来了第 5 位员工，2016 年团队计划适量地扩张以支撑新业务发展。

业内人士认为，币看不仅在移动端显示行情方面拔得头筹，聚合显示国内外几十家比特币交易所实时行情服务，还将资讯、评论、交易等内容进行了深度整合，第一时间推送最新的消息资讯，更与诸多交易平台达成协议，用户可以通过绑定账号直接在币看上进行交易。而从现在开始，或许更多的是币看在场外交易和海外市场的发力了。

余芳透露，下一步将继续完善币看新产品以及平台，继续拓展海外市场，同时还会考虑关于比特币的支付、区块链方面的应用。

附录五：区块链专业名词中英文对照

一、比特币部分

比特币	Bitcoin
中本聪	Satoshi Nakamoto
点对点	peer to peer
数字签名	digital signatures
双重支付	double-spending
哈希散列	Hashing
时间戳	timestamp
事件序列	sequence
池	pool
节点	nodes
基于信用的模式	trust based model
回滚	reverse
交易	transactions
电子货币	electronic coin
造币厂	mint

区块	block
链条	chain
哈希现金	Hashcash

哈希现金，拒绝服务式攻击的克制方法（Hashcash–a “denial of service counter-measure”）

随机数	nonce
工作量证明的难度	the proof-of-work difficulty
交易费	transaction fees
根	root

公钥密码系统的协议（Merkle，“Protocols for public key cryptosystems”）

区块头	block header
隐私	privacy

二、区块链部分

区块链	blockchain
共识	consensus
公有链	public chains
私有链	private chains
联合私有链	consortium chains
完全私有链	fully private chains
共识机制	consensus process
工作量证明	POW（Proof of Work）
权益证明	POS（Proof of Stake）
股权授权证明机制	DPOS（Delegate Proof of Stake）

数字资产	digital asset
实体经济和虚拟经济	real economy and virtual economy
离线密钥	offline key
分布式验证	distributed verification
加密数字签名确认	encrypted digital signature confirmation
全网一致化	full network consistency
银关	gateway
智能财产	smart property
椭圆曲线数字签名算法	ECDSA
创世账簿	Genesis ledger
矿工	miner
数据库	database
非对称加密技术	asymmetric encryption technology
对称加密技术	symmetric encryption technology
分布式共识	distributed consensus
智能合约	smart contract
互联网民主	Internet democracy
去中心化	decentralized

后　记

20 世纪 20 年代，康德拉季耶夫提出了经济社会 45 至 60 年经济发展波动期理论，被经济学界称为“康德拉季耶夫周期”——特指经济成长过程中长时段的波动。19 世纪中叶，蒸汽机推动人类社会大踏步地迈入工业时代；从 20 世纪初开始，电动机和内燃机的应用，使人类社会进入了电气化和汽车时代。“二战”后，以半导体和自动化为基础的新工业革命，让人类社会的生产力获得了空前的解放，距今已经有五六十年的时间了。2008 年金融危机后，全球经济迟迟难以走出低谷，世界亟须寻找一个从深度和广度都可以比肩之前几次的科技革新。随着互联网、通信技术的日益成熟，以区块链、人工智能、虚拟现实 / 增强现实为代表的科技革命，是否具备引领世界经济冲出泥潭的能力，能否帮助人类突破实物的桎梏，迈入新的经济发展周期和数字时代，非常值得期待。

问渠哪得清如许，为有源头活水来。大变革才能带来大机遇，大机遇呼唤大英才。贵州省贵阳市在大数据时代，紧抓历史机遇，科学规划，高效执行，在短时间内取得了举世瞩目的成绩，成为大数据和互联网新金融发展的风向标。贵州省把发展大数据和生态城市建设结合起来，弯道取直，不但在顶层设计上，而且在社会治理、公共服务、行业应用、普惠金融等方面做出了积极探索。尤其是在市委、市政府的统一部署和推动下，贵阳市上下一心、众志成城，在人才引进、高尖端技术落地、惠民工程落实等方面，效率名列西部乃至全国的前茅，并且正在以区块链为底层技术和应用技术，创新金融发展，努力打造一个独特的大数据金融中心。

最后，请允许我们对在本书编写期间给予我们最大帮助的王玉祥副市长表达衷心的感谢和深深的敬意！王玉祥副市长不仅在百忙之中抽出宝贵的时间多次听取我们的编写汇报，不辞辛苦地参与本书架构逻辑的多轮修改，帮助出谋划策，还亲自撰文贡献本书部分章节的内容，直到出版前夜仍提出修改意见，感激之情无以言表，在此谨代表团队向王玉祥副市长表达最衷心的感谢！